En cordial
hommage

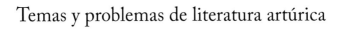

Temas y problemas de literatura artúrica

# Philippe Ménard

# Temas y problemas
# de literatura artúrica

Edición y traducción
Carlos Alvar y José Ramón Trujillo

San Millán de la Cogolla
2022

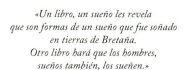

*«Un libro, un sueño les revela*
*que son formas de un sueño que fue soñado*
*en tierras de Bretaña.*
*Otro libro hará que los hombres,*
*sueños también, los sueñen.»*

Jorge Luis Borges, «Infierno, V, 129» (fragmento)

*© Cilengua. Fundación de San Millán de la Cogolla*
*© de los textos: Philippe Ménard*
*© de la edición y la traducción: José Ramón Trujillo y Carlos Alvar*
*Imagen de cubierta: fragmento*
*I.S.B.N.: 978-84-18088-17-9*
*Dep. legal: LR 503-2022*
*Thema DSBB DSK DSM FX 5PX-XA-A JBS 1DD 1DS*
*Impresión: Solana e Hijos Artes Gráficas, S.A.U.*
*Impreso en España (Unión Europea). Printed in Spain (European Union)*

# ÍNDICE

# BIBLIOTECA DE BRETAÑA:
## UNA PRESENTACIÓN

Carlos Alvar

S i el Monasterio de San Millán fue conocido por su actividad en la elaboración y en la copia de manuscritos, con miniaturas y sin ellas, con glosas o sin aclaraciones ni notas, también fue famoso por la actividad que desarrolló en su entorno Gonzalo de Berceo, el primer autor de nombre conocido que escribe en castellano, aunque no le falten rasgos de la forma de hablar de La Rioja del siglo XIII. La obra de Gonzalo de Berceo marca el camino de gran parte de nuestra literatura: tradición europea; traducción, adaptación y reelaboración de textos en latín surgidos a la sombra del Monasterio, unas veces, o en lejanas tierras en la mayoría de las ocasiones. Y una preocupación: la enseñanza, el didactismo. El Camino de Santiago facilitaba el contacto con Europa.

El Instituto «Literatura y Traducción» del Centro Internacional de Investigación de la Lengua Española (Cilengua) viene a recoger los frutos de una siembra que empezó hace muchos siglos, pero cuyo sabor sigue siendo tan fresco como el primer día, cuando alguien –quizás llamado Gonzalo– vio que las palabras no solo servían para hablar o para comunicarse, sino que podían expresar con belleza todo tipo de pensamientos y que podían contribuir a comprender lo que otros habían dicho de forma también bella en una lengua que no era la nuestra. Y todo eso se podía enseñar. Surgen así un sinfín de temas: la literatura medieval hispánica en sus relaciones con el Occidente europeo; la literatura de la Edad Media y su entorno artístico; o el mundo de creencias populares y de conocimientos científicos que hay en la base de los textos literarios…

Llegar a los textos y a los autores supone, ante todo, poder leerlos y entenderlos. Solo cuando seamos capaces de «quitar la corteza y entrar en el meollo» podremos comprender toda la belleza y toda la riqueza de pensamiento que hay en las obras literarias de nuestra Edad Media y de los Siglos de Oro. Esa es la vocación de este Instituto: editar los textos, explicarlos y comentarlos, reunir a estudiosos de todo el mundo, que con sus conocimientos podrán ayudarnos a comprender, y a disfrutar de la Literatura.

Dentro del interés del Instituto por la traducción y la circulación del conocimiento y la literatura a través de Europa, no podía faltar el estudio de la materia de Bretaña, las literaturas artúricas y la implantación de la cortesía, cuyo conjunto constituye el corazón de la ficción medieval occidental y una de las herencias culturales europeas más fascinantes y persistentes. Más allá de la literatura y la leyenda medieval, los estudios artúricos y caballerescos se extienden por diferentes épocas, idiomas y lenguajes artísticos, por lo que, además de ser un área fundacional de la Filología Románica y Medieval, constituye un ámbito privilegiado para la traducción comparada, la traducción intersemiótica, la literatura comparada y el estudio de la difusión de la cultura cortés y caballeresca en el Occidente cristiano. Entre las publicaciones del Instituto Literatura y Traducción, la Biblioteca de Bretaña se centra en la exploración de esta rica herencia europea en los textos hispánicos, de las nuevas perspectivas de análisis del corpus de la literatura artúrica en lenguas romances, así como de su adaptación a los nuevos medios, con la idea de ofrecer un espacio enriquecedor de encuentro y estudio desde el que trazar con calidad científica las futuras líneas de investigación del siglo XXI.

# TEMAS Y PROBLEMAS
# DE LITERATURA ARTÚRICA

Philippe Ménard

Los trabajos reunidos en este libro tienen una doble orientación: analizar y comprender temas y escenas más o menos extraordinarios, a veces herméticos, de los *romans* medievales, que se explican en parte por las mentalidades del pasado, y al mismo tiempo corregir ciertas interpretaciones metodológicas modernas que, tras una reflexión sobre ellas, resultan excesivas y, por tanto, erróneas. El objetivo es mantenerse lo más cerca posible de las creencias antiguas y también favorecer los enfoques críticos matizados y moderados, rechazando las teorías dogmáticas basadas en apriorismos.

El estudio de la noción de aventura que abre el libro nos introduce en las mentalidades del pasado. Un examen minucioso de una serie de novelas de aventuras revela que los hombres de la Edad Media, si bien fueron sensibles a la aparición de acontecimientos fortuitos a lo largo de la vida humana, no gustaban del azar caprichoso ni de lo contrario, es decir, del determinismo riguroso. La errancia caballeresca no tiene lugar en un mundo desordenado, donde todo se hunde, sin reglas y sin propósito. Por otro lado, no hay Poderes que estén constantemente detrás de los humanos, que dispongan de su futuro y que regulen soberanamente las distintas etapas de su destino. Siempre queda un espacio de libertad en los textos. Pero más allá de los individuos, los personajes sobrenaturales intervienen a veces aquí en la tierra. Por supuesto, no hay fuerzas superiores que limiten realmente a los humanos, aunque, al mismo tiempo, es posible adivinar que las aventuras no le ocurren a cualquiera y de cualquier manera. El caballero andante se descubre a sí mismo en la aventura. Se eleva por su valor y se supera a sí mismo. La exaltación de la proeza es una de las consecuencias del encuentro con las aventuras.

Al mismo tiempo, junto al mundo terrenal, se revela de vez en cuando la existencia del Otro Mundo, superior y misterioso, que en ocasiones abre sus puertas a los seres de élite. Los acontecimientos sorprendentes no siempre resultan vacíos y frívolos. Algunos están cargados de misterio, poesía y profundidad.

También se pone de manifiesto la complejidad de las situaciones y de los encuentros en el estudio de lo que se ha llamado el *don contraignant*, que podría denominarse igualmente don en blanco: una concesión general que se otorga graciosamente a alguien sin saber lo que este va a pedir, y que el donante está obligado a cumplir, aunque la petición le resulte desagradable. El sentido del honor impide que el donante se niegue a hacer lo que se le pide. Este motivo narrativo es especialmente frecuente en algunos *romans* artúricos, como el *Lancelot en prose*, aunque no es posible afirmar que tenga un origen céltico.

El tema del hombre lobo representa una antigua creencia, atestiguada en varias novelas de aventuras medievales. Se creía que un individuo perturbador en ocasiones podía abandonar la condición humana y adoptar un aspecto animal y feroz, es decir, convertirse en lobo. De ahí el nombre de *Werewolf*, 'hombre lobo' en alemán y también en inglés. Muchas razones podrían explicar esta transformación episódica y espantosa. A veces, en los relatos medievales quedan restos arcaicos y motivos folclóricos. Resulta interesante tratar de entenderlos.

El motivo de la cabeza maligna, presente en el *roman* artúrico occitano *Jaufré*, se inscribe en el marco de las cabezas mágicas que revelan secretos, que proporcionan protección y que, además, tienen un verdadero poder sobrenatural. Se trata de creencias que rara vez se recogen en la literatura. Por lo tanto, son dignas de examen. Sin embargo, hay un detalle que sigue siendo enigmático en su puesta en escena: el elemento que protege la cabeza, que el narrador llama una *fenestra*, sigue siendo un misterio. A veces hay material en el corazón de las narraciones antiguas que se resiste a la razón y es difícil de explicar.

La complejidad de los elementos narrativos impide a veces ver con claridad el sentido oculto de un conjunto. Este es el caso de la Portadora del Grial. Tanto la teoría céltica como la cristiana no explican realmente el carácter y la escena. Los enigmas permanecen. Debemos aceptarlos, sin tratar de reducirlos u ocultarlos.

La discusión entablada en torno a la edición de las novelas de Chrétien de Troyes trata de mostrar con claridad que no se deben aplicar dogmas excesivos a las obras del pasado. El respeto supersticioso al manuscrito medieval es tal vez una solución fácil para el editor, pero es también una claudicación del espíritu crítico y una renuncia a todo esfuerzo. A menudo da lugar a malentendidos.

Lo mismo podríamos decir en cuanto a la denominada *Queste* de la Post-Vulgata. Los fragmentos presentes en algunos textos de fecha, redacción e inspiración diferentes que recoge Fanni Bogdanow no permiten recuperar realmente el original perdido. Resulta especialmente cuestionable la sustracción de episodios tomados del *Tristan en prose* y su inclusión en una *Queste* supuestamente independiente.

En la historia de la literatura artúrica, el *roman* del *Tristan en prose*, compuesto quizá a finales del primer tercio del siglo XIII, presenta considerables innovaciones con respecto a los textos anteriores. Multiplica el número de combates caballerescos a la vez que amplía considerablemente las descripciones de los torneos. Hace del amor un poder inquietante y peligroso. Los rivales de Tristán, como Kahédin y Palamedes, se enamoran en vano de Iseo y sufren cruelmente. Kahédin no soporta seguir viviendo y se deja consumir voluntariamente. Ninguno de sus predecesores artúricos había llegado tan lejos. En relación con el amor, en el texto en prosa se insertan versos líricos acompañados de música. Son los desahogos de personajes que sufren y cantan su dolor o su desesperación. Hay algo más de veinte en total según las versiones. Constituyen considerables innovaciones, a la vez estéticas y emocionales. El novelista posee además el ingenio y el talento de un trovador.

Por otra parte, el autor sugiere en ocasiones la vanidad de las cabalgadas heroicas. Esta contestación no llega muy lejos. Se pone en boca de personajes atípicos. Pero el autor del *Tristan en prose* es el primero en desafiar fugazmente los combates a ultranza.

Además, el autor insiste en introducir en su relato numerosos acontecimientos dedicados al Grial. Seducido por la *Queste* clásica, a pesar de su inmenso talento no dudó en retomar tal cual muchas páginas de este *roman* previo. Hoy se le consideraría un plagiario. En la Edad Media, cuando el sentido de la propiedad literaria no existía como en la actualidad, al tiempo que inventa nuevas aventuras para el Grial, este mecanismo otorga una nueva gloria al relato anterior.

Las consideraciones de este volumen muestran la complejidad de los textos de la Edad Media, cuya inspiración y también cuyo estilo adoptan formas variadas. Nunca nos hablan con una voz única o monótona, fácil de comprender. La diversidad de temas y la complejidad de las situaciones exigen que el crítico moderno preste atención a los delicados matices del pensamiento y la sensibilidad de estos grandes escritores.

# Estudios de conjunto
## (literatura artúrica y literatura medieval)

# PROBLEMÁTICA DE LA AVENTURA
# EN LOS *ROMANS* DE LA MESA REDONDA

La idea de la aventura es un tema inmenso, todavía nuevo y en parte inex-
plorado a pesar de las observaciones o sugerencias de muchos eruditos.
Hace más de sesenta años, en 1959, Jean Frappier (1969: 52) señaló que
«el término y el concepto de aventura merecerían un largo artículo o un libro entero o una gran tesis por sí solos». La mayoría de los críticos que han tenido que
hablar de los *lais* o los *romans* artúricos se han visto abocados inevitablemente a
reflexionar sobre la noción de aventura. Jean Frappier ha escrito unas sugerentes
páginas sobre la aventura en los *lais* feéricos (1969: 23-39, incluido también en
1976: 15-35). Martín de Riquer (1955: 1-19) meditó sobre el uso de la palabra
«aventura» en los *lais* de María de Francia[1]. Rosanna Locatelli compuso un artículo muy elaborado, «L'avventura nei romanzi di Chrétien de Troyes e nei suoi
imitatori» (1951: 3-22). Muchos otros han vuelto sobre el concepto de aventura.
Erich Köhler dedicó un capítulo entero de su tesis *Idéal und Wirklichkeit in der
höfischen Epik* (1956) sobre este problema. Además, su obra ha sido traducida
al francés con el sugerente título *L'aventure chevaleresque: Idéal et Réalité dans
le roman courtois* (1974). A su juicio, la complejidad de la aventura artúrica aparece en el subtítulo del capítulo sobre la aventura «Reintegración y búsqueda
de la identidad» (1974: 77-102). Muchos estudiosos han reflexionado sobre la
aventura artúrica: Erich Auerbach en su libro *Mimesis* (1968: 132-152). Ya en
1947, Reto R. Bezzola dedicó un buen trabajo a la novela *Erec et Enide*, titulado
*Le sens de l'aventure et de l'amour* (1947: 153-226), en el que distinguía entre la
aventura vivida, la aventura aceptada y la aventura buscada. Otros críticos han

---

1.    Para este, la aventura sirve de apoyo al *lai*, es la anécdota previa al *lai*.

meditado sobre la noción de aventura: Elena Eberwein (1933: 26-53); Wolfram Völker (1972: 168-239)[2]; Hans-Dieter Mauritz (1974), en una breve exposición; Beate Schmolke-Hasselmann (1980: 57-75)[3]; Jacques Ribard (1984: 415-423), en interesante estudio a la vez filológico y de interpretación de la obra; Renate Kroll (1984: 171-178) y Marie-Luce Chênerie (1986: 75-78). En dos ocasiones yo mismo he esbozado brevemente una serie de reflexiones sobre esta cuestión (Ménard, 1976: 289-312; 1979: 86-97). La lista de quienes se han centrado en la noción de aventura es interminable. Independientemente de los textos artúricos, Vladimir Jankélévitch (1963) y Jean-Yves Tadié (1982) plantearon interesantes consideraciones sobre el problema literario o filosófico que nos ocupa. Dicho esto, cuantos más estudios leemos, más confundidos estamos. Sería fácil oponerse a las ideas contradictorias de los críticos. Por un lado, las aventuras de nuestros *romans* son gratuitas y frívolas; por otro, están llenas de sentido y profundidad. Para estos, la aventura es el dominio tenebroso del azar; para aquellos, es la marca de la predestinación y el designio de Dios. Un crítico piensa que la aventura caballeresca tiene un carácter estrictamente individualista; otro considera que la aventura tiene un significado social y que el caballero andante no se desinteresa en absoluto de la comunidad que lo rodea. El caballero cumple una misión y la aventura acaba por «restablecer una armonía perturbada» (Köhler, 1974: 97). Podríamos seguir oponiendo las opiniones de los expertos. Las diferencias o divergencias de apreciación se deben evidentemente a la complejidad del problema, a la diversidad y al número de textos, así como a la riqueza de la noción de aventura. Solo los grandes temas suscitan controversias: no discutimos lo que es insignificante. Me gustaría mostrar aquí que nada es sencillo, que nada está claro en este ámbito. Quizá sea aventurado arriesgarse y reflexionar sobre los distintos aspectos del problema. Sin embargo, querría intentar hacerlo examinando sucesivamente la cuestión del vocabulario, la de la estética y, finalmente, la del sentido de la aventura en las novelas de la Mesa Redonda.

## 1. El problema del vocabulario

Hay que detenerse un tiempo en la historia de la palabra *aventure*. Los problemas de lexicología nunca son asuntos menores, porque siempre implican cuestiones de fondo. No es inútil tratar de entender cómo una sociedad utiliza un determinado número de términos. En lo que respecta a la palabra *aventure*,

2. En tres desarrollos: 1.° La búsqueda de aventuras del Héroe; 2.° La serie de aventuras del Héroe; 3.° Prueba y confirmación del Héroe: la «Coutume»).

3. En cuatro puntos: 1.° El papel del conflicto en la comunidad artúrica; 2.° La disolución de la idea de *Aventure*; 3.° Sentido y sinsentido de la Aventura; 4.° Sobre el problema de la *Coutume*.

debemos comenzar por la etimología. El sustantivo proviene ciertamente del participio futuro de *advenire*. El plural neutro *adventura* se tomó como un singular femenino.

La relación con el verbo *advenire* puede resultar sorprendente, ya que en latín clásico *evenire* significa 'llegar, reproducirse' cuando se refiere a un acontecimiento, mientras que *advenire* se utiliza principalmente cuando hablamos de una persona. Contraponemos claramente *eventa*, plural neutro ('los eventos, las cosas accidentales'), y *adventus* ('la llegada de alguien'). No es necesario invocar el valor religioso del *adventus*, 'la llegada de Cristo' en el mundo cristiano, como hacen Elena Eberwein (1933: 26-30) y Glyn Burgess (1970: 47) para tratar de entender la evolución del significado de la palabra *advenire*. De hecho, la familia de *evenire* se ha perdido; solo ha quedado la de *advenire*, que obviamente adquirió el significado de *evenire*. Ver en el uso medieval de *adventus* el matiz de la irrupción milagrosa de un mundo trascendente me parece una invención de la crítica moderna. Ninguno de los diccionarios de latín medieval, ni el *Glossarium* de Du Cange, ni el *Dictionnaire latin-français des auteurs chrétiens* de A. Blaise, ni el *Lexicon Latinitatis Medii Aevi* del mismo autor, ni el *Lexicon Minus* de J. F. Niermeyer, ni el *Revised Medieval Latin Word-List* de R. E. Lathan confirman esta hipótesis. Por el contrario, la invalidan por completo.

¿Cuál pudo ser el significado original de *adventura*, una palabra desconocida en el latín clásico? La forma en *-urus* se utiliza desde la época imperial para designar tanto el futuro (y no solo el futuro próximo) como lo que debe suceder, lo que está destinado a suceder (Ernout y Thomas, 1964: 278). Dicho de otro modo, el término *adventura* puede significar lo que puede ocurrir, lo que ocurrirá y lo que debe ocurrir. Es imposible argumentar razonablemente que la acepción principal es la de 'destino'. La idea de un futuro posible, un acontecimiento futuro, es mucho más verosímil.

Sería interesante conocer el uso de la familia de *adventura* en el latín medieval. No está muy extendido. No hay ninguna *adventura* en el *Mittellateinisches Wörterbuch* de la Academia de Baviera ni en muchos otros diccionarios.[4] Por el contrario, Du Cange señala *adventurare* ('aventurarse'). Traduce *audere*, *fortunam tentare*. También registra *adventura* o *aventure*, en algunos usos técnicos como 'beneficios fortuitos, bastante accidentales' y también con el valor de 'justa, torneo'. La palabra aparece en una carta del rey inglés Enrique III, fechada en 1242 según Julieta R. V. Barber (1986: 152-154), entre una serie de términos relacionados: *torneamenta aliqua, aventurae, justae seu eiusmodi hastiludia* (Du Cange, 1938, t. I: 473). ¿Es este uso excepcional una derivación extraída de la literatura artúrica? No sabría decirlo. Niermeyer y Latham también señalan

---

4. Por ejemplo, *Latinitatis Italicae Medii Aevi* de Francesco Arnaldi (1936) o *Lexicon Latinitatis Medii Aevi Iugoslaviae* de Kostrencic, Marko (1973, vol. I).

este significado. La idea de 'riesgo, accidente' también aparece en el latín medieval. Du Cange señala *adventus* con el nuevo sentido de 'accidente, desgracia' (Du Cange, 1938 t. I: 97). Traduce *casus adversus, infortunium*. El diccionario de Ronald E. Latham (1980: 9), verdaderamente valioso para nuestra investigación, da a *adventura mortis* el sentido de 'muerte accidental', a *adventura* el sentido de 'negocio arriesgado' en el lenguaje comercial, *adventura maris* el matiz de 'bienes llevados por el mar, naufragio', *mercator adventurarius* el de 'comerciante que asume riesgos'. El *Lexicon Latinitatis Medii Aevi* de Albert Blaise (1975) anota *adventuraria navis* con el sentido de 'corsario'. Todos estos matices no aparecen en los diccionarios de francés antiguo. Según el *Französisches Etymologisches Wörterbuch (FEW*, xxiv: 195) la palabra *aventurier* no aparece antes de fines de la Edad Media. El *Dizionario etimologico della lingua italiana* de Cortelazzo y Zolli también sostiene que antes del siglo xvi se desconoce la palabra *avventuriero* (Cortelazzo y Zolli, 1979, vol. I: 96).[5] Sin embargo, estos usos en latín medieval dan que pensar, sobre todo si se observa que *aventurier* existe en provenzal antiguo. Emile Levy ha registrado la palabra con el sentido de 'mercader nómada' al hablar de un vendedor ambulante y también con el valor del 'que se expone a los peligros' ya en el siglo xiii (Levy, 1894, t. i: 111)[6]. No es posible ir muy lejos en la reflexión. Se necesitaría una amplia investigación a través de todo el latín medieval para responder a las preguntas que se plantean. ¿Hubo alguna influencia de las lenguas románicas? ¿Se trata de usos de la lengua vulgar traspuestos al latín? ¿O se trata de desarrollos en parte originales del latín medieval? ¿Quién podría envanecerse de responder? El *roman* artúrico parece haber ejercido influencia sobre la literatura latina con respecto a este término. Contentémonos con observar que en el latín medieval hay una cierta vida de la familia de *adventura*, que estos usos no carecen de interés para esclarecer la historia de la palabra *aventure*, por último en fin, que la idea peyorativa del azar y de los peligros a los que uno se expone se encuentra estrechamente ligada al término latino *adventura*. Sin embargo, para nuestros fines, lo esencial está en otra parte. Habría que tratar de conocer la historia de la palabra, conocer sus significados y sus principales usos y adivinar su evolución. Es mucho pedir. No disponemos de un estudio detallado de este importante término. Podemos utilizar los diccionarios habituales: el Godefroy (1881), el Tobler-Lommatzsch (1915), el *FEW* de Walther von Wartburg, el *Anglo-Norman-Dictionary*; contemplar otras buenas herramientas de trabajo: el *Provenzalisches Supplement-Wörterbuch* de Levy, el *Oxford English Dictionary*, el *Grande Dizionario della lingua italiana* de Salvatore Battaglia (1961: 891); aprovechar las observaciones filológicas de Georg F. Benecke (1841, t. i: 49-56) sobre el uso de la palabra *aventiure* en alto alemán medio; de Jacques Ribard

---

5. Primer testimonio en el Tasso.
6. Varios ejemplos de la *Chanson de la Croisade Albigeoise* tienen este segundo significado.

(1984: 415-423) sobre los matices de *aventure* en la *Queste*, así como las observaciones de Glyn Burgess (1970: 44-55) sobre la palabra *aventure* en los *romans* antiguos. Esto no basta para satisfacer todas nuestras curiosidades. Todavía hay muchas incógnitas, no se ha dicho todo.

Por desgracia, no es posible examinar aquí con detalle la forma en que los grandes diccionarios del francés antiguo entendían el término. Sería sin embargo instructivo. Veríamos que Godefroy, que recoge la palabra en su *Complément du dictionnaire de l'ancienne langue française* (1895, t. VIII: 252), es especialmente sensible a los valores de 'azar' y 'peligro'. Recoge los significados de la siguiente manera: 'lo que le sucede a alguien de forma inesperada, lo que ocurre por azar, por accidente, riesgo, peligro, fortuna'. Señala las locuciones adverbiales *par aventure, par belle aventure*, que expresan la idea de azar, de eventualidad, o *a ses aventures, a toutes aventures*, que expresan la idea de riesgo. Todo ello no es erróneo, pero se omiten varios significados importantes, en particular la idea de 'suerte, destino', así como la aventura propiamente artúrica. Sin embargo, debemos señalar que Godefroy quizás sintió el elemento esencial del concepto de aventura. Nadie podría discutir que en las novelas de aventuras siempre se trata de una sucesión de acontecimientos imprevistos, confusos, peligrosos. Por definición, la aventura es fortuita, inquietante, peligrosa para quien la vive. Probablemente tendremos que añadir algunos matices más cuando examinemos la aventura. Pero la esencia ya está ahí.

El diccionario de Tobler-Lommatzsch (1915, t. I: 720-24) ofrece muchos más ejemplos y más significados. Pero no se ha hecho ningún esfuerzo por clasificar, y mucho menos por relacionar, estos significados. Es cierto que el fascículo del diccionario se publicó en 1920. Es perfectamente aceptable que un lexicógrafo dude en embarcarse en el peligroso camino de la filiación de los significados. La secuencia a menudo se nos escapa. Pero la preocupación por la claridad no es la gran ambición de los dos lexicógrafos mencionados aquí. Ninguno de los significados está numerado. Todo se yuxtapone en una secuencia bastante confusa, donde nada destaca realmente. La palabra *aventure* se traduce por tres términos colocados uno al lado del otro, *Zufall* ('el azar'), *Geschick* ('el destino, la predestinación'), *Begebenheit* ('el evento, lo que acaece'). La combinación de tres términos tan diferentes sorprende al lector. Lommatzsch no se pregunta cuál es el valor predominante, cuál es el significado original, cómo pudo evolucionar la palabra. El diccionario no ofrece ninguna respuesta a estas preguntas. Dicho esto, las locuciones habituales (*par aventure, par bone aventure, par male aventure, en aventure*) están bien repertoriados. El significado de 'felicidad, suerte' se señala justamente mediante *bone aventure*. Tal vez deberíamos haber ido más allá y señalar que la simple palabra *aventure* a veces adquiere el matiz de 'fortuna'. El *Provenzalisches Supplement Wörterbuch* de Levy había anotado esto para la antigua *langue d'oc* (Levy, 1894, t. 1: 110). Lo mismo ocurre con el francés antiguo. También se podría añadir el matiz contrario de 'acciden-te, desgracia', que los lexicógrafos apenas mencionan. Pero un desarrollo útil de Tobler-Lommatzsch está dedicado al significado de 'peligro, riesgo' en relación con los giros *estre en aventure, soi metre en aventure*. El refrán citado en Gaydon («*N'est pas peri quant qu'est en aventure*»; v. 242) lo demuestra bien. Especialmen-te el *Altfranzösisches Wörterbuch* hace especial hincapié en la aventura artúrica. Cita una docena de ejemplos y traduce la palabra como *Abenteuer*. Podríamos discutir la fundamentación de la rúbrica semántica introducida a continuación, *Los* ('suerte, predestinación'), *Erlebnis* ('evento, experiencia vivida'), *Begegnis* ('en-cuentro, acontecimiento'), ya que las tres traducciones reunidas aquí son bastante heterogéneas. Cabría lamentar que la aventura artúrica no esté claramente de-finida ni suficientemente aislada en la historia de la palabra. Podríamos añadir algunos complementos más. La palabra *aventure* se emplea a veces para designar el relato de un acontecimiento anterior, fuente del texto compuesto por el autor. Martín de Riquer ha señalado para María de Francia que la palabra *aventure* se aplica a la anécdota anterior al *lai*. Así, en *Eliduc* se nos dice: «*L'aventure dunt li lais fu/ Si cum avint vus cunterai*» (vv. 26-28). Benecke ya había señalado en su útil artículo de 1841 «*gewôhnlich aber ist 'aventiure' ein schriftlich aufgezeich-neter Bericht, die urkundlich Quelle*» (Benecke, 1841: 54). Del mismo modo, Benecke había señalado con acierto que *aventiure* tiene a veces el significado de 'combate caballeresco'. Este es un punto importante e incluso capital en la literatura artúrica. Otra omisión del Tobler-Lommatzsch: la *aventure* deviene en ocasiones en una entidad personificada, en un personaje alegórico de igual modo que la Naturaleza o la Fortuna. Es el sujeto de un verbo de acción. A veces hay que ponerlo en mayúsculas. He aquí un ejemplo del *Roman de Troie*. Se trata de Héctor. El poeta nos dice:

> E s'il vesquist dous anz o mais
> Destruit fussent si enemi.
> Mais Aventure nel sofri
> Ne Envie, ne Destinee ... (*Roman de Troie*, vv. 16840-16843)

[Y si él hubiera vivido dos años o más,/ habrían sido destruidos sus enemigos./ Mas Aventura no lo permitió/ ni Deseo, ni Destino...]

La obra lexicográfica más cuidada es, incontestablemente, la del *FEW*. Sin embargo, es de segunda mano. Se encuentra en la nueva redacción de la letra *A* (tomo xxiv, fascículo 139, pp. 194-195). Fue publicada en 1975, cuatro años después de la muerte de Walter von Wartburg. Ciertamente, no hay que pedirle a este diccionario que distinga entre lo esencial y lo accesorio, ni cuestionarle la evolución semántica de la palabra. La secuencia de acepciones es más o menos aleatoria según la fecha aproximada de los testimonios conocidos. Por tanto, el orden de los significados es en gran medida arbitrario. Por otro lado, el esfuerzo de clarificación y clasificación es especialmente limitado. Dejando al margen estas reservas, la documentación reunida es rica y permite al filólogo llegar lejos. El étimon *adventura* provisto de un asterisco es glosado *Ereignis* ('acontecimiento'), *Schicksal* ('suerte, destino, fatalidad'). La traducción de *Schicksal* probablemente es cuestionable. Hubiera sido mejor utilizar una palabra menos marcada, que indicara solo el azar. En cualquier caso, para el autor del artículo, la sucesión de significados de la palabra *aventure* en francés antiguo parte de la idea de 'suerte, destino'. Este punto de partida es cuestionable. Un uso de la palabra en este sentido se encuentra en el *Alexis*. Por eso el *FEW* comienza por él. Este no es el significado primario, el más antiguo, el valor fundamental. Además, si examinamos con atención el ejemplo del *Alexis*, podríamos rectificar y decir que el matiz es el de 'golpe de suerte, desgracia' y no el de 'suerte, destino'. El matiz no es el mismo. A continuación, el *FEW* despliega toda una serie de significados 'felicidad, buena suerte' (desgraciadamente con referencias exclusivas a la *langue d'oc*, lo cual es erróneo), 'azar' (desde principios del siglo XII, se nos dice); después, 'hecho, acontecimiento' (desde el siglo XII) —nos sorprende este significado en este lugar—; después, un significado interesante para nosotros 'lo que le ocurre a alguien de forma extraordinaria, inesperada' (desde María de Francia). Este es un matiz importante para los lectores de los textos artúricos. El autor del artículo era consciente de que en la historia de la palabra hubo un cambio significativo hacia los años 1180-1190. Sin duda, se equivocó al atribuir este significado a María. Resulta evidente que este matiz se aplica al conjunto de las obras artúricas, donde la palabra *aventure* aparece permanentemente, y en especial en el primer novelista, es decir, Chrétien de Troyes. De hecho, cabe preguntarse si este valor no es consustancial al propio concepto de *aventura*, desde sus orígenes. Sin abrir un debate imposible de resolver, señalemos la acepción aportada por el lexicógrafo.

Pero eso no es todo. Inmediatamente después, el *FEW* propone otro significado de la palabra *aventure*. El siguiente: 'una empresa arriesgada de un caballero, mezclada algunas veces con un encantamiento' (desde Chrétien). Sin duda, convendremos en que esto es una explicación, un comentario, y no una definición. Pero los amantes de los *romans* caballerescos estarán satisfechos de que se otorgue un lugar especial en la historia de la palabra *aventura* a los usos tan particulares que se hacen de ella en las novelas de la Mesa Redonda. Podríamos lamentar que los lexicógrafos no hayan prestado atención a los verbos directamente relacionados con la aventura. Se menciona constantemente *querre l'aventure* (en singular) o *les aventures* (en plural). El verbo *querre* se ha convertido en compañero obligado del sustantivo *aventure* en los *romans* caballerescos.

Es posible encontrar otros verbos: *achever, acomplir, mener à chief, metre à fin* ('*llevar a cabo, cumplir, 'acabar, dar fin*'). También debemos tener en cuenta los calificativos de la palabra *aventure*. Se habla de *aventure bele, grant, haute, merveilleuse* (Ribard, 1984: 415-418). Podríamos señalar algunas asociaciones muy notables. Así, que la aventura está a veces coordinada *à merveille*. La *Queste del Saint Graal* (§11, 8-10) habla *des granz merveilles et des estranges aventures* («de las grandes maravillas y las extrañas aventuras»). Dejemos aquí estas observaciones. Los creadores de diccionarios han leído poco los *romans* artúricos en prosa. Sería muy deseable una investigación lexicológica exhaustiva.

Me contentaría con volver sobre la definición de la aventura artúrica propuesta por el *FEW*. Evidentemente, es imposible mantenerla como está. ¿Debería modificarse haciendo hincapié en la idea de riesgo y traducirse *aventure* por 'empresa arriesgada'? ¿O debemos destacar el aspecto inesperado y sorprendente de la peripecia que se produce e interpretar 'encuentro extraño, acontecimiento extraordinario'? Podríamos dudar legítimamente. También podríamos argumentar que no hay oposición, sino complementariedad entre estos dos matices. Además hay que señalar que el buen filólogo Benecke había señalado ya en 1841, en el citado y sólido estudio de la *Zeitschrift für deutsches Alterthum* que en el alto alemán medio *aventiure* adopta el sentido de 'un acontecimiento inaudito, incomprensible; maravilla, prodigio' («*ein unerhörtes unbegreifliches Ereignis; ein Wunder, ein Zauberwerk*»; 1841: 50). Los lexicógrafos del francés antiguo habrían hecho bien en inspirarse en estas reflexiones.

Podemos pasar rápidamente a los otros significados que figuran en el *FEW*. El significado de 'peligro, riesgo' ya lo conocemos. Algunos de los significados económicos o comerciales que se atribuyen al francés medio (por ejemplo, la *grosse aventure* para indicar grandes beneficios basados en una suerte incierta, como un barco mercante que puede naufragar) pueden ser más antiguos. Por otra parte, varios significados, como 'combate, peligro extraordinario', se han atribuido erróneamente únicamente al dominio occitano. También cabe preguntarse por la existencia del sentido de 'intriga amorosa' para la aventura ya en el siglo XII en el francés antiguo. El *FEW* así lo afirma. Me cabe la duda. En el sentido de 'relación amorosa breve y superficial', la palabra no está atestiguada en italiano antes del siglo XIX, precisamente antes de Leopardi, según los diccionarios ya citados de S. Battaglia y Cortelazzo-Zolli. EL *TLF* (1974, III: 1082) tampoco la cita con ningún ejemplo antiguo. Por tanto, cabe preguntarse si no se trata de un error del *FEW*. Los usos omitidos por el Tobler-Lommatzsch y reportados aquí se encuentran igualmente ausentes en el *FEW*. Su editor fecha en el siglo XVI la palabra *aventures* en plural en el título de un libro. No es el caso, porque ya en el siglo XIII el título de lo que ahora llamamos *Queste del Saint Graal* es en realidad *Les aventures del Saint Graal* (1923: 280).

Como vemos, el diccionario más completo no es inmune a las correcciones y adiciones. ¿Qué podemos concluir de este rápido panorama? En primer lugar, que aún quedan interesantes investigaciones por realizar. Locatelli, afirmó que antes de Chrétien de Troyes, en los primeros textos franceses el significado de la palabra *aventura* era 'vago e incierto'. Es necesario rebatir tal afirmación. Simplemente debemos decir que parece haber una clara diferencia en el uso de la palabra entre los predecesores de Chrétien y el gran novelista de Champaña. El estudio de las novelas antiguas de Glyn Burgess sobre los *romans* antiguos muestra que *aventure* tan pronto adopta el significado de 'azar', como en otras ocasiones el de 'peligro, riesgo, peligro de muerte', e incluso el valor de 'golpe de suerte'.

Dicho de otro modo, la palabra se toma muy a menudo en un sentido peyorativo. Implica desgracia, inconveniente, riesgo de perder la vida. En el *Roman de Troie* observo algunos usos con el valor laudatorio de 'encuentro favorable, suerte, regalo del cielo, alta empresa que recae en un héroe por azar o por voluntad de los dioses'. Este valor parece poco común. Me parece erróneo que los críticos como R. Locatelli, E. Kölher o G. Burgess quieran encontrar el nuevo concepto artúrico de la aventura en un verso del *Roman de Troie*, donde se menciona a Aquiles *Cui aveneient aventures* («Al que le sucedían aventuras»; v. 20351). Aún no se trata de *querre les aventures* («buscar las aventuras»). Todavía estamos muy lejos de eso. Se contenta con sufrir pasivamente las aventuras. Antes de Chrétien no se buscan. Además, la palabra *aventure* permanece como un término bastante inquietante. El *roman* de *Guillaume de Palerne* ofrece un hermoso desarrollo donde vemos todo el destino del hombre sujeto al azar, a la aventura como dice el autor:

> Par aventure vit li hom.
> Par aventure a sa destine.
> Par aventure muert et fine.
> Par aventure uns hom estort
> De la ou mil reçoivent mort.
> Aventure refait perir
> Un hom ou mil en fait garir. (*Guillaume de Palerne*, vv. 1532-1538)

[Por azar vive el hombre./ Por azar encuentra su destino./ Por azar muere y llega su fin./ Por azar un hombre se libra/ allí donde mil encuentran la muerte./ Azar hace perecer/ a uno donde a mil hace que se salven.]

Sería útil disponer de estudios de conjunto de la literatura medieval anterior a 1170, a *Erec et Enide*, para saber exactamente qué valores predominan en el uso de la palabra *aventure*. Tenemos la impresión de que las ideas de azar arbitrario, riesgo, destino ominoso, accidente y mala suerte prevalecen. Pero puedo equivocarme. El *Anglo-Norman Dictionnary* (1977), que vacía textos ajenos al mundo artúrico, guarda un lugar notable a estos significados. Otra cuestión sería si el significado de 'suerte, destino' es importante y tiene siempre el mismo trasfondo. ¿Es un destino que se debe al azar, a la fatalidad o a la voluntad de Dios? No es lo mismo en absoluto. Para ser sinceros, todo debe variar de un autor a otro. Pero nos gustaría saber si hay constantes. Ciertamente, la sucesión de sentidos se nos escapa y es más o menos una cuestión de hipótesis. Pero los diccionarios más razonables y positivos como el *Oxford English Dictionary* (1933, I: 135), el *Anglo-Norman Dictionary* (Stone y Rothwell, 1977: 55), el *Grande Dizionario della lingua italiana* de S. Battaglia (1961, I: 891) parten de la idea de «algo que sucede inesperadamente». Las nociones de azar, ocasión, accidente, suerte o destino están vinculadas, al igual que las ideas de riesgo y peligro. Todo esto pertenece a la esfera natural de la palabra. Pasamos de forma natural de un significado a otro. Nunca se insistirá lo suficiente en la importancia de la idea de azar y riesgo en el uso de este término. Esto se ve claramente fuera de la literatura artúrica. Los poetas corteses emplean la palabra *aventure* con bastante frecuencia cuando se trata del amor. Precisamente dice Gace Brulé:

> Cil est bien en aventure
> Qu'Amours a en son pooir. (Gace Brulé, 1951, IV: v. 29)

> [Bien está en peligro/ Quien amor tiene en su poder.]

Entendemos que el amante corre riesgos, se encuentra inevitablemente en una situación de peligro. El adjetivo *aventureus*, así utilizado con el sentido de 'peligroso' cuando se refiere a un lugar (*la forest aventureuse*), o con el sentido de 'que se aventura, que se expone a los peligros, que busca aventuras' al referirse a un caballero, muestra el estrecho vínculo entre la palabra *aventure* y la idea de peligro. Podríamos estar tentados de pensar que con Chrétien de Troyes se inicia una nueva etapa en la historia de la palabra. A decir verdad, convendría explorar sistemáticamente las novelas de aventura contemporáneas, de Huon de Rotelande, de Gautier d'Arras, d'Aimon de Varennes, del autor del *Partonopeus* y de algunos otros para saber si esta impresión es cierta o bien se trata de una ilusión. ¿Es el primero en otorgar a *aventure* una connotación positiva, laudatoria, incluso exaltante? Me inclinaría a creerlo, hasta que se demuestre lo contrario. ¿Podemos argumentar que es el creador de la aventura artúrica? Resulta imposible asegurarlo. ¿Podemos considerar que ningún matiz nuevo tiñe la noción de aventura en los continuadores de Chrétien o en los grandes novelistas en prosa del siglo XIII? Lo dudo. R. Locatelli tiende a pensar que después de Chrétien todo se deteriora, todo va de mal en peor, que la aventura se convierte en un puro mecanismo, que la palabra se ve privada del sentido fuerte y casi místico que tenía en el novelista de Champaña. En este caso también sería necesario investigar. A priori, no creo que cuando la palabra se generaliza, esta se empobrezca. Estaría tentado de creer que todo se renueva según los talentos y las sensibilidades. Por poner solo un ejemplo, el autor de *Tristan en prose*, hacia 1240, tiene un sentido de la precariedad de las aventuras caballerescas, de la inestabilidad que afecta al comportamiento humano. Expresa muy bien este sentido de las vicisitudes cuando hace decir a uno de sus personajes: «*Aventure de cevalerie ne demeure onques longement en un estat, car maintenant on est en joie et tout maintenant on est en doel, et du doel revient et puis en leeche*» («La aventura caballeresca no permanece mucho tiempo en un mismo estado, pues ahora están contentos y de inmediato están tristes, y de la tristeza vuelven luego a la alegría»; *Tristan en prose*, 1987, t. I: §129: 15). Que yo sepa, este sentimiento no aparece en Chrétien de Troyes. Podríamos encontrar fácilmente otros matices nuevos en el siglo XIII.

Dicho esto, hay sin embargo una constante en la aventura caballeresca. A pesar de las inevitables diferencias, subsisten elementos permanentes. En primer lugar, se busca la aventura. No se produce por sí sola: implica una participación activa del interesado. Dicho de otro modo, la noción de desplazamiento del caballero andante a través del espacio en los *romans* artúricos está íntimamente ligada a la de aventura. No es una aventura que recaiga en un héroe pasivo. El gusto por el riesgo y el combate caballeresco también es permanente. Cuando un personaje del *Perlesvaus* se va y piensa que «*iroit esprouver sa chevalerie en aucun leu*» (v. 3074), adivinamos «*qu'esprouver sa chevalerie*» («para probar su valor guerrero») es lo mismo que *querre des aventures*. Lo que busca el caballero andante no es una aventura, sino una sucesión de aventuras. Se ha citado a menudo el uso crucial de *aventure* en el *Yvain* de Chrétien de Troyes. Al rústico que le pregunta qué busca, el caballero andante responde:

> «Aventure, por esprover
> Ma proesce et mon hardement. (*Yvain*: vv. 362-363)

> [–Aventuras, para poner a prueba/ mi valentía y mi arrojo.]

Encontraríamos ecos de este deseo permanente en otros lugares. Así, en el *Chevalier aux deux épées* se dice que los caballeros andantes ausentes de la corte de Arturo caminan:

> Por leur aventures trouver
> Pour eus connoistre et esprouver. (*Chevalier aux deux épées*: vv. 117-118)

> [Para encontrar sus aventuras/ para conocerse y probarse a sí mismos.]

El valor probatorio de la aventura, la prueba que supone el combate caballeresco, están aquí claramente indicados. Desempeñan un papel esencial en la
exaltación de la aventura. Ocasionalmente, palabras como *esprueve, essai, proesce*
sirven como sustituto de *aventure*. Normalmente el caballero andante busca lo
más peligroso, lo más difícil. En el *Conte du Graal*, Perceval busca las «*estranges
aventures./ Les felenesses et les dures*» (vv. 6227-6228). Básicamente para los textos
artúricos, la mejor traducción de *aventure* sería quizás una 'empresa arriesgada
y fascinante'. Se podría matizar dependiendo del héroe y del contexto. Aquí
podríamos traducirlo simplemente como 'combate peligroso', 'empresa arriesgada', allí como 'encuentro sorprendente', en otros lugares como 'encuentro' o
'acontecimiento extraordinario', en algunos casos como 'encuentro maravilloso'
cuando el héroe entra en contacto con el Otro Mundo. En cualquier caso, en los
equipos de los caballeros andantes siempre está presente el placer del riesgo, el
heroísmo, el gusto por los encuentros extraños y se dan cita las situaciones fuera
del orden común.

## 2. El problema estético

Estas consideraciones lexicológicas sugieren que aún quedan descubrimientos
por hacer en el campo que nos interesa. Pronto se verá que lo mismo ocurre si
examinamos el problema de la aventura desde la perspectiva de la composición
novelística medieval.

Hay que hacer una primera observación sobre la aventura en términos es-
téticos. Querríamos saber si la aventura en los *romans* caballerescos es igual o
diferente de la aventura empleada en los cuentos populares. Me contento con
plantear aquí la pregunta, sin aportar ninguna respuesta. El trabajo sigue abierto.
En la *Enzyklopädie des Märchens*, publicada por Kurt Ranke (1977, t. I: c. 16-29),
encontramos ciertamente el artículo *Abenteuer* firmado por un conocido especialista de los cuentos populares, el erudito suizo Max Lüthi. Permítaseme decir
que me deja muy perplejo. El autor opone la aventura de los *romans* artúricos a
la de los cuentos populares. Se equivoca en gran medida, pues todo el mundo
sabe que al abrir cualquier colección de cuentos o cualquier estudio especializado
(por ejemplo, el *Motif-Index of Folk Literature* de Stith Thompson) encontramos
abundantes motivos empleados en los textos artúricos. Queriendo separar los
cuentos populares de los *romans* caballerescos, afirma que en nuestros textos
la aventura es para el caballero el encuentro con el mundo (*Weltbegegnung*) y al
mismo tiempo el encuentro consigo mismo (*Selbstbegegnung*). Esto solo es cierto
en algunos casos. Es peligroso generalizar y realizar demasiadas afirmaciones pe-
rentorias. La definición de *aventura* de Lüthi en los cuentos es bastante confusa[7],

---

7.  La aventura se manifiesta en situaciones extraordinarias (encuentro con adversarios peligro-

pero reconoce que la aventura está en el corazón del cuento popular, «*der eigentliche Lebensnerv des Märchensgeschehens*» (Ranke, 1977, t. i: c. 17). Estamos de acuerdo con él cuando señala que la aventura sobresale del tejido de la vida, que tiene algo de abrupto. Del mismo modo, cuando señala que el héroe del cuento popular no persigue las aventuras como el caballero andante. Las encuentra, las sufre, las vence, pero no las busca. También admitiremos que puede haber un elemento de ansiedad, de angustia, de miedo ante los misterios del mundo en la aventura de los cuentos populares. Lo mismo podría decirse a veces de ciertas aventuras caballerescas. Pero no se plantea el gran problema de la relación entre las novelas medievales y los cuentos populares. El autor se deshace alegremente de ella. Habría que retomarlo sobre nuevas bases, para precisar las similitudes y las diferencias, en definitiva, para emprender un verdadero estudio comparativo.

El papel central de la aventura en los *romans* de la Mesa Redonda indica, en el plano del contenido, una primacía de la acción. La aventura es la plenitud; la ausencia de aventuras es el vacío. Nuestros autores no evocan el vacío más que en los pasajes de transición en los que se dice que los héroes caminan «*sans aventure trouver qui a conter face*». Pero los novelistas sienten horror al vacío. Por ello, el argumento de un *roman* caballeresco es similar al de todas las demás novelas de aventuras: está constituido por una serie de episodios más o menos autónomos, una serie de encuentros peligrosos en los que los héroes se juegan la vida, una sucesión de peripecias. Naturalmente, hay que tener en cuenta las *coutumes*, que son aventuras fijas, aventuras que se repiten hasta que no son suprimidas. En ocasiones, aparece la unión de los dos términos *aventure* y *coutume*. Así, en la *Queste del Saint Graal* se dice que «*tiex est l'aventure et la costume*» (§ 47, 31). En nuestros textos, la *coutume* a menudo se presenta como una aventura peligrosa, como una aventura desafortunada para la comunidad. Las situaciones tranquilas, estables y pacíficas interesan poco a nuestros autores. Están pensadas para romperlas. Lo que les apasiona son las crisis, los conflictos y, sobre todo, los combates caballerescos, las justas con lanza. Sin duda, sería necesario examinar el surgimiento de la aventura para estudiar adecuadamente estas situaciones. Vladimir Jankélévitch señaló el particular interés que tiene el comienzo de la aventura. Lo que sigue nunca es tan rico. El gusto por los golpes teatrales se encuentra a menudo en los mejores novelistas. La aventura surge bruscamente en un recodo del camino o en el interior de un castillo. Cuanto menos lo esperamos, más nos choca. La habilidad del narrador consiste en disimular lo más posible los preliminares de la aventura y hacerla estallar de repente como un trueno. Sería útil examinar sistemáticamente todos los inicios de las aventuras. Es un poco como la apertura de una ópera.

---

sos, victorias difíciles, misiones peligrosas, encuentros con criaturas extrañas), véase Ranke (1977, t. i: c. 17).

Por otra parte, en el corazón de la noción de aventura se encuentra la idea de peripecia. La aventura despierta nuestra curiosidad porque inicia un cambio, porque puede entrañar una inversión de la situación. Sería interesante considerar las aventuras como momentos dramáticos, para ver los efectos que tiene en el curso de los acontecimientos. Cuando el héroe sale victorioso con demasiada frecuencia y facilidad, el efecto de la sorpresa se embota. Ya no tememos por él. A veces es así, hay que reconocerlo. Los novelistas más hábiles son los que no nos presentan héroes siempre impecables, siempre superiores a sus adversarios. La aventura también debería estudiarse en términos de *pathos*. El relato de una aventura pretende, de hecho, producir una determinada emoción. Por emoción entendemos aquí sentimientos agitados, no pacíficos: por ejemplo, la ansiedad, el miedo desgarrador, la angustia. Convendría ver si la emoción siempre se encuentra presente, si hay variaciones de naturaleza e intensidad. Así, al comienzo del *Lancelot en prose*, ocurre una sucesión de desgracias: el rey Ban es obligado a abandonar su castillo, a huir con su mujer y su hijo pequeño. Apenas huye, su senescal lo traiciona y entrega el castillo al enemigo. Desde lejos, con gran estupor, el rey contempla su castillo incendiado, muere de pena dejando un joven heredero huérfano, desheredado, exiliado, condenado a la muerte si los enemigos de su familia lo encuentran y lo alcanzan. Desde el inicio de la obra, aunque todavía no hayamos entrado en el meollo del asunto, no falta el patetismo.

La primacía de la acción y la presencia permanente de las aventuras en los *romans* caballerescos tienen una consecuencia inmediata: el análisis psicológico no representa un papel importante en estas obras. Jacqueline de Romilly comentó con razón en su libro *Patience mon coeur. L'essor de la psychologie dans la littérature grecque classique* (1984) que los escritores antiguos no se molestan en describir y analizar los sentimientos de sus personajes. Prefieren pintar los comportamientos. Lo que les interesa es la conducta de sus héroes antes que los debates internos. Lo mismo cabe decir de los autores medievales. Realizan muy pocos comentarios psicológicos en sus relatos de aventuras. Ciertamente, los más grandes creadores no son indiferentes a los sentimientos de sus personajes. Hay páginas profundas aquí y allá en Chrétien de Troyes o en el *Tristan en prose*. Pero lo esencial está en otra parte. La vida interior del hombre parece encontrarse subordinada a sus actos. Sería ingenuo buscar amplias pinturas psicológicas en las obras de acción, donde incluso el amor se presenta como una aventura breve, densa y furtiva, insertada en el hilo siempre renovado de los desplazamientos y las peripecias. Gaston Paris escribió: «la pintura de los personajes era débil en la epopeya... No es más fuerte en las novelas de aventuras o los cuentos. Allí los personajes son casi todos iguales: hombres y mujeres, viejos y jóvenes, están tallados sobre unos patrones que apenas varían porque están determinados por ideas preconcebidas» (Paris, 1910: 13). Me temo que este juicio es profundamente cierto.

En los *romans* caballerescos, como en los cuentos, los personajes están poco diferenciados y evolucionan poco. Se clasifican en categorías bastante simples: héroes valientes, adversarios, etc. Lo importante para nuestros autores es desplegar ante nuestros ojos una serie de hazañas y mostrarnos que los héroes simpáticos triunfan sobre todos los obstáculos y adversidades. La organización de las aventuras en el relato plantea problemas complejos que requerirían muchos más estudios, incluso libros. Debería examinarse de cerca la técnica de generación de suspense, como la llamamos actualmente hoy. Como el suspense es el proceso narrativo que nos hace esperar y anhelar la siguiente parte de la historia, podemos adivinar que los autores evitan como la peste el cierre final de una aventura. Siempre desean posponer las soluciones definitivas o las explicaciones completas. Tratan de mantener la acción en movimiento, de no terminar nunca nada, de suspender permanentemente los desenlaces que pondrían fin a las aventuras.

Normalmente, la lectura de una novela de aventuras no debería interrumpirse. No deberíamos dejar de leer el libro, ya que el autor despierta la curiosidad de su público. Sin embargo, las condiciones de recitado de las obras medievales plantean la cuestión de la duración de las sesiones o la división de las aventuras. Es difícil responder a estas preguntas. Vemos que algunos textos como *Les Merveilles de Rigomer*, *Claris et Laris* o el *Meliador* de Froissart alcanzan los treinta mil versos. Incluso cuando las obras no superan los seis o diez mil octosílabos, resulta difícil ver cómo se puedan escuchar de un tirón, en una sola noche. El problema de la división lo evoca Froissart cuando se representa a sí mismo recitando su novela, noche tras noche, en la corte de Gaston Phébus (Froissart, 1953: 66)[8].

8. Froissart lee pasajes de su *Meliador* a Gaston Phébus todas las noches después de la cena. Estas sesiones no deben de haber durado mucho. En efecto, Froissart cuenta que, desde su infancia, el conde de Foix tenía la costumbre de levantarse por la tarde y cenar muy tarde («*il se descouchoit et levoit a haute nonne et souppoit à mienuit*», Froissart, 1953: 65). Comprendemos sin duda que se había echado una siesta por la tarde y se había levantado hacia las cinco de la tarde. Froissart afirma, por un lado, a propósito de *Meliador*, que hizo una lectura de esta obra después de la cena y, por otro, que Phebus «estuvo sentado a la mesa durante unas dos horas» (Froissart, 1953: 65 68). Lo pinta tanto comiendo alas y patas de ave como tomando «grant esbatement en menestraudie», haciendo que delante de él «ses clers volentiers chanter, chançons, rondiaux et virelaiz» (Froissart, 1953: 68). En mi opinión, durante las dos horas en las que el príncipe está sentado a la mesa es cuando tiene lugar la lectura del *roman* caballeresco. Es poco probable que tuviera lugar después. Esto significaría que podrían recitarse solo un pequeño número de episodios del texto durante una sesión. Si hacemos el experimento personal de recitar octosílabos, por ejemplo de Chrétien de Troyes, reparamos en que se necesitan aproximadamente dos minutos para contar tranquilamente treinta versos. Podemos realizar las multiplicaciones: se necesitarían cuatro o cinco minutos para unos sesenta versos, incluyendo algunos momentos de pausa o comentarios del público, o aproximadamente unos 600 ó 700 versos para una hora de recitado. ¡No es demasiado! Sería interesante averiguar si hay cambios de episodio en los textos tras una hora o más de recitado.

Pero este testimonio aislado no nos revela lo suficiente sobre los detalles mismos de las cosas ni sobre las prácticas habituales de la época. Observamos que la fórmula «*Or dist li contes*» se repite en los *romans* en prosa y distingue los cambios de héroes y aventuras. Manifiestamente se trata de la marca de un nuevo capítulo que comienza. En los *romans* en verso no hay cortes tan claros.

Sería interesante intentar averiguar cuánto duran las sesiones de recitado de las novelas de aventuras. Debemos recordar la técnica de la novela por entregas en el siglo xix. Sabemos que se trata una novela que se publica a diario en la prensa. En su *Grand Dictionnaire du xix^e siècle*, Pierre Larousse define la técnica del folletín de la siguiente manera: «La última palabra en el arte –dice– consiste en saber cortar una obra en fragmentos igual de atractivos, para llevar la historia al mayor grado de interés posible cada día, en detenerla en el momento en que la curiosidad se ha despertado con tanta fuerza que se anhela con ansia el siguiente número»[9]. *Mutatis mutandis*, podríamos aplicar estas observaciones a la novela de aventuras medieval. Por supuesto, ya no se trata de una publicación diaria en un espacio reservado; pero se trata sin duda de un recitado que se prolonga varios días. Esto resulta evidente en el caso de los textos largos. De nuevo aquí se plantea con insistencia el problema de cómo excitar la curiosidad del oyente.

Debería abordarse además el problema del vínculo entre las aventuras; habría que estudiar cuidadosamente la cadena de aventuras. En otro tiempo se han preguntado si los *romans* bretones no estaban compuestos por un conjunto de pequeños relatos independientes. En un artículo muy estimulante publicado en la *Revue des Deux Mondes* en el que estudia los *lais* de María de Francia, Joseph Bédier sugirió en 1891 que los cuentos azules, minúsculos, atados con una cuerda, fueron las primeras novelas. Y añadió: «Me parece innegable que las grandes novelas de la Mesa Redonda provienen de estos *lais* bretones» (Bédier, 1891: 859). Sin duda resulta excesivo sostener que los episodios novelísticos se derivan siempre de *lais* perdidos o de historias anteriores y autónomas. Sin embargo, el lector moderno es sensible a la impresión de desarticulación y disparidad que producen las distintas aventuras de los *romans* caballerescos. Ciertamente, la crítica actual habla de buen grado de *conjointure*, de arquitectura, de organización rigurosa. Tal vez se engañe a sí misma y haya que rebatirla. En una página que siempre merece ser meditada, Gaston Paris ofreció en una ocasión sus sensaciones sobre la composición de las obras medievales:

> Una de las cualidades que distinguen a la literatura francesa moderna –escribe– es el arte de la composición. Desde una obra de teatro o una novela hasta un soneto, queremos que toda obra de arte esté bien construida y proporcionada, que el autor

---

9. Véase el artículo *feuilleton* en el *Grand Dictionnaire* de Pierre Larousse.

la haya abarcado como un todo antes de comenzarla y que todas sus partes estén unidas por un vínculo que esté siempre presente en su mente y aparezca sin esfuerzo ante el lector. Las obras extranjeras en las que faltan estas condiciones nos confunden, y la mayoría de nuestro público solo las saborea a medias. Parece que en este aspecto nuestra literatura antigua difiere profundamente de la moderna. Poemas que no terminan nunca, ramas que se multiplican y se enredan en la aventura, *romans* en prosa que inician constantemente nuevos episodios sin ningún vínculo con la historia principal, composiciones didácticas en las que el autor introduce al azar todo lo que le viene a la cabeza o llega a sus ojos, incluso canciones en las que las estrofas no parecen tener ni un vínculo entre ellas ni una razón para ser más o menos numerosas. He aquí lo que llama la atención al explorador que se aventura en este país todavía tan poco transitado. (Paris, 1910, t. I: 15)[10]

Parte de esto, añade Paris, se debe a las interpolaciones y a la perpetua refundición de las obras. No sería difícil demostrar que en muchos *romans* caballerescos, incluidas las más grandes, las aventuras se suceden sin ningún vínculo necesario entre ellas. Si abrimos al azar hermosos textos como el *Perlesvaus* o el *Lancelot en prose* o el *Tristan en prose*, encontramos ejemplos en abundancia. El hilo conductor de la obra se pierde rápidamente entre la multiplicación de personajes y el torbellino de aventuras.

Hay una verdadera proliferación y, en consecuencia, una dispersión del interés. Muchos críticos lo han señalado. Eugène Vinaver (1970: 45) evoca los entrelazamientos del arte románico o el arte de la fuga. Ferdinand Lot (1918: 262) señala, a propósito del *Lancelot en prose*, «la abrumadora multiplicidad de aventuras», las numerosas repeticiones («Las mismas situaciones, apenas modificadas, se nos presentan dos, tres, a veces cuatro veces»), la complicación, «la espantosa prolijidad de la obra». está de acuerdo en que hay meandros y una «dispersión narrativa» en este gran texto (*GLMA*, 1978: 541). Todavía no tenemos un repertorio tipológico de situaciones en los *romans* de la Mesa. Podemos adivinar que hay series que se pueden encontrar aquí y allá: por ejemplo, la lucha en un vado o en el cruce de puente, el conflicto con una hueste que resulta ser un enemigo, la desventura en un cementerio, etc.). En su tesis *Le Chevalier errant dans les romans arthuriens en vers des XII*[e] *et XIII*[e] *siècles* (1986), M.-L. Chênerie revela y analiza un cierto número de motivos habituales de la errancia. Una tendencia fatal en los novelistas ha sido tratar de inflar la historia, alargarla, hacer que el placer dure. En consecuencia, se han visto obligados a multiplicar los desarrollos parasitarios, a realizar verdaderas digresiones. Pierden de vista lo esencial o, más bien, ponen lo esencial y lo accesorio al mismo nivel. Una polvareda de acontecimientos,

---

10. El texto se publicó por primera vez en 1896 en la introducción de la *Histoire de la langue et de la littérature française* de Petit de Julleville.

una multiplicación de encuentros fortuitos, una yuxtaposición de aventuras in-conexas, esto es lo que vemos incluso en los grandes textos.

En algunos casos, podríamos hablar de «roman à tiroir», si entendemos por ello una obra cuya trama incluye escenas ajenas a la acción principal, intercaladas y como anidadas en ella. El problema estaría en ver cuánto orden y desorden hay en la composición de la novela. Es lícito hablar de una debilidad en la composi-ción cuando es posible realizar permutaciones de lugar entre episodios, o incluso supresiones, sin alterar la orientación profunda del texto. Del mismo modo, a veces parece que la excesiva amplitud de ciertos desarrollos compromete el eje principal de la obra. Así, en el comienzo del *Lancelot en prose* (1980: 45-280) el espacio desproporcionado que se da a la guerra de Claudas y Pharien, que se extiende a lo largo de casi doscientas páginas, representa una excrecencia, un aperitivo en el que apenas se habla del joven héroe. No se respeta el equilibrio de los bloques. Sería interesante estudiar la sucesión de aventuras desde esta pers-pectiva para ver cómo proceden los distintos autores, cómo convive un esfuerzo de construcción con una tendencia a la dispersión. No es frecuente caminar a tientas. Desde lejos, vemos engarces, hitos, puntos de referencia en la historia que anuncian una continuación. En los autores con talento, el arte de la prepa-ración es claramente visible. Por otro lado, no es seguro que el autor tenga una visión muy clara y completa de los acontecimientos que se avecinan al comienzo de la obra. A veces tenemos la impresión de que se inventa sobre la marcha. Al-gunos novelistas modernos, como Simenon, coinciden en que no saben a dónde van cuando empiezan una novela. Sería interesante plantear estas cuestiones a propósito de nuestros textos. Preguntarse sobre ellos no es lo mismo que decir que no hay ninguna construcción, ni progresión ni *crescendo* en las obras de la Edad Media. Sería inexacto. Pero tampoco hay que exagerar el rigor de la com-posición, sobre todo en los vastos *romans* en prosa. Cuando encontramos un intervalo de trescientas páginas entre la aparición de un personaje secundario (como el angustiado caballero del *Lancelot en prosa*) y el final de su presencia intermitente, es decir, el momento en que descubrimos su nombre y el final de su historia, podemos pensar legítimamente que el autor habría podido concentrar más esta aventura episódica. En general, cuanto más nos ocupamos de un único héroe, menos se dispersa el trabajo. Por el contrario, en cuanto hay una plurali-dad de héroes, en cuanto el texto se hace más amplio y extenso, existe el riesgo de una dispersión. Lo vemos con claridad en *Guiron le Courtois*.

En el plano de la estructura, la aventura se encuentra estrechamente ligada al procedimiento de la búsqueda. De nuevo, se podría escribir un libro entero sobre la relación entre la búsqueda y la aventura. Existen algunos trabajos limitados sobre este tema. Douglas Kelly (1969: 257-266) se ha ocupado hace tiempo de las búsquedas múltiples en las *Merveilles de Rigomer* y en *Claris et Laris*. Edina

Bozoky (1981: 49-57) ha examinado las búsquedas entrelazadas en la *Segunda Continuación del Perceval*. Pero aún queda mucho por decir. ¿Por qué la búsqueda? ¿Qué buscan los caballeros andantes? Esto varía de un héroe a otro y de un texto a otro. A veces el caballero andante no busca nada en absoluto; únicamente está disponible para las aventuras. Sería interesante saber exactamente si esto es lo que predomina. A primera vista parece que sí. Esto significaría que los caballeros andantes parten sin un fin concreto, que no tienen una misión definida. Cuando esto es así, se puede decir que la búsqueda es una pura conveniencia para los autores de *romans* caballerescos. El desplazamiento del protagonista permite reunir aventuras diferentes, incluso dispares. A veces se trata de una verdadera búsqueda, una búsqueda de compañeros perdidos. A veces uno se pregunta si la palabra búsqueda no es una palabra prestigiosa pero inapropiada para designar el movimiento perpetuo y obligatorio de los héroes de las novelas de aventuras. Sobre todo, habría que estudiar todas las combinaciones que presentan las búsquedas: búsqueda simple (de un ser, un lugar, una realidad) conducida por el héroe principal y, a menudo, por personajes secundarios (competidores o enemigos). Habría que distinguir las búsquedas paralelas y las búsquedas entrelazadas, anidadas, las búsquedas recíprocas, las búsquedas inacabadas. Cuanto más complicadas sean las búsquedas, mayor será el riesgo de dispersión. Las búsquedas simultáneas y las búsquedas múltiples pertenecen a la literatura del siglo XIII. Los primeros novelistas prefieren esquemas más sencillos.

Otro procedimiento en los *romans* de la Mesa Redonda en relación con la aventura es el entrelazamiento de los episodios. Ferdinand Lot en su estudio de 1918 sobre el *Lancelot en prose* fue el primero en llamar la atención sobre este entrecruzamiento de aventuras. Le dedicó un capítulo entero. Jean Frappier define el entrelazamiento de la siguiente manera: «Cada episodio, mantenido temporalmente en suspenso, da paso a otro, que a su vez se interrumpe para permitir la continuación del episodio anterior» (Frappier, 1961: 348). Ferdinand Lot puede haber exagerado los méritos del autor del *Lancelot en prose* sobre el uso de este procedimiento. Habla de la «destreza incomparable del autor» en «el arte de entrelazar los hilos de la trama y luego desenredarlos, de dar a la acción un nuevo desarrollo justo cuando creemos que la aventura se encuentra a punto de agotarse» (Frappier, 1961: 277).

La cuestión merecería un examen detenido. Me parece que hay habilidad y torpeza en el uso perpetuo del mismo procedimiento. Tampoco me atrevería a argumentar, como hizo F. Lot, que es imposible suprimir una aventura o introducir una nueva sin alterar la trama del relato. La existencia de constantes reelaboraciones, de añadidos, supresiones, en fin, de interpolaciones, demuestra claramente que es posible meter fácilmente la tijera en el texto. Sería interesante comparar los *romans* en verso con los *romans* en prosa en cuanto al uso del entrelazamiento.

¿Cuántas aventuras se entrelazan en las vastas obras en prosa? Todavía no lo hemos estudiado en detalle. ¿Cuándo se convierte el entrelazamiento en un proceso mecánico, automático? ¿Por qué se utiliza tanto el entrelazamiento? ¿Es solo una forma de encadenar aventuras dispares? ¿Es una forma de retener a la audiencia, variando sin cesar las historias contadas? ¿Es una necesidad técnica para toda obra literaria en cuanto se multiplica el número de personajes? Alternar los escenarios y las perspectivas es, por tanto, indispensable. ¿Podría ser, como ha sugerido hábilmente Alexandre Micha (1973: 421), una forma de crear la ilusión del paso del tiempo? Es otra forma de dar profundidad a la historia y mostrar que ya no hay un héroe único. El *roman* se centraría en una pluralidad de personajes y, en lugar de ser un relato biográfico, se convertiría en una crónica del reino artúrico. Podríamos insistir además en la eterna necesidad de despertar la curiosidad, que ya hemos mencionado. Al no concluir un episodio, al proporcionar siempre giros y vueltas, al dejar cada historia en suspenso, el autor intenta conservar a todos sus oyentes. Nadie puede sentirse tranquilo y seguro con el destino de un personaje. Nunca nada termina definitivamente. Todo se encadena.

También sería necesario emprender una investigación sobre la naturaleza de las aventuras. ¿Son siempre las mismas en los *romans* caballerescos? ¿No hay una cierta renovación? Entre Chrétien de Troyes y Froissart ha transcurrido mucho tiempo. Aunque todo cambia muy lentamente en la Edad Media, es poco probable que no aparecieran nuevas invenciones en el campo de las aventuras caballerescas. Surge una pregunta sobre el tema del amor. Uno quisiera saber si el amor constituye un tema de aventura o si sigue siendo algo externo. El problema no es menor. A veces se afirma que el caballero andante va en busca de una esposa. ¿Es esto cierto? La esposa ¿no se le entrega además? Podemos plantear la cuestión. Jean-Yves Tadié ha señalado que las novelas griegas «ponen en primer plano una historia de amor, y todo lo que se interpone en esta pasión compartida es una aventura» (Tadié, 1982: 19). Parece que en los *romans* artúricos, si el amor es a veces la coronación de una vida caballeresca plena, rara vez es la forma misma de la aventura. No es la causa profunda de la vida caballeresca.

## 3. Significado de la aventura

Acabamos de ver que la forma literaria de la aventura en los *romans* caballerescos plantea muchos problemas. Queda por solventar una cuestión fundamental: ¿tiene sentido la aventura? ¿Se encuentra cargada de un mensaje profundo? Podríamos plantear el problema de una manera ligeramente diferente: ¿siempre hay un sentido en las aventuras que se desarrollan ante nuestros ojos en los textos artúricos?

Podríamos realizar una primera observación. No hay que avergonzarse de que una novela de aventuras no porte un mensaje sobre el sentido del mundo y de la

Combate entre Arturo y Palamède. *Tristan en prose*, Tours-Angers, *c.* 1450-1460.
Iluminado por el Maître de Charles du Maine. Dijon, BM, 527, f. 40v.

vida. Las novelas medievales están llenas de combates singulares. Sería ingenuo creer que todos estos enfrentamientos responden a una necesidad interior. Hay peleas irracionales y hazañas absurdas, horrores inútiles y justas frívolas. Es posible deleitarse legítimamente con una historia llena de aventuras y hazañas, pero carente de toda profundidad. Se podría sostener que textos como el *Chevalier aux deux épées*, el *Bel Inconnu*, el *Atre Périlleux*, *Méraugis*, la *Vengeance Raguidel*, la *Mule sans frein* y algunos otros no transmiten un significado profundo y oculto. En estas obras agradables, el placer de la aventura resulta suficiente. Estas historias parecen presentar una superficie lisa, sin profundidad. Pero disfrutamos viendo a los personajes sometidos a los caprichos del cambio, el desplazamiento y el retroceso. La inestabilidad nos procura una secreta satisfacción. Nos seducen y suscitan nuestra admiración las constantes hazañas de los héroes que siempre salen milagrosamente de los problemas. Este es el efecto habitual que producen todas las novelas de aventuras. No es algo necesariamente mediocre y bajo. Forma parte de la vida humana. Pero hay que cuidarse de generalizar y creer que todos los *romans* de la Mesa Redonda están vacíos de significado. Joseph Bédier lo ha argumentado con formidable vigor. Tras enumerar diversas aventuras en bosques peligrosos, en cementerios o capillas *gastes* ('abandonadas, derruidas'), cerca de manantiales, en enfrentamientos con gigantes o enanos, en batallas contra animales malignos, en bailes involuntarios en *carolas* mágicas, se pregunta cuál es el sentido de estos episodios:

¿Qué fin persiguen estos héroes así? –se pregunta el crítico–. ¿Por qué desarzonar constantemente a tantos caballeros? ¿Por qué pasar este vado peligroso, cruzar este puente cortante sobre aguas ardientes? ¿Por qué perseguir de esta manera la lanza que sangra? ¿Qué significa esta búsqueda del Grial? ¿Hay símbolos allí que ya no penetramos? No, son símbolos sin contenido. Hay que decirlo: la fantasía aún aceptable de los *lais* bretones acaba por evaporarse en un idealismo místico sin consistencia. Los *romans* de la Mesa Redonda son a los *lais* primitivos y a los viejos poemas de Tristán lo que el estilo flamígero es al gótico puro: falta la sustancia. Estos héroes no viven ya más que una vida puramente decorativa, como los perseguidores de armas en los torneos que los *romans* de Bretaña iban a animar más tarde con su espíritu en las soberbias cortes de Juan el Bueno, Carlos el Temerario y Eduardo III. Ya lo hemos dicho: al caballero de hierro de los cantares de gesta lo sucede el caballero de escayola. Su armadura es de un metal brillante, inofensivo y frágil, como el metal de las armas del teatro». (Bédier, 1891: 861)

Un poco más adelante, Bédier habla en estos términos de los caballeros andantes: «deambulan así, tropa brillante y vana, hasta el momento en que resuena el estallido de risa de Cervantes, que asombra a estos débiles corazones, y los dispersa como sombras» (Bédier, 1891: 862). Permítaseme no entrar en una discusión completa de esta condena brillante y excesiva. Las aventuras de los *romans* bretones no son todas vacías y vanas. La crítica ha demostrado desde hace mucho tiempo que los *romans* de Chrétien de Troyes no son únicamente obras de evasión, sino que proponen una visión del mundo y de la vida para quienes saben escucharlas. Rosanna Locatelli (1951: 6-13) ha demostrado con acierto que en Chrétien la aventura, lejos de ser un puro entretenimiento, representa un ideal de vida. Jean Frappier ha insistido en ello en varias ocasiones[11]. El primer novelista

11. Véase, por ejemplo, su *Chrétien de Troyes* (1968: 212-220).

artúrico es un moralista. Por supuesto, sería inapropiado buscar un significado específico para cada aventura; solo las más importantes tienen un significado.

O, de nuevo, es el conjunto de las aventuras lo que sugiere *in extremis* el espíritu del *roman*. Incluso si todos los novelistas artúricos no van tan lejos y no proponen necesariamente una ética a sus lectores, resultaría inapropiado afirmar que la aventura carece de todo valor moral. Los novelistas de la Mesa Redonda no admiran exclusivamente la fuerza y la habilidad física de su héroe. Van un poco más lejos. La aventura suscita un esfuerzo sostenido, un coraje constante, una maestría y un «autotrascenderse». Es una permanente puesta a prueba, porque el caballero andante quiere sobrepasar a los demás y superarse a sí mismo. Esto se ha observado a menudo y no es necesario insistir más en ello. Por muy irreales que sean las aventuras caballerescas, sirven de apoyo a unos valores que no son falsos ni irrisorios. La aventura engrandece al héroe, lo proyecta hacia adelante, acrecienta su dinamismo, le impide replegarse sobre sí mismo. Sin aventura, no habría heroísmo en los *romans* bretones. Erich Köhler quiso dar una explicación sociológica a la aventura caballeresca. Sabemos que, a su juicio, la aventura no es solo un instrumento para la mejora moral del caballero, sino también un ideal de integración social para la pequeña caballería. A través de la aventura, todos los grupos de la clase nobiliaria se presentarían de forma ejemplar ante el conjunto de la sociedad. La aventura permitiría «a la nobleza menor reintegrarse en una comunidad, cuya ficción literaria y cortesana hace que una élite sea indiferente a la propiedad» (Köhler, 1974: 82-83).

¿Existe un trasfondo social en estas historias, como imagina nuestro colega? Permítaseme dudarlo. No es posible invocar todo el tiempo las tensiones sociales entre la baja nobleza y la alta clase feudal para explicarlo todo, desde el amor cortés hasta las aventuras caballerescas. ¿Esta explicación comodín abre realmente todas las puertas? Personalmente lo dudo. No creo que la aventura romántica o el amor cortés sean fatalmente las superestructuras tras las cuales se esconden las infraestructuras sociales. Esta visión marxista me parece simplista, incluso si la defiende Köhler con talento. Me parece una hipótesis carente de pruebas y de justificaciones imaginar que la aventura, como la *fine amors*, es una proyección sublimada de la realidad de la época, una hábil transferencia del mundo real a la literatura de ficción, un medio sutil de neutralizar los conflictos en el seno de la nobleza. ¿Pertenece Lanzarote del Lago, hijo de rey, a la baja nobleza? No; tampoco los caballeros andantes. De hecho, a nuestros narradores no les preocupa en absoluto que sus héroes pertenezcan a tal o cual grupo de la nobleza. Solo les interesan sus capacidades bélicas y su valor. La aventura artúrica no me parece un reflejo distorsionado de la vida. Las relaciones exactas entre la baja y la alta nobleza en los siglos XII y XIII no son las que E. Köhler imagina un tanto apresuradamente. Por lo demás, son complejas; no son forzosamente conflictivas.

Hablar de un reflejo distorsionado de la realidad, ver en la aventura una revancha de las desgracias de la época me parece una invención audaz que, en mi opinión, debería cuestionarse. También en este caso, serían bienvenidas varias investigaciones. Incluso podríamos ir más allá y defender la idea de que el individualismo está en el corazón de la noción de aventura. Jean-Yves Tadié lo expresó bien: «La novela de aventuras es una novela del individuo» (Tadié, 1980: 17, n. 10). Ciertamente, hay una pizca de altruismo en las cabalgadas caballerescas. Sería interesante saber exactamente cuánta. Es evidente que algunos caballeros ponen su espada al servicio de los demás, se convierten en protectores de los débiles, en liberadores de los oprimidos, en campeones benévolos de los que sufren. Este comportamiento de paladín otorga nobleza a la aventura. Resulta innegable. Pero podemos preguntarnos si no prevalece el gusto de la aventura por la aventura. Numerosos caballeros andantes recorren los caminos, no para defender una causa justa, sino por el deseo de luchar. El primero que llega se convierte en adversario y todos los pretextos son buenos para extender la lanza y desenvainar la espada. A pesar del gran arte de Chrétien de Troyes para justificar las cabalgadas y los duelos, uno adivina a veces que se deben a causas fútiles. En los textos del siglo XIII resulta aún más visible.

Si la aventura no refleja obligatoriamente la necesidad de dedicarse a los demás, tampoco es un medio de acceso constante al Otro Mundo. Sabemos que Jean Frappier argumentó esta ingeniosa idea en relación con los *lais*. Para él, la aventura permitiría pasar del mundo ordinario a un mundo maravilloso. Alejaría al héroe de la vida cotidiana, del mundo banal y vulgar, y lo introduciría en un mundo feérico. Bien es cierto que, en nuestras historias, la aventura representa a menudo una ruptura con lo cotidiano. Proporciona encuentros sorprendentes. Da alegrías extremas. Como mínimo, da lugar a una tensión muy viva en el ser. Por otra parte, convendremos fácilmente en que quizá las aventuras más bellas de los *romans* caballerescos son las que sugieren la entrada en un mundo extraño. La aventura más fascinante es aquella que tiene un cariz maravilloso. María de Francia lo sugiere cuando dice:

> ... L'em suleit jadis trover
> Aventures en cest païs
> Qui rehaitouent les pansis. (*Yonec*, vv. 92-94)

> [... Antaño solían encontrarse/ aventuras en estas tierras/ que alegraban a los que estaban tristes]

Pero incluso para los *lais* del siglo XII no es fácil justificar la interpretación propuesta por Jean Frappier. Muchos de los *lais* de María de Francia no alcanzan un final feliz y no conducen al héroe al Otro Mundo. Es el caso de los *lais* de

*Yonec*, de *Equitan*, de *Bisclavret*, y del *lai* de los *Deux Amants*. Si pasáramos de los *lais* a los *romans* bretones, tendríamos aún más objeciones que realizar. Solo en casos excepcionales la aventura conduce a la maravilla. No es posible convertir la aventura en una puerta de acceso constante al mundo del Más Allá. Quizá esto es enojoso; pero así son las cosas. En nuestros textos todo está más o menos racionalizado. Solo quedan raros vestigios de lo maravilloso.

Una última cuestión se plantea todavía. Por la forma en que surge, por su gratuidad, por su extrañeza, a menudo por su falta de sentido, la aventura parece ser una encarnación del azar. En la aparición de las aventuras, el cálculo y la habilidad de los hombres no adoptan ningún papel. En esencia, la aventura es un acontecimiento accidental, imprevisible, inexplicable. ¿Por qué, en el *lai de Guiguemar*, el héroe es herido en el muslo por su propia flecha cuando dispara contra la cierva? ¿Por qué en el *Conte du Graal* Perceval descubre de repente el castillo del Rey Pescador? Resultaría tentador atribuir al azar estos incidentes y encuentros. El azar es la causa ficticia de todo lo que ocurre sin razón aparente, de todo lo que representa el capricho, el desorden y la confusión de la naturaleza. Muy a menudo, sucede así en nuestros textos. Los encuentros banales con un adversario no implican poderes superiores. En ocasiones, la palabra *aventure* se encuentra dotada de una individualidad. Se la distingue de Dios. Vemos a los caballeros que deambulan *si come aventure les maine*[12].

Sucede que se colocan *Dieu* y *aventure* uno al lado del otro, como si la aventura tuviera una existencia independiente. Así, en el *Chevalier au lion*, un personaje dice:

> Et dit : « Ne vos doit pas grever
> Ce que je vos coment à feire,
> C'un franc home molt deboneire
> Nos à Dex et Boene Aventure
> Ceanz doné, qui m'aseüre
> Qu'il se combattra au jaiant. (*Yvain*, vv. 3964-3969)

[Y dice: –No debe enojaros lo que os pido que hagáis, puesto que Dios y la Buena Ventura nos han traído aquí un caballero generoso y cortés, que me promete luchar contra el gigante.]

La distinción operada entre *Dieu* y *Aventure* sugiere que se trata de dos poderes autónomos. En otros lugares, por ejemplo en la *Continuation du Perceval* de Gerbert de Montreuil, encontramos el binomio *Aventure* y *Destinee*.

---

12. M.-L. Chênerie (1986: 233) cita numerosos ejemplos.

Mais Aventure et Destinee
L'amena chi a mon secors. (*Continuation du Perceval*, vv. 14858-14859)

[Pero Aventura y Destino/ lo trajeron aquí en mi socorro.]

A veces la palabra *aventure* se utiliza sola. Así, en *Claris et Laris* se nos dice:

Li Lez Hardiz vet chevauchant
Une heure arrier et autre avant,
Si con le conduit aventure. (*Claris et Laris*, vv. 22701-22703)

[El Feo Atrevido fue cabalgando/ una hora hacia atrás y otra adelante,/ así como aventura lo conduce.]

El azar se personifica a veces con la palabra *Fortune*. Se menciona incluso en textos de inspiración religiosa como la *Queste*. Los monjes de una abadía se humillan ante Galaz, a quien está destinado el escudo maravilloso «*et dient que benoite soit Fortune qui ceste part l'a amené, car or sevent il bien que les granz aventures perilleuses seront menees à fin*» («y dicen que bendita sea Fortuna que a esta parte lo ha traído, pues ahora saben bien que las grandes aventuras peligrosas tocarían a su fin»; *Queste*, §31, 9-11). A decir verdad, habría que examinar cada texto en detalle para saber qué es exactamente lo que los autores quieren decir con la palabra *aventure* o esta otra de *fortune*. A primera vista, parece que la aventura, que es por definición imprevista, aleatoria, inexplicable, es necesariamente una cuestión de azar y sugiere la presencia permanente del azar en la vida humana. Los hombres de la Edad Media tenían un sentimiento muy vivo del papel del azar y no se puede descartar de un plumazo, como quiere hacer Jacques Ribard (1984: 420, n. 4) en relación con la *Queste*[13]. Incluso en un texto religioso, donde la mano de Dios es visible, hay espacio para el azar. Con mayor razón en otros textos de inspiración más profana.

Pero a los hombres de la Edad Media no les gustaba el azar caprichoso más que el determinismo inexorable. La idea del azar resulta inquietante, perturbadora. Las cabalgadas errantes, los encuentros fortuitos podrían hacer creer que el desorden rige el mundo, que todo va mal, que todo sucede sin regla ni propósito, que todo es un accidente oscuro y arbitrario. Los novelistas artúricos han intentado de vez en cuando sugerir que esto no es así. Insinúan que el hombre no está perdido en un mundo ciego y oscuro, que los poderes sobrenaturales actúan en

---

13. Ribard afirma que la noción de azar es «moderna». Sin embargo, nada más extendido en la Edad Media. Quiere ver detrás de la aventura la presencia de Dios y la noción cristiana de la Providencia. Todo depende de los episodios y de los autores. Incluso en la *Queste* me parece excesivo querer hacer desaparecer la noción de azar.

las sombras. A veces se nombra a Dios. Se precisa que es el maestro de las aventuras. En *Tristan en prose*, un caballero responde a un interlocutor que le invita a defenderse de un formidable adversario: «*je ne sai comment il avenra de cestui fait. En l'aventure de Diu vait tout !*» («no sé cómo acontecerá con este hecho. ¡En la aventura de Dios todo puede ocurrir!»; *Tristan en prose*, 1987, I, §54: 12). Aquí la unión de la aventura y de Dios constituye un fenómeno muy revelador. Jacques Ribard (1984: 420, n. 4) ha señalado que, en la *Queste*, Dios envía aventuras a los mortales. Otros críticos también han observado la presencia oculta de Dios en nuestros textos. Renate Kroll ha dedicado una interesante argumentación a la noción de Destino en los *lais* artúricos y a la *interpretatio christiana* añadida al antiguo *fatum* (Kroll, 1984: 173-178). Hans-Dieter Mauritz escribe sobre los *romans* de la Mesa Redonda de los siglos XII y XIII: «El propio Dios acabó siendo el director de los juegos de los aventureros» (Mauritz, 1974: 44). Quizá no deberíamos exagerar demasiado en este sentido. No solo existe Dios. En el mundo artúrico aparecen otros seres invisibles. No siempre se nos dice qué misteriosos poderes se esconden detrás de la aventura que le toca a un héroe elegido. No es Dios quien se disfraza de Rey Pescador. En el *lai de Yonec* y en el *lai de Lanval* es un hada. No es posible hablar con propiedad de enviados de Dios al hablar sobre el caballero-pájaro en el *Conte du Graal* de Chrétien de Troyes ni sobre el hada en el *lai de Lanval*. Pero estos seres pertenecen al mundo sobrenatural. Cuando intervienen en el relato, adivinamos que la aventura ya no tiene nada que ver con el azar. Se podría decir que la aventura suprime el azar, que atestigua la preocupación de los seres invisibles por algunos mortales. Debe destacarse esta visión consoladora, o al menos tranquilizadora, de la aventura. En cuanto sospechamos que la aventura se está convirtiendo en feérica, se vuelve inmediatamente esperanzadora. Nos encanta, en todos los sentidos de la palabra.

¿Qué podemos concluir sobre este tema inagotable? La ambigüedad de la aventura es evidente en los *romans* de la Mesa Redonda. Cada encuentro es prometedor. Pero puede convertirse en *mesaventure* o *male aventure*. Ambas palabras y conceptos merecerían sin duda un estudio. Pertenecen a nuestro campo. En cualquier caso, no cabe duda de la riqueza, la fertilidad y la complejidad de la aventura en los *romans* de la de la Mesa Redonda. Incluso los lexicógrafos se han visto obligados a reconocerlo, ya que, como hemos visto, han tenido que registrar un nuevo significado de la palabra para la aventura caballeresca.

Ciertamente, los *romans* artúricos tienen el encanto de las novelas de aventuras. Se trata de personajes que se desplazan y a los que siempre les suceden acontecimientos sorprendentes y peripecias azarosas. Pero no todas las aventuras de la materia de Bretaña son vacías y frívolas. Algunas están llenas de misterio, de poesía, de profundidad. Algunas permiten vislumbrar el Otro Mundo. A veces la Aventura deviene en un poder sobrenatural que conduce al caballero errante.

Contrariamente a los hábitos de los editores de texto, debe ir en mayúsculas. Es tan digna como el dios Amor y el personaje alegórico Fortuna. Cuando se personifica, la Aventura está impregnada de un aura de majestad. Aparece como una fuerza oculta que rige el mundo. Para algunos críticos como Jacques Ribard la aventura es signo de «la intervención divina en el mundo de los hombres» (Ribard, 1984: 421). No siempre es posible ver al Dios cristiano oculto tras la aventura. Puede encontrarse también la representación del azar o bien de criaturas sobrenaturales y de hadas. Pero es cierto que, en los textos más finamente sentidos y bellamente escritos, las aventuras no le ocurren a cualquiera. Aparece de vez en cuando la noción de aventuras reservadas a un caballero elegido y, por tanto, de una misteriosa predestinación. En otras palabras, la noción de aventura está vinculada a la de un destino superior. ¿Sucede así en todos los novelistas de la Mesa Redonda? Solo una investigación sistemática permitiría responder a esta pregunta. Hay una tendencia entre nuestros autores tanto a afirmar la existencia del azar como a difuminarlo, a velarlo, a hacerlo desaparecer, porque el azar es perturbador. Representa el desorden, la arbitrariedad. Confunde la mente. El hombre medieval, enamorado del orden, trata de abolir el azar. La palabra y la noción de aventura son muestra de ello.

La aventura se opone muy profundamente a la idea del determinismo, a la creencia en una cadena inexorable de acontecimientos. La vida aventurera de los caballeros andantes demuestra que nada es inevitable, que aún hay espacio para la libertad. En las leyes que rigen el universo o la vida humana, la irrupción de la aventura quiebra la cadena inflexible de las causas y los efectos. Sería interesante estudiar las aventuras medievales como proyecciones del deseo, como expresiones de los sueños de los hombres de esta época. Si la literatura artúrica es tan rica en aventuras, quizá sea porque la vida carece de ellas. La literatura compensa lo que falta. Traduce las aspiraciones secretas del corazón. Dejamos atrás la estabilidad y la inmovilidad de la vida cotidiana para entrar a través de la aventura en un mundo de cambio y movimiento.

¿Por qué lo disfrutamos? ¿Es un escalofrío delicioso? ¿Deseamos sentir un poco de miedo? ¿Queremos identificarnos con héroes que triunfan sobre todo? ¿Desearíamos aturdirnos con los constantes reveses de la fortuna? ¿Tenemos un gusto inveterado por lo extraño? ¿Nos permitimos entregarnos a soñar que los misterios nos rodean y que un destino soberbio está reservado en este mundo para quienes lo merecen? Podría ser. Así es como Reto R. Bezzola sintió el poderoso atractivo de las aventuras artúricas cuando afirmó que «son acontecimientos excepcionales que te sorprenden, si eres un elegido, en medio de tu vida, y te hacen descender a una capa más profunda de tu existencia, donde se cumple tu destino» (Bezzola 1967, t. III, 1: 303).

# Bibliografía citada

Arnaldi, Francesco (1936). *Latinitatis Italicae Medii Aevi. Inde ab. a. CDLXXVI usque ad a. MXXII. Lexicon Imperfectum*. Bruselas: Secrétariat administratif de L. U. Bruxelles.

Auerbach, Erich (1968). *Mimésis. La représentation de la réalité dans la littérature occidentale*, Cornélius Heim (trad.). París: Gallimard.

Barber, Juliet R.V. (1986). *The Tournament in England, 1100-1400*. Woodbridge: Boydell and Brewer.

Battaglia, Salvatore (1961-2002). *Grande Dizionario della lingua italiana*. Turín: Unione Tipografica Editrice, 21 vols. URL: <https://www.gdli.it/>. Consulta: 2 febrero 2022.

Bédier, Joseph (1891). «Les Lais de Marie de France». *Revue des Deux Mondes*, 107: 833-863

Benecke, Georg Friedrich (1841). «Über ein mittelhochdeutsches Wörterbuch». *Zeitschrift für deutches Alterthum*, I: 39-56.

Bezzola, Reto R. (1947). *Le sens de l'aventure et de l'amour (Chrétien de Troyes)*. París: La Jeune Parque.

— (1967). *Les origines et la formation de la littérature courtoise en Occident, 500-1200*. París: Champion (Bibliothèque de l'École des Hautes Études, 313).

Blaise, Albert (1975). *Corpus Christianorum. Lexicon Latinitatis Medii Aevi*. Turnholti: Brepols.

Bozoky, Edn (1981). «Quêtes entrelacées et itinéraire rituel. Regard sur la structure de la *Deuxième Continuation du Perceval*». En *Mélanges de langue et littérature françaises du Moyen Âge et de la Renaissance oferts à monsieur Charles Foulon*, vol. 3. Rennes: Institut de français Université de Haute-Bretagne (Marche Romane, 31), pp. 49-57.

Burgess, Glyn Sheridan (1970). *Contribution à l'étude du vocabulaire pré-courtois*. Ginebra: Droz.

Chênerie, Marie-Luce (1986). *Le chevalier errant dans les romans arthuriens en vers des XII^e et XIII^e siècles*. Ginebra: Droz.

*Claris et Laris* = (2008). *Claris et Laris* Corinne Pierreville (ed.). París: Champion (CFMA, 157).

*Chevalier aux deux épées* = Paul Vincent Rockwell (ed. y trad.) (2006). *French Arthurian Romance, vol. III: Le Chevalier as Deus Espees*. Woodbridge: D. S. Brewer (Arthurian Archives, 13).

*Continuation du Perceval* = Gerbert de Montreuil (1975). La *Continuation de Perceval (vers 14079-fin)*, t. III, Marguerite Oswald (ed.). París: Champion (CFMA, 101).

Cortelazzo M. y P. Zolli (1979-1988). *Dizionario etimologico della lingua italiana*. Bolonia: Zanichelli, 5 vols.

Du Cange (1883-1887). *Glossarium mediae et infimae latinitatis*, t. I, L. Favre (ed.). Léopold Fabre (ed.). París: Niort [reimp. 1938, t. I.]. URL: <http://ducange.enc.sorbonne.fr/adventus>. Consulta: 4 febrero 2022.

Eberwein, Elena (1933). «Die *aventure* in den altfranz. *Lais*». En *Zur Deutung mittelalterlicher Existenz. (Nach einigen altromanischen Dichtungen)*. Bonn/Colonia: Röhrscheid (Kölner romanistische Arbeiten, 7), pp. 26-53.

*Erec et Enide* = (1952). *Les romans de Chrétien de Troyes édités d'après la copie de Guiot (Bibl. nat. n. 794). I. Erec et Enide*, Mario Roques (ed.). París: Champion (CFMA, 80).

Ernout, Alfred y François Thomas (1964), *Syntaxe latine*, 2.ª ed. París: Klincksieck.

*FEW* = Walther von Wartburg (1922-1967). *Französisches Etymologisches Wörterbuch*. Basilea: R. G. Zbinden, 25 vols. URL: <https://lecteur-few.atilf.fr/>. Consulta: 7 febrero 2022.

Frappier, Jean (1961). *Étude sur «La Mort le roi Artu», roman du XIIIᵉ siècle*, 2.ª ed. Ginebra: Droz.

— (1969). «Remarques sur la structure du lai. Essai de définition et de classement». En *La littérature narrative d'imagination. Des genres littéraires aux techniquzes d'expression, Colloque de Strasbourg, 23-25 avril 1959*. París: Presses universitaires de France.

— (1976). *Du Moyen Âge à la Renaissance: études d'histoire et de critique littéraire*. París: Champion.

Froissart, Jean (1953). *Voyage en Béarn*, Armel H. Diverres (ed.). Manchester: Manchester University Press.

Gace Brulé = (1951). *Gace Brulé, trouvère champenois. Édition des chansons et étude historique*, Holger Petersen Dyggve (ed.). Helsinki: Société néophilologique (Mémoires de la Société néophilologique de Helsinki, 16).

Godefroy, Frédéric (1881-1895). *Dictionnaire de l'ancienne langue française et de tous ses dialectes du IXᵉ au XVᵉ siècle*. París: F. Vieweg, 10 vols.

— (1895-1902). *Complément du dictionnaire de l'ancienne langue française et tous ses dialectes du IXᵉ au XVᵉ siècle*. París: Bouillon, 2 vols.

*GRLMA* = Jean Frappier y Reinhold R. Grimm (ed.) (1978). *Grundriss der romanischen Literaturen des Mittelalters*, vol. IV: *Le roman jusqu'à la fin du XIIIᵉ siècle*. Heidelberg: Winter Verlag.

*Guillaume de Palerne* = (1990). *Guillaume de Palerne, roman du XIIIᵉ siècle*, Alexandre Micha (ed.). Ginebra: Droz (Textes littéraires français, 384).

Jankélévitch, Vladimir (1963). *L'aventure, l'ennui, le sérieux*. París: Aubier.

Kelly, Douglas (1969). «Multiple Quests in French Verse Romance *Merveilles de Rigomer* and *Claris et Laris*». *L'Esprit créateur*, 9: 257-266.

Köhler, Erich (1956). *Ideal und Wirklichkeit in der höfischen Epik: Studien zur Form der frühen Artus- und Graldichtung*. Tubinga: Niemeyer (Beihefte zur Zeitschrift für romanische Philologie, 97) [Trad. fr. *L'Aventure chevaleresque: Idéal et réalité dans le roman courtois*, Eliane Kaufholz, trad., Jacques Le Goff, pról. París: Gallimard, 1974].

Kostrencic, Marko (1973). *Lexicon Latinitatis Medii Aevi Iugoslaviae*. Zagreb: Editio Instituti historici Academiae scientiarum et artium Slavorum meridionalium, vol. I.

Kroll, Renate (1984). *Der narrative Lai als eigenständige Gattung in der Literatur des Mittelalters. Zum Strukturprinzip der Aventure in den Lais*. Tubinga: De Gruyter Mouton.

*Lancelot en prose* = (1978-1983). *Lancelot, roman en prose du XIIIᵉ siècle*, Alexandre Micha (ed.). Ginebra: Droz, 9 vols. [1980, t. VII. *Du debut du roman jusqu'à la capture de Lancelot par la Dame de Malohaut*].

Latham, Ronald Edward (1980). *Revised Medieval Latin Word-List*. Londres: The British Academy/Oxford University Press.

Levy, Emil (1894-1924). *Provenzalisches Supplement-Wörterbuch*. Leipzig: O. R. Reisland, 1894, t. I. [reimp. Hildesheim, 1973].

Locatelli, Rosanna (1951). «L'avventura nei romanzi di Chrétien de Troyes e nei suoi imitatori». *Acme, Annali della facoltà di Filosofia e Lettere della Università Statale di Milano*, 4: 3-22.

Lot, Ferdinand (1918). *Étude sur le Lancelot en prose*. París: Champion (Bib. de l'École des Hautes Études, 226).

MAURITZ, Hans-Dieter (1974) *Der Ritter im magischen Reich, Marchenelemente im französischen Abenteuerroman des 12. und 13. Jahrhunderts.* Berna/Fráncfort: H. Lang.

MÉNARD, Philippe (1979). *Les lais de Marie de France. Contes d'amour et d'aventure du Moyen Âge.* París: Presses universitaires de France (Littératures Modernes).

— (1976). «Le chevalier errant dans la littérature arthurienne. Recherches sur les raisons du départ et de l'errance». En *Voyage, Quête, Pèlerinage dans la littérature et la civilisation médiévales.* Aix-en-Provence: CUER-MA (Senefiance, 2), pp. 289-312.

MICHA, Alexandre (1973). «Sur la composition du *Lancelot en prose*». En *Études de langue et de littérature du Moyen Âge offertes à Félix Lecoy par ses collègues, ses élèves et ses amis.* París: Champion, pp. 417-425.

PARIS, Gaston (1910). *Mélanges de littérature française du Moyen Âge.* París: Champion.

PETIT DE JULLEVILLE, Louis (1896-1899). *Histoire de la langue et de la littérature française des origines à 1900.* París: Armand Colin et cie.

*Queste* = (1923). *La Queste del Saint Graal: roman du XIII<sup>e</sup> siècle*, Albert Pauphilet (ed.). París: Champion (CFMA, 33).

RANKE, Kurt *et al.* (1977-2015). *Enzyklopädie des Märchens. Handwörterbuch zur historischen und vergleichenden Erzählforschung.* Berlín/Nueva York: De Gruyter.

RIBARD, Jacques (1984). «L'aventure dans la *Queste del Saint Graal*». En Maurice Accarie, Ambroise Queffélec (ed.). *Mélanges de langue et de littérature médiévales offerts à Alice Planche.* París: Les Belles Lettres.

RIQUER, Martín de (1955). «La aventura, el lai y el conte en María de Francia». *Filologia Romanza*, 2: 1-19.

*Roman de Troie* = Benoît de Sainte-Maure (1904-1912). *Le roman de Troie par Benoit de Sainte-Maure publié d'après tous les manuscrits connus.* Léopold Constans (ed.). París: Firmin Didot (Société des anciens textes français), 6 vols.

ROMILLY, Jacqueline de (1984). *Patience mon cœur. L'essor de la psychologie dans la littérature grecque classique.* París: Les Belles Lettres (Collection d'études anciennes).

SCHMOLKE-HASSELMANN, Beate (1980). *Der Arthurische Versroman von Chrestien bis Froissart.* Tubinga: Niemeyer.

STONE, Louise W. y William ROTHWELL (1977-1992). *Anglo-Norman Dictionary.* Londres: The London Humanities Research Association.

TADIÉ, Jean-Yves (1982). *Le roman d'aventures.* París: Presses universitaires de France.

THOMPSON, Stith (1975). *Motif-Index of Folk-Literature.* Bloomington: Indiana University Press, 6 vols.

*TLF* = Adolf TOBLER y Erhard LOMMATZSCH (1915-2018). *Altfranzösisches Wörterbuch*, Stuttgart: Franz Steiner Verlag, 12 vols.

*Tristan en prose* = (1987). *Le roman de Tristan en prose. Tome I: Des aventures de Lancelot à la fin de la «Folie Tristan»*, Philippe Ménard (ed.). Ginebra: Droz.

VINAVER, Eugène (1970). *A la recherche d'une poétique médiévale.* París: Nizet.

VÖLKER, Wolfram (1972). *Märchenhafte Elemente bei Chrétien de Troyes.* Bonn: Romanisches Seminar der Universität (Romanistische Versuche und Vorarbeiten, 39).

*Yvain* = Chrétien de Troyes (1960). *Les romans de Chrétien de Troyes édités d'après la copie de Guiot. IV. Le chevalier au lion (Yvain).* Mario Roques (ed.). París: Champion (CFMA, 89).

Galaad y la aventura del Chastel as puceles. *Queste del saint Graal, c.* 1380-1385.
París, BNF, fr. 343, f. 15v.

# EL DON EN BLANCO
## QUE VINCULA AL DONANTE

Jean Frappier (1969, t. VIII, 2: 7-46) escribió un bello artículo sobre el *don contraignant*[1]. En ese trabajo pionero analiza las diversas formas de este motivo en Chrétien de Troyes, el papel que desempeña en los relatos del rapto de la reina Ginebra o de la reina Iseut, y reúne todo un conjunto de pruebas en favor de un origen céltico. Antes que él, a propósito de la imprudencia del célebre episodio del Arpa y la Rota en el *Tristan* o del don temerario con que se inicia *Lancelot*, Gertrude Schoepperle (*Tristan et Isold,* 1963: 417-430 y 528-540) y Roger Sherman Loomis (1949: 202-204) ya habían señalado los paralelismos con ciertas historias irlandesas o galesas. Estos trabajos no han perdido su interés. Sin embargo, la cuestión del don aún exige nuevas investigaciones. Tal vez se ha hablado precipitadamente sobre el *potlatch*. Probablemente debería revisarse la ajustada y sutil argumentación de Jean Frappier. Un examen más detenido de los textos revela que el don en blanco no es exclusivo de la literatura artúrica o céltica.

Empecemos con un ejemplo artúrico tomado de *La Mort le roi Artu*. Al comienzo del *roman*, Lanzarote se aloja en la casa de un valvasor. La hija del señor de la casa se acerca a él. Se prosterna y le dice: «*Gentis chevalier, donne moi un don par la foi que tu doiz a la riens el monde que tu mieuz ainmes*» («Gentil caballero, por la fe que debes a la cosa del mundo que más amas, concédeme un don»). Lanzarote le responde en estos términos: «*Ha! damoisele, levez vos sus. Sachiez veraiement qu'il n'est riens en terre que ge puisse fere que ge ne feïsse por ceste requeste,*

---

1. *N. del T.*: mantenemos el término especializado en francés empleado por Frappier, que adquiere los matices de 'vinculante' y 'apremiante' al contraer un compromiso. A lo largo del capítulo se aquilatan los matices de este tipo de promesa vinculante, del don en blanco más general y del motivo folclórico de la promesa precipitada o temeraria.

*car trop m'avez conjuré*» («¡Ay, doncella, lenvantaos! Sabed verdaderamente que no hay nada en la tierra que yo pueda hacer que no hiciera, pues me habéis conjurado gravemente»). La joven revela inmediatamente el propósito de su petición. Le dice: «*Sire, cent mile mercis de cest otroi ! Et savez vos que ce est que vos m'avez otroié ? Vos m'avez otroié que vos porteroiz a tournoiement ma manche destre en leu de panoncel desus vostre hiaume et ferez d'armes por l'amor de moi*» («¡Señor, cien mil gracias por este don! ¿Y sabéis lo que me habéis otorgado?: me habéis otorgado portar en el torneo, en lugar de penacho sobre el yelmo, mi manga derecha por encima de vuestro yelmo y combatiréis por mi amor»). Lanzarote está muy molesto por haber concedido tal don:

> Quant Lancelot entent ceste requeste, si l'en pesa moult ; et nequedant il ne li ose contredire, puis qu'il li avoit creanté. Et neporquant il fu moult dolenz de cest otroi, car il set bien, se la reïne le set, ele l'en avra maugré si grant a son escient qu'il ne trouvera jamés pes envers li. Mes toutevoies, si come il dit, se metra il en aventure por son creant tenir, car autrement seroit il desloiax, se il ne fesoit a la damoisele ce qu'il avoit en couvenant. (*Mort Artu*, 1954, §14, 2-26)

> [Cuando Lanzarote oye está petición, le pesa mucho; y, sin embargo, no osa oponerse, pues ya se lo había prometido. De todas formas, siente mucho haber concedido este don pues sabe bien que si la reina se entera, le parecerá una falta tan grave, que no encontrará nunca la paz con ella. A pesar de todo, por mantener su promesa, tal como dice, se lanzará a la aventura; pues de otro modo sería desleal, si no hiciera lo que le había prometido.] (*La muerte del rey Arturo*, 1980: 20)

Tenemos aquí los distintos elementos del motivo: primero, la petición general del solicitante; luego, la aceptación inmediata por parte del generoso interlocutor; después, la revelación concreta de la petición; y, por último, el disgusto de la persona requerida, obligada a su pesar, a cumplir su promesa, para no tener que romperla. Reflexionemos ahora sobre este tipo de don.

## 1. Problemas de denominación y de tipología

Se plantea un primer problema: definir el motivo y distinguir sus constantes y variantes. El elemento clave de la situación que nos interesa es el don en blanco. Normalmente, en las novelas artúricas, va precedido de una petición. Un personaje solicita un favor a alguien, sin indicar exactamente lo que desea: «*un don... querre vous os*» (*Cligés*, 1957, v. 86), «*un don vuel de vos avoir*» («un don me atrevo a pediros»; *Conte du Graal*, 1959, v. 7633). El otro concede el favor solicitado, sin tratar de conocer su contenido: «*Je vos otroi vostre plaisir*» («Yo os otorgo vuestro deseo»; *Cligés*, 1957, v. 97), «*vostre volanté ferai*» («haré vuestra voluntad»; *Conte du Graal,* 1959, v. 7636). Es casi como dar un cheque en blanco al solicitante. Cuando se formula el deseo específico, el donante está obligado a llevarlo a cabo, independientemente de las pretensiones del solicitante. Está obligado a cumplir su promesa. La estructura de estas historias es claramente visible. Dos personajes se encuentran frente a frente: un solicitante y un donante. Suelen producirse en dos fases sucesivas: una primera etapa, en la que la petición y la aceptación del favor siguen siendo muy generales; una segunda etapa, en la que una petición concreta exige un don concreto.

¿Cómo debemos llamar a estas situaciones? ¿Hay que denominarlas «petición irresistible» o «respuesta generosa a una petición general»? Pero un don generoso puede realizarse a primera vista, sin ninguna solicitud previa. ¿Hay que hablar de un «don temerario», de una *rash boon* ('promesa precipitada')?[2] Pero este tipo solo aparece en una serie de historias bien delimitadas, cuando el solicitante presenta exigencias improcedentes y el dador descubre demasiado tarde, para su disgusto, que ha realizado una promesa imprudente. Cuando el regalo no tiene efectos nocivos para el dador, es mejor emplear una expresión diferente. El término *don contraignant* empleado por Jean Frappier presenta la ventaja de la brevedad, aunque le falta algo de claridad. Yo preferiría decir «don en blanco que vincula al donante», aunque la fórmula parezca algo extensa.

Este interesante motivo merece un estudio más en profundidad. Si no me equivoco, la tesis de Max Lüthi, *Die Gabe im Märchen und in der Sage* (1943), no aporta nada al respecto. Querríamos conocer la morfología y la expansión cronológica de las historias en las que aparece el don en blanco. Sería especialmente bienvenido un análisis sistemático de la literatura artúrica. A falta de un estudio exhaustivo, nos encontrábamos mal situados para discernir lo esencial de lo accesorio, lo permanente de lo transitorio. Afortunadamente, Corinne Cooper (2000) realizó una tesis de posgrado bajo mi dirección sobre este motivo del *don contraignant.* Ha escrito un artículo (Cooper-Deniau, 2005: 9-39) en el que aporta nuevos ejemplos que confirman lo que argumento en el presente trabajo, es decir, que ya no es posible creer en el origen céltico del motivo.

En el estudio del motivo, aparecen variantes durante la observación. La solicitud previa no siempre es necesaria. El benefactor puede tomar la iniciativa de ofrecer un don en blanco. Descubrimos también diferencias de tono significativas entre las solicitudes. Cuando se dirige a alguien una petición apremiante, se le conmina en nombre de Dios, en nombre de la fe que lo une, en nombre del ser que más quiere en el mundo. El rey Arturo dice:

> Gauvain, je vos requier seur le serement que vos me feïstes quant je vos fis chevalier que vos me diez ce que ge vos demanderai. – Sire, fet messire Gauvains, vos

---

2.  Véase Stith Thompson (1975, motivo M 223) y Roger Sherman Loomis (1949: 202).

m'avez tant conjuré que ge ne leroie en nule maniere que ge nel vos deïsse, neïs se c'estoit ma honte, la greigneur qui onques a chevalier de vostre cort avenist. (*Mort Artu*, 1954, §3: 210)

[Gauvain, os requiero por el juramento que me hicisteis cuando os investí caballero que me contestéis a lo que os voy a preguntar. –Señor –le contestó monseñor Gauvain–, vos me habéis conjurado de tal forma, que de ninguna manera dejaré de contestaros, aunque ello fuera para mí la mayor vergüenza que nunca alcanzara un caballero de vuestra corte.] (La *muerte del rey Arturo*, 1980: 14)

En otro lugar una joven le dice a Lanzarote:

«Gentilx chevaliers, je sui a toi venue al greignor besoing que je jamés de toi aie. Si te prie et conjur sor la rien el mont que tu plus aimes en cest siecle que tu me doignes un don que je demanderai, ou tu avras honor et preu greignor que tu onques euïssies de service que tu feïsses». Li chevaliers li otroie le don, puis qu'il i avra preu et honor. (*Lancelot en prose*, 1978, t. II, §38: 55)

[–Gentil caballero, he venido hasta ti lo más deprisa que he podido. Te ruego y te conjuro por la cosa del mundo que más ames en este mundo que me concedas un don que voy a pedir, por el que obtendrás el mayor honor y mérito que nunca hayas tenido por otro servicio que hayas hecho.
   El caballero le otorga el don, ya que le dará mérito y honor.] (*Lanzarote del Lago*, 1988, t. IV: 967)

La respuesta a la solicitud también ofrece diferencias. Por sí misma, la persona solicitada puede comprometerse mediante juramento. Al hacerlo, confiere al don en blanco una fuerza y una autoridad muy grandes. Una promesa así es casi sagrada y, por tanto, inviolable. Por el contrario, un héroe muy cauto puede dar una respuesta favorable, pero añadir una cláusula de salvaguarda: por ejemplo, «*mes que honte n'i aie*» (*Conte du Graal*, 1932, v. 7637) «*à condition que je n'en aie pas de honte*» («a condición de que no me avergüence») o bien «*si tu me fais une demande convenable, tu l'obtiendras*» («si me haces una petición adecuada, te la concederé») (*Los Mabinogion*, 1913, t. I: 101). Tales restricciones permiten muchas vías de escape. Puede ser que el autor de un don en blanco imprudente busque liberarse de la promesa y encuentre la manera de salir de ella. Normalmente, las escapatorias son excepcionales. De lo contrario, ya no se trataría de un *don contraignant*.

Otras variaciones notables se ciñen al hecho de que los interlocutores son familiares o desconocidos, pero también al tiempo transcurrido entre la primera y la segunda petición, a la naturaleza exacta del don y las consecuencias que conlleva. Un don imprudente conduce inevitablemente a consecuencias desgraciadas.

«Comment Morgain envoia une damoiselle a Tristan pour luy requerir un don et Tristan lui donna le glaive dont il avoit occis l'amy de Morgain». *Tristan de Léonois* (c. 1479-1480) iluminado por Evrard de Espinque. Chantilly, Musée Condé, Bibliothèque, ms. 646 f. 115v.

Sería imposible enumerar todas las particularidades, leves o significativas, que distinguen las situaciones de don en blanco. Por ejemplo, ¿en qué caso la petición de un don exige una contrapartida, un *guerredon* ('galardón', del alto alemán *wĩthralaun*)? Sería interesante saberlo. También merecería la pena examinar el vocabulario de la petición y del don. Habitualmente, se pide abiertamente un *don*. La palabra se pronuncia. Pero otras veces la petición se insinúa, como en el *Bisclavret* (1966, vv. 32-41), donde la heroína intenta sorprender el secreto de su marido sin enfrentarse a él de frente y consigue obtener de él primero el don en blanco, y después la información deseada.

Dadas estas variaciones, ¿es prudente afirmar como hace Frappier que un don tiene «forma auténtica» y otro en cambio no? Lo dudo. Son posibles demasiadas permutaciones y transformaciones para poder decidirlo *a priori*. Solo un análisis exhaustivo permitiría identificar contrastes, o incluso establecer reglas. Sin embargo, en el plano estructural, sigue existiendo un núcleo irreductible, fuera del cual la situación ya no existiría. En mi opinión, esta situación central se compone de tres elementos: el don en blanco concedido generosamente (incluso sin el ruego del solicitante), la realización de la petición concreta, la aceptación final concedida. Este es el marco indispensable sobre el que los narradores pueden bordar.

## 2. El área de expansión del motivo

Un examen minucioso de los ejemplos conocidos y el descubrimiento de otros nuevos demuestran que el motivo del don en blanco no es un privilegio de la materia artúrica. Empecemos con algunos ejemplos del siglo XIII que hasta ahora habían pasado desapercibidos. En el *fabliau des Tresses,* el amante de una mujer casada pide un favor a su amiga. Ella acepta. A continuación, le pide que se acueste en la habitación conyugal con su marido y con ella. ¡Una petición paradójica que tendrá graves consecuencias!

> Tantost li a cil demandé
> Un don, mais ne set quel i fu
> Cele : ne l'en fist onc refu
> La dame, qui molt l'avoir chier.
> Lors dit qu'il se voloit couchier
> O son seignor et ovuec lui.
>
> « Ja ne remaindra por nului ! »
> Fist cil qui fin'amor mestroie.
> Et la dame le li ostroie,
> Quar tant ne set entremetre
> Qu'el i puisse autre conseil metre. (Ménard, ed., 1971, VIII, vv. 48-58)[3]

[Luego le ha pedido/ un don, pero no sabe qué era:/ ella no se lo rechazó/ la dama, pues mucho lo quería./ Entonces él dijo que quería acostarse/ con su marido y con ella.// «¡Nadie podrá impedirlo!»/ contesta ella, dominada por el puro amor./ Y la dama se lo concede,/ pues no sabe qué aducir/ para responder de otra manera.]

---

3. Véase Montaiglon y Raynaud, ed. (1883, t. 5: 132); Ménard, ed. (1979, t. 1: 96).

El *fabliau De la dame qui fist entendant son mari qu'il sonjoit,* otra versión de la misma historia, no incluye los detalles del don imprudente más que los cuentos orientales analizados por Joseph Bédier (1964: 167-170). Por lo tanto, se trata de una invención de nuestro autor. Es difícil asignar una fecha concreta al *fabliau des Tresses.* Debemos contentarnos con afirmar que la obra pertenece a la primera mitad del siglo XIII.

Otra prueba la aporta el *roman de Cleomadès* de Adenet le Roi, finalizado en 1285. Al día siguiente de su boda, la bella Clarmondine solicita un don a su marido:

Clarmondine en pensé avoit
K'a Cleomadès rouvera
Un don, et ele li rouva
Et il le don tout erranment
Li otroia mout liement. (*Cleomadès,* 1971, vv. 17718-17722)

[Clarmondine había pensado/ que a Cleomadés rogará/ un don; y ella se lo ruega/ y él el don inmediatamente/ le concede alegremente.]

Clarmondine explica entonces que desea que Cleomadés se encargue de casar a Argente. Acepta de buen grado. Nos hubiera gustado saber si este detalle del don fue tomado del cuento de las *Mil y una noches* que sirve de fuente al *Cleomadès*. La edición de A. Henry no aporta ninguna información sobre este punto. La edición anterior de Van Hasselt, en cambio, recuerda en relación con este pasaje la costumbre germánica de la *Morgengabe* (*Cleomadès,* 1866: 264, n. 1). No obstante, ni la naturaleza del don ni la iniciativa que toma Clarmondine al pedir un don en blanco son coherentes con el uso de la *Morgengabe.* También aquí se trata de la petición de un favor presentado de forma muy general: la concesión de un don en blanco, y luego la solicitud concreta y la aceptación final del benefactor. Lo único destacable a este respecto es que no era necesario pedir un don en blanco: la doncella Argente, hermana del rey Meniadus, se merece de hecho el matrimonio. De nuevo tenemos un ejemplo ajeno al ámbito artúrico[4].

4.  En lugar de hablar de *Morgengabe* a propósito de Clarmondine, podríamos quizá afirmar que, en ciertos momentos de la vida, una mujer casada podría hacer una petición a su marido, y que esta sería necesariamente aceptada. Véase la forma en que la reina Felipa de Henao habla a Eduardo III tratando de salvar la vida de los burgueses de Calais: «*Ha, tres chiers sires, puis que je apassai par deçà la mer en grant peril, ensi que vous savés, je ne vous ai requis ne don demandet. Or vous pri je humlement et requier en propre don que pour le Fil a sainte Marie et pour l'amour de mi vous voelliés avoir de ces siis homes merchi*» («Ay, muy querido señor, desde que crucé el mar con gran peligro, como sabéis, no os he pedido ni suplicado ningún don. Ahora os ruego humildemente y requiero como un verdadero don, por el hijo de Santa

Los partidarios de las teorías célticas quizás responderían que estos textos del siglo xiii estaban influidos por las novelas de la Mesa Redonda. Es cierto que Adenet le Roi cita a varios héroes artúricos en su *Cleomadés* [5]. No se puede descartar una deuda y tampoco se puede demostrar. Un único don en blanco fuera del material artúrico no compromete la teoría céltica. Es la excepción que confirma la regla. Pero una pluralidad de ejemplos convergentes nos obliga a realizar correcciones en las explicaciones comúnmente aceptadas.

La literatura del siglo xii confirma precisamente estas primeras observaciones. Dos casos que no habían llamado la atención merecen ser mencionados. El héroe de *Floire et Blanchefleur* (1956, v. 2034; 1983, v. 2235) presenta al guardián de la torre una magnífica copa de oro que posee, pero pide a cambio un don en blanco: se menciona el verbo *guerredoner*. El otro acepta, jura servirle y, además, le rinde homenaje. Cuando Floire pregunta por Blanchefleur, el portero se ve obligado a cumplir, aunque teme perder la vida (1956, vv. 2052-2065; 1983, vv. 2257-2270). Este episodio presenta, sin duda, algunas peculiaridades: el regalo inicial hecho para sobornar al guardián, el juramento y los lazos de homenaje vasallático que vinculan aún más a donante y receptor. Pero encontramos aquí la estructura esencial de las historias de *don contraignant*.

El segundo ejemplo se encuentra en el *Charroi de Nîmes* cuando Guillermo, tras reprochar amargamente al rey su ingratitud y rechazar los feudos que le ofrece, vuelve a él para *querre un don*:

«Mes un petit vorroie a vos parler
Por querre un don dont me sui porpensez».
Et dit li rois: «A beneïçon Dé !
Se vos volez ne chastel ne cité,
Ne tor ne vile, donjon ne fermeté,
Ja vos sera otroié et graé.
Demi mon regne, se prendre le volez,
Vos doing ge, sire, volentiers et de gré.» (*Charroi de Nîmes*, 1978, vv. 468-475)

[–Pero con vos querría hablar un momento/ para pediros un don que he pensado./ Y contesta el rey: –¡Bendito sea Dios!/ Si queréis castillo o ciudad,/ torre o burgo, atalaya o recinto amurallado,/ os será otorgada y concedida. La mitad de mi reino, si queréis tomarlo,/ os lo concedo, señor, voluntariamente y de buena gana.]

---

María y por el amor que me tenéis, que tengáis merced de estos seis hombres»; (Froissart, 1972, libro I, 255: 848).
5.  Se trata de Tristán, Galván, Perceval, Lanzarote (éd. van Hasselt, vv. 8250-8252).

Entonces el héroe formula su petición: quiere las tierras en poder de los infie-
les. Luis intenta disuadirlo, le ofrece diversos feudos en Francia, pero finalmente
acepta:

«Ge ferai, voir, tot le vostre talant.
Tenez Espaigne, prenez la par cest gant.» (*Charroi de Nîmes*, 1978, vv. 584-565)

[Yo haré, ved, cuanto os plazca./ Tened España, tomadla por este guante.]

Percibimos con claridad las peculiaridades de la escena: la amarga ironía del
demandante, la petición de una propiedad de la que el otro no es dueño. Pero la
estructura del don en blanco resulta evidente en la petición general, la respuesta
favorable y el acuerdo final del rey, que inviste a Guillermo con el feudo.

Aparentemente estos dos pasajes no sufren ninguna influencia céltica. Lo
mismo ocurre, creo, con dos interesantes ejemplos, conocidos por Jean Frappier,
que conviene examinar ahora. Uno de ellos se encuentra en el *roman de Thèbes*,
cuando Adraste, informado de la muerte accidental del hijo pequeño del rey
Licurgo, intenta salvar la vida del tutor del niño. Solicita un don al rey:

Mes or vos pri et vos semoing,
S'onques eüstes de moi soing,
S'onques m'eüstes de rien chier,
Donez moi un don que vous quier.
Et d'une rien certein soiez,
Se vous icest don m'otroiez,
Forment vos en mercierai

Et mout bon gré vos en savrai.»
Licurges s'embruncha vers terre.
»N'en quier ja, fet il, conseil querre,
Ne mes que tant en metez hors
Mon filz, ma fame et mon cors.» (*Roman de Thèbes*, 1966, vv. 2492-2504)

[–Pero ahora os ruego y os suplico,/ si alguna vez os ocupasteis de mí,/ si alguna
vez me tuvisteis algún aprecio,/ que me cononcedáis un don que os quiero perdir./
Y tened por cierta una cosa,/ si vos me concedéis este don,/ os lo agradeceré profundamente.// Y de buen grado os estaré muy reconocido./ Licurgo inclina hacia
tierra la cabeza. –No quiero –responde– aceptar el consejo, / ya que dejáis fuera/ a
mi hijo, mi mujer y mi cuerpo.]

Dado que Licurgo excluye del regalo su propia persona, la de su hijo y la de
su esposa, la petición de Adraste no puede prosperar. Por lo tanto, el héroe se

abstiene de seguir esta vía para conseguir que el rey perdone a Hypsipile. La *Tebaida* de Estacio (vv. 638-649) no mencionaba la petición de Adraste ni la respuesta de Licurgo. El motivo es, por tanto, un añadido del autor francés. «Se trata de la primera mención, que conocemos, en un texto literario francés del *don contraignant* que aparece con tanta frecuencia en la literatura artúrica», afirma justamente G. Raynaud de Lage (*Roman de Thèbes*, 1968, t. 2: 149).

Tenemos, sin duda, sólo la primera parte de la estructura: las restricciones impuestas al don en blanco impiden al demandante continuar con su plan y obtener así una satisfacción. Aunque la promesa no se convierte aquí en un *don contraignant*, Frappier reconoce el interés del episodio en la historia del motivo. La evidente anterioridad del *Roman de Thèbes* sobre las obras de Chrétien de Troyes aporta una nueva objeción a la teoría del origen céltico del don en blanco. Para reducir la dificultad, nuestro añorado maestro sugirió que la cláusula de salvaguardia emitida por Licurgo era un recuerdo o un eco de una fórmula restrictiva expuesta por Arturo en *Kulhwch et Olwen* (Frappier: 254-255). A pesar de toda la admiración que siento por las convicciones y la dialéctica sutil del gran erudito, debo decir que la hipótesis parece inverosímil.

El otro ejemplo, tomado del *roman de Rou*, parece, en efecto, decisivo. Un clérigo, el maestro Bernard, presenta una súplica al duque Richard:

«Un dun, se vus plaist, me dunez !
Merci vus cri, nel me veez,
Par nun de sainte charité». (*Roman de Rou*, 1970, t. III, vv. 2109-2111)

[–¡Un don, si os place, concededme!/ Piedad os imploro, no me lo neguéis/ en nombre de la santa caridad.]

El otro acepta:

«Frere, dist li ducs, vus l'avrez,
Dites mei ceo que vus volez». (*Roman de Rou*, 1970, t. III, v. 2113)

[–Hermano –dice el duque–, lo tendréis,/ decidme que deseáis.]

Bernard le pide, llorando, que entierre su cuerpo dentro de tres días, cuando esté muerto, en el mismo lugar donde el duque se encuentra rezando: «Amis, dist il, e je l'otrei.» («Amigo, le responde, yo te lo concedo»; v. 2128).

La *Chronique des Ducs de Normandie* de Benoît narra la misma escena y da algunas precisiones suplementarias. El demandante señala que es la última solicitud que presenta:

«D'un don me faites si certain,
Quer ce sera le dederrain». (*Chronique des Ducs de Normandie*, 1951, vv. 31435-31436)

[–Que un don me hagáis ciertamente, / que habrá de ser el último.]

Formula su petición en nombre de Dios: «Por Deu le vos quer e demant.» (v. 31439). Antes de conceder la gracia solicitada, el duque quiere saber si es admisible y declara:

«Frere, or oion, dites avant !
S'est chose qu'os deiez dire,
N'os en voudrai pas escondire. (*Chronique des Ducs de Normandie*, 1951, vv. 31440-31442)

[–¡Hermano, oigámoslo, exponedlo! / Si es cosa que debáis decir, / no os la querré negar.]

Aquí aparece pues una pequeña reserva, ausente en el texto de *Rou*. El resto es idéntico; el duque se encuentra simplemente sorprendido por la petición, ya que Bernard parece gozar de buena salud, pero no rechaza el favor solicitado. Observamos de paso el color religioso de la petición inicial. Aquí se hace en nombre de Dios, allí en nombre de la caridad cristiana. Pero este detalle no cambia la esencia del asunto. Nos encontramos incontestablemente ante una historia de *don contraignant*.

Como la tercera parte del *Rou* fue escrita probablemente un poco después de 1170[6], Jean Frappier consideró que Wace podría haber tomado prestado el motivo de Chrétien de Troyes o, más bien, de los «juglares y narradores bretones» (Frappier, 1973: 256). Resulta fácil entender su razonamiento: hacia 1170 empezaba a circular el *roman Erec et Enide*, y además el propio Wace nos dice en el *Brut* que conoce las historias de los bretones. Pero tal argumento debe descartarse completamente[7]. La anécdota es, en efecto, mucho más antigua que el *Rou*. Se encuentra en la fuente de Wace, la crónica de la *Gesta Normannorum* de Guillaume de Jumièges, o más bien en una interpolación a la crónica, debida a un monje de Saint-Etienne de Caen aparentemente escrita hacia 1090, como ha establecido bien Jean Marx[8]. Jean Frappier no se dio cuenta de que Wace se

6.  A este respecto, los críticos no difieren mucho, por lo que se puede seguir al último editor en este punto (*Roman de Rou*, t. III, 1973: 14).
7.  Es lamentable que Anthony J. Holden, en su edición del *Roman de Rou*, no haya abordado esta importante cuestión y no le haya dedicado una nota.
8.  Jean Marx (1913: 85-90) ya había señalado la fuente de Wace en un artículo titulado «Les

basaba en un texto antiguo en el que ya aparecen la petición general (*volo, mi domine, ut petitionem, quam a te postulo, mihi non deneges*), el don en blanco (*postula quod vis et dabo tibi*), la petición concreta y, finalmente, el cumplimiento de la promesa a la muerte del infortunado. El texto latino es más detallado que las versiones románicas e incluso da un detalle esencial, a saber, que la escena tiene lugar en la iglesia de Notre-Dame de Cherburgo[9].

A esta serie de hechos extraídos de la literatura medieval, se añaden otros testimonios que parecen igualmente convincentes. La Biblia ofrece dos ejemplos: uno en el libro de Esther (5:1-8), donde Asuero invita a Esther a pedirle un favor y le asegura que se lo concederá, aunque sea la mitad de su reino. Tras lo cual, Esther pide entonces al rey su vida y la de su pueblo. Otro en el *Evangelio* de San Mateo (14:3-12), cuando Herodes, tras ver a la hija de Herodías bailando ante él, se compromete a darle todo aquello que pida (*cum iuramento pollicitus est ei dare quodcumque postulasset ab eo*).

Instigada por su madre, la joven pide la cabeza de Juan el Bautista y la obtiene inmediatamente. ¿Tiene razón Jean Frappier al excluir estos dos ejemplos porque el donante toma la iniciativa de la donación? Parece que esta exclusión resulta excesiva. La presencia o ausencia de la petición previa no cambia mucho en la estructura profunda del relato, que sigue siendo una historia de don en blanco que vincula al donante.

Las *Metamorfosis* de Ovidio, como señala Foster E. Guyer (1954: 168), ofrecen otras dos menciones. Jean Frappier pospone la historia de Faetón (II, 35-48), porque falta la petición original del demandante. Sin embargo, aquí tenemos una hermosa historia de *don contraignant* e incluso de don imprudente. Para convencer a Faetón de que es realmente el autor de sus días, el Sol invita al joven a hacer una petición (*quodvis pete munus*): él satisfará sus deseos. Se lo jura por Aqueronte. Faetón pide entonces la gracia de conducir un día el carro del Sol. Muy a su pesar, el dios se ve obligado a concederle la petición al imprudente, pero sabe que será fatal para él. ¿Lo esencial aquí, como en otros lugares, es la palabra irrevocable que vincula al dador y le obliga a conceder la gracia solicitada, incluso aunque sufra?

---

sources d'un passage du *Roman de Rou*», que lamentablemente parece desconocer Holden. En su edición de Guillaume de Jumièges (Jumièges, 1914: XXII-XXV), Marx precisa la fecha de la interpolación (Guillaume de Jumièges escribe en 1071, el interpolador poco después de 1087, para simplificar, podemos decir hacia 1090, es decir, unos ochenta años antes del *Erec et Enide*. Sólo dos manuscritos del siglo XII, B1 y B2 ofrecen la anécdota. Se lee en la edición de Marx (Jumièges, 1914, libro V, §13 bis: 91), o bien en los *Mélanges d'histoire offerts à M. Charles Bémont* (Marx, 1913: 87-88).

9. El *roman de Rou* ni siquiera indica que el duque esté rezando en una iglesia, por lo que la petición de Bernardo es poco comprensible (*Roman de Rou*, III, vv. 2104 y 2117).

El otro ejemplo, la aventura de Sémele (III, 287-298), presenta la estructura conocida y completa. La heroína le pide un favor a Júpiter, sin especificar su naturaleza (*rogat illa Jovem sine nomine munus*). El dios se compromete a satisfacerla. Entonces le dice al rey del cielo que desea verlo en toda su gloria. Júpiter está angustiado: ¡no puede revocar su juramento y Sémele morirá alcanzada por un rayo! De mala gana, accede a la imprudente petición de la joven. Jean Frappier no rechaza este ejemplo de don imprudente. Lo considera un testimonio aislado que no compromete la teoría céltica. Debemos ahora rectificar esta interpretación. La historia de Sémele no es única; forma parte de toda una serie de dones en blanco. El *Motif-Index of Folk Literature* de Stith Thompson, citado anteriormente, registra los *dons contraignants* bajo diversas rúbricas: C 871 *Tabu: refusing a request*, podemos traducir como «Prohibición de rechazar una solicitud»; J 1593 *Any boon desired*; M 202.0.1 *Bargain or promise to be fulfilled at all hasards*; M 204.1 *Demanding of promised boon postponed until an auspicious moment*; M 223 *Blind Promise (rash boon)*; M 223.1 *Person who never refuses a request*; P 319.7 *Friendship without refusal*; Q 115 *Reward: any boon that may be asked*.

La mayor parte de las referencias reenvía a la materia céltica o artúrica. Pero varios motivos importantes se encuentran en los cuentos indios: por ejemplo, Q 115 y M 204.1, como atestigua el repertorio de Stith Thompson y Jonas Balys, *The Oral Tales of India*, (Bloomington, 1968). La obra de Thompson y Balys no nos permite conocer los detalles de los relatos, pero sí nos da una primera información sobre la extensión del motivo por Oriente.

Si buscáramos bien, podríamos aumentar la lista de ejemplos antiguos. Puedo destacar dos nuevos. Uno de ellos es la historia de Fronimé contada por Herodoto (IV, 154) y recogida en el *Dictionnaire de la mythologie* de P. Grimal (374 a). Cediendo a las calumnias de la suegra de Fronimé, el rey decide hacer matar a su hija. Hace que uno de sus invitados, un tal Themison, jure llevar a cabo la petición que le hará. Este jura hacerlo. Entonces el rey expresa sus deseos: Themison debe llevarse a Fronimé con él y arrojarla al mar una vez que esté en alta mar. Obligado por su juramento, pero sin querer matar a una mujer inocente, Themison se contenta con sumergirla en el mar y sacarla inmediatamente. Reconocemos las etapas habituales de los relatos sobre *dons contraignants*: la petición formulada en términos generales, el don en blanco, la petición concreta y la obligación de cumplirla. La única variación notable aquí reside en el desenlace, donde vemos al donante que es astuto para no ser realmente perjuro.

Otro caso interesante de *don contraignant* se encuentra en las *Mil y una noches*. Se trata del cuento 111 de la clasificación de Victor Chauvin (1901: 188)[10]. Es el

---

10. Cabe señalar que esta historia se encuentra en los manuscritos más antiguos de las *Mil y un noches*, en el manuscrito de Estrasburgo de 1247, en el manuscrito de Galland del siglo XIV (Chauvin, 1900, t. IV: 197) y se encuentra en todas las versiones.

inicio de la historia en la traducción de Galland. El sultán de la Gran Tartaria, Schahzenan, descubre que su mujer le engaña y, tras matar al culpable, parte, lleno de melancolía, hacia la corte de su hermano Schariar, sultán de la India. Nada puede animarlo, hasta que se da cuenta de que su hermano también es un marido infiel. Este descubrimiento le devuelve las ganas de vivir. Pero el sultán de la India se da cuenta del cambio en su hermano. El inconsolable es consolado. Le dice: «Tengo un ruego para ti y te impetro que me concedas lo que te voy a pedir». El otro acepta de buen grado. Schariar le pide entonces que le explique por qué antes estaba tan triste y ya no. Schahzenan se siente terriblemente avergonzado por la pregunta, pero está obligado a hablar. Está vinculado por la promesa imprudente, por el don en blanco[11].

Convendremos en que todos estos ejemplos se refuerzan mutuamente. Los testimonios medievales o antiguos demuestran claramente que la literatura artúrica no tiene el monopolio del don en blanco que compromete y constriñe al donante. Se trata, en efecto, de un motivo argumental muy extendido en el espacio y en el tiempo.

Estas reservas y complementos aportados al excelente trabajo de Jean Frappier no pretenden destruir por completo la teoría céltica. Solo permiten aportar correcciones a las ideas expuestas hasta ahora y dar una visión de conjunto más matizada. Pero sigo creyendo, con mi erudito y difunto maestro, que los *romans* artúricos franceses ofrecen un número bastante grande de ejemplos del don en blanco. Necesitamos cribar masas de otros textos antes de encontrar una ilustración de un *don contraignant*. He buscado en vano en las noevelas griegas y latinas de la Antigüedad. El repertorio de Rotunda, *Motif-Index of the Italian Novella in Prose* (1942), no ofrece ningún rastro.

Por el contrario, la frecuencia de los dones en blanco en los *romans* de la Mesa Redonda es bastante elevada. Jean Frappier había señalado ocho ejemplos indiscutibles en Chrétien de Troyes, dos o tres en *Tristan*, incluido el famoso episodio del arpa y la rota, y anotó algunas otras tomadas de la *Primera Continuación* del *Conte du Grial*, en el *Bel Inconnu* o en la *Mort Artu*. La lista podría ampliarse. Los grandes *romans* en prosa del siglo XIII, y en particular *Lancelot*, ofrecen bastantes ejemplos[12]. No cabe duda de que el motivo del don en blanco sedujo a los narradores. En cambio, en la literatura céltica se encuentran algunas apariciones. Basta con abrir el *Motif Index of Early Irish Literature* de Tom Peete Cross (1952) para encontrar los motivos C 871, M 223, Q 115, P 329.7, citados más arriba. Es suficiente con leer los *Mabinogion* para descubrir otras pruebas en el relato de *Pwyll* o de *Kulhwch*. Por lo tanto, resultaba completamente

---

11. El texto puede leerse en la traducción al francés de Galland de las *Mil y una noches* (1960: 6).
12. El Índice del *Lancelot en prose* editado por Micha (1983, t. IX: 181) identifica treinta ejemplos de *don contraignant*, lo que es una cifra enorme.

natural que Schoepperle, Loomis, Marx o Frappier trataran de explicar los dones artúricos teniendo como referencia las fuentes célticas[13].

## 3. SIGNIFICADO DEL DON EN BLANCO

Queda una duda que se plantea con insistencia: el significado más profundo del *don contraignant*. ¿Por qué un personaje acepta comprometerse cuando no conoce el contenido de la petición? ¿Por qué no romper la promesa si la petición resulta desagradable o perjudicial? Responder a estas preguntas, que plantean el problema del compromiso, la fe jurada, la fidelidad y la palabra irrevocable, requeriría un libro entero. Intentemos reflexionar al respecto brevemente.

En primer lugar, tenemos la impresión de que en la vida real pueden haberse solicitado y concedido dones parecidos de cuando en cuando. Jean Frappier había señalado un pasaje de Joinville (1874, cap. XLIX, §398) en el que la reina Marguerita, encerrada en Damieta, pide un don a un viejo caballero tras la derrota de Mansourah: consiste en cortarle la cabeza si los sarracenos toman la ciudad. ¡El caballero ya había pensado en ello!

Otro caso, indicado por el mismo crítico y tomado de Froissart (1870, t. II, §177: 171-172): Luis de España obtiene, mediante un *don contraignant* de Carlos de Blois, que se le entreguen dos prisioneros para decapitarlos. Para Jean Frappier, estos comportamientos todavía pueden explicarse por la influencia de las novelas de la Mesa Redonda. Lo dudo. Esta explicación fácil y frágil no puede repetirse indefinidamente. El episodio del *Rou* y sobre todo su fuente latina, una crónica, dan un dato análogo, independiente de cualquier influencia artúrica y que parece extraído de la vida. Una situación excepcional requiere una petición excepcional. El ardiente deseo de obtener una satisfacción por parte del demandante, la confianza y el respeto a la persona del solicitante por parte de la persona a la que se hace la petición, y un sentido del honor tan raro actualmente, pero muy extendido en la Edad Media, pueden explicar estas escenas. Froissart (1972, t. I, §255: 848) nos habla en otro lugar de la magnífica petición de la reina Filippa de Henao que salvó la vida de los burgueses de Calais. Aunque aquí no se trate de la petición de un don en blanco, la situación es similar.

Para explicar los dones artúricos, algunos críticos han invocado el *potlatch*. Tras los trabajos de George Davy y Marcel Mauss sobre los indios norteamericanos y los melanesios, el concepto de *potlatch* se ha aplicado con mayor o menor éxito al mundo céltico. Un artículo rápido de Henri Hubert y un estudio muy especial de Mauss sobre un pasaje de Posidonio dieron crédito a esta idea. Marx

---

13. Ya han sido indicados en la primera página los trabajos de G. Schoepperle y de Roger S. Loomis. Las ideas de Jean Marx sobre el don artúrico se encuentran en su libro *La légende arthurienne et le Graal* (1952: 72-77). Véase para J. Frappier (1973: 144-49).

y Frappier les siguieron[14]. Me temo que es una extrapolación desafortunada. Cuando leemos atentamente las tesis de Davy y las memorias de Mauss, nos sorprendemos de las vagas afirmaciones de Hubert. Entre las costumbres de los Kwakiutl o los Haïda y el comportamiento de los héroes de los *Mabinogion* me parece que existe un abismo. El *potlatch* no es un don en blanco, sino un intercambio de bienes, especialmente de alimentos. La palabra significa 'alimentar, consumir', antes que designar un don (Mauss, 1923-1924: 38, n. 1, y 110, n. 1). En el *potlatch*, como bien señaló E. Benveniste (1969, t. I: 76): «Hay que mostrarse pródigo con las posesiones para demostrar que no nos importan, para humillar a nuestros rivales con el despilfarro instantáneo de las riquezas acumuladas. Un hombre conquista y mantiene su posición si se impone a sus rivales en este gasto desenfrenado».

Además, el *potlatch* presupone una contrapartida, un *contra-don*. Mauss (1923-1924: 100, 107-110) habla de la obligación de devolver. ¿Dónde vemos estas entregas, distribuciones rituales, pujas y desafíos en nuestros textos? Nada de esto aparece en los dones célticos o artúricos. El don en blanco nunca aparece en las novelas artúricas en el curso de las fiestas bárbaras ni en los festines ostentosos. Si hay que descartar la explicación del *potlatch*, ¿debemos creer que el *don contraignant* es un *geis*? El interesante estudio de John Reinhard, *The Survival of Geis in Mediaeval Romance* (1933), reúne bajo el término *geis* una gran cantidad de cosas dispares y afirma que la petición de un don es un conjuro mágico (Reinhard, 1933: 315-316). Hay que señalar que las peticiones analizadas anteriormente no recuerdan para nada a los mandatos o conjuros. Se trata de ruegos y humildes súplicas. Además, la obligación que empuja a un personaje a ser fiel a su palabra no proviene de un imperativo mágico supremo exterior a sí mismo. Por tanto, hay que descartar esa interpretación, ya que no refleja en absoluto la realidad artúrica. ¡No es posible ver conjuros mágicos en todas partes!

Más bien conviene intentar penetrar en la psicología del autor del don en blanco. El respeto y la piedad por los suplicantes nos permiten comprender

---

14. Véase Davy (1922: 154-240); Mauss (1923-1924, t. I: 30-186), incluido en *Oeuvres* de Mauss, (1968, t. I). Remito aquí al texto del *Année sociologique* incluido en *Oeuvres* (1969, t. III: 29-102) los documentos sobre el don se encuentran en los apéndices. El artículo de Hubert «Le système des prestations totales dans les littératures celtiques», publicado en la *Revue celtique* (1925: 330-335), carece de rigor científico. Los ejemplos citados (Festín de Bricriu, Kulwch, Galván y el Caballero Verde, Tain, Corte realizada en Emer) son de naturaleza dispar y no tienen nada que ver con el *potlatch*. Hubert resumió su pensamiento en *Les Celtes depuis l'époque de la Tène et la civilisation celtique* (1932: 233-236). El ensayo de Mauss «Sur un texte de Posidonius, Le suicide, contre-prestation Suprême» (1925: 324-329), no es relevante para nuestro tema. Sobre el *potlatch*, véase también Benveniste (1966: 315-26, especialmente 315). Para las observaciones de Marx y de Frappier, véase lo indicado más arriba. Véase además J. Cazeneuve (1985: 94-115).

ciertos comportamientos. El que implora es ya en la antigüedad un ser sagrado. Pero los sentimientos de compasión solo explican una parte de los hechos y no explican por qué el don permanece irrevocable. ¿Es necesario invocar la confianza y la estima de un demandante al que se conoce? Algunos textos lo sugieren, como la interpolación insertada en la crónica de Guillaume de Jumièges[15]. Pero la explicación no se aplica a los demandantes desconocidos. Por lo tanto, es necesario ir más allá en la reflexión.

Sin creer en el *potlatch*, podemos quedarnos con dos interesantes ideas de Marcel Mauss: «negarse sería derogar» y «dar es manifestar la propia superioridad» (107 y 174). En esta perspectiva, el regalo vinculante sería una manifestación de valor y poder. Expresaría el gusto por la gloria y el sentido del honor. En un estudio sobre *Le pain et le cirque* Paul Veyne (1976) sintió bien la complejidad del don, la satisfacción que da al dador: «la nobleza obliga: la generosidad es una virtud del señor» (Veyne, 1976: 19)[16]. No hay necesidad de hablar de una mentalidad primitiva. Tampoco hay que creer que esta generosidad es un cálculo sutil para obligar a la gente y obtener un día una compensación sustancial. El interés no explica el don en blanco. A diferencia del *potlatch*, donde el receptor se coloca «en dependencia del dador», como dice Mauss (1923-1924: 151), aquí no se ve ninguna sujeción y no aparece ninguna contrapartida. Se trata de un comportamiento heroico. La generosidad es el signo de un alma grande, y el honor exige fidelidad a la palabra dada. Sería una infamia faltar a la palabra dada. Por eso no debe sorprendernos que en nuestros textos se cumplan las promesas y se respeten los compromisos.

Estas consideraciones solo se aplican a los personajes destacados, que tienen una cierta personalidad y cuya imprudencia o, al contrario, cuya generosidad debe ser destacada. Pero muy a menudo los narradores se deslizan rápidamente sin tener en cuenta la psicología del benefactor o del beneficiario. Lo que les interesa es la inversión de la situación provocada por la concesión de un don. De hecho, muy a menudo el *don contraignant* proporciona a un personaje algo que nunca podría haber obtenido. Conduce a una eventualidad. Esto es lo que les gusta a nuestros autores. Por lo tanto, se puede argumentar legítimamente que en la literatura el *don contraignant* es sobre todo un *deus ex machina*, un medio

---

15. Tras la petición de Bernard, el autor presta al duque los pensamientos y palabras siguientes: «Estimans vero dux quod aliquid magnum sue dignitatis congruum voluisset a se expetere, dixit: "Et quid est quod mea deneget tibi sublimitas, quem in omnibus fidelissimum catholice fidei predicatorem et defensorem mitique semper bonum consilium dantem percepi ? Ne cuncteris, igitur pete. Postula quod vis et dabo tibi" (V, 13 bis).

16. Por su parte, E. Köhler intenta dar una explicación sociológica del don: véase su artículo «Le rôle de la coutume dans les romans de Chrétien de Troyes» (1970: 300-303), pero no distingue el don en blanco de la generosidad habitual en los círculos aristocráticos.

conveniente para animar la historia y producir la alteración. Sin duda, se encuentra en consonancia con el espíritu heroico de la literatura caballeresca. Pero sobre todo parece que constituye un resorte técnico destinado a precipitar la acción. Pertenece plenamente a una estética de la sorpresa. Por lo tanto, se encuentra perfectamente en su lugar en las novelas de aventuras.

## Bibliografía citada

Bédier, Joseph (ed.) (1964). *Les fabliaux, études de littérature populaire et d'histoire littéraire du Moyen Âge*, 6.ª ed. París: Champion.

Benvéniste, Émile (1969). *Le vocabulaire des institutions indo-européennes*. París: éd. du Minuit.

— (1966). «Don et change dans le vocabulaire indo-européen». En *Problèmes de linguistique générale*. París: Gallimard, pp. 315-326.

*Bisclavret* = María de Francia (1966). *Les lais de Marie de France*, Jean Rychner (ed). París: Champion (cfma, 93), pp. 61-71.

Cazeneuve, Jean (1985). *Sociologie de Marcel Mauss*. París: Presses universitaires de France, pp. 94-115.

*Charroi de Nîmes* = (1978). *Le charroi de Nîmes, chanson de geste du xiiͤ siècle éditée d'après la rédaction AB*, 2.ª ed., Duncan McMillan (ed.). París: Klincksieck (Bibliothèque française et romane. Série B: Éditions critiques de textes, 12).

Chauvin, Victor (1901). *Bibliographie des ouvrages arabes*, t. v. Lieja: H. Vaillant Carmanne imprimeur.

*Chronique des Ducs de Normandie* = Benoît de Sainte-Maure (1951). *Chronique des ducs de Normandie par Benoit publiée d'après le manuscrit de Tours avec les variantes du manuscrit de Londres*, t. i, Carin Fahlin (ed.). Uppsala: Almqvist och Wiksell (Bibliotheca Ekmaniana Universitatis Regiae Upsaliensis, 56 y 60).

*Cleomadès* = Adenet le Roy (1971). *Les œuvres d'Adenet le Roi. Tome V: Cleomadès*, Albert Henry (ed.). Bruselas/París: Presses universitaires de Bruxelles/Presses universitaires de France (Université livre de Bruxelles. Travaux de la Faculté de philosophie et lettres, 46), 2 vols. [reimp.: Ginebra: Slatkine, 1996].

*Cleomadés* = Adenet le Roy (1865-1866). *Li roumans de Cléomadès par Adenès li Rois publié pour la première fois d'après un manuscrit de la Bibliothèque de l'Arsenal, à Paris*, André Van Hasselt (ed.). Bruselas: Devaux, 2 vols.

*Cligés* = (1957). *Les romans de Chrétien de Troyes édités d'après la copie de Guiot (Bibl. nat. n. 794). II. Cligés*, Alexandre Micha (ed.). París: Champion (cfma, 84).

*Conte du Graal*, = Chrétien de Troyes (1932). *Der Percevalroman (Li contes del Graal)*, Alfons Hilka (ed.). Halle (Saale): Niemeyer.

*Conte du Graal* = Chrétien de Troyes (1959). *Le roman de Perceval, ou, Le conte du Graal*, William Roach (ed.). Ginebra/París: Droz/Minard.

Cooper-Deniau, Corinne (2000). *Le motif du don contraignant dans la littérature française des xiiͤ et xiiiͤ siècles (1150-1250)* [Tesis doctoral]. París: Université de Paris Sorbonne.

— (2005). «Culture cléricale et motif du don contraignant, Contre-enquête sur la théorie de l'origine celtique de ce motif dans la littérature française du xiie siècle et dans les romans arthuriens». *Le Moyen Âge*, 111, 1: 9-39. URL: <https://www.cairn.info/revue-le-moyen-age-2005-1-page-9.htm>. Consulta: 3 febrero 2022.

CROSS, Tom Peete (1952). *Motif-index of early Irish literature*. Bloomington: Indiana University Press (Folklore monographs series, 7).

DAVY, George (1922). *La foi jurée: étude sociologique du problème du contrat: la formation du lien contractuel*. París: Alcan.

DU CANGE (1883-1887). *Glossarium mediae et infimae latinitatis*, L. Favre (ed.). París: Niort. URL: <http://ducange.enc.sorbonne.fr/Morganegiba>. Consulta: 4 febrero 2022.

*Floire et Blanchefleur* (1956) = *Floire et Blancheflor, édition du ms. 1447 du Fonds français*, 2.ª ed., Margaret M. Pelan (ed.) Estrasburgo: Publications de la Faculté des lettres de l'Université de Strasbourg (Textes d'étude, 7).

*Floire et Blanchefleur* (1983) = *Le conte de Floire et Blanchefleur*, 2.ª ed., Jean-Luc Leclanche (ed.). París: Champion (CFMA, 105).

FRAPPIER, Jean (1969). «Le motif du 'don contraignant' dans la littérature du Moyen Âge». *Travaux de linguistique et de littérature*, VIII, 2: 7-46 [reimp. en *Amour courtois et Table Ronde*. Ginebra: Droz, 1973, pp. 225-264].

— (1973). *Amour courtois et Table Ronde*. Ginebra: Droz.

FROISSART, Jean (1870). *Chroniques*, t. II, Siméon Luce (ed.). París: Société de l'Histoire de France.

— (1972). *Chroniques*, livre I, George T. Diller (ed.). Ginebra: Droz.

GRIMM, Jacob (1899). *Deutsche Rechtsalterthümer*, t. I, 4.ª ed. Leipzig: Dieterich'sche Verlagsbuchhandlung.

GUYER, Foster Erwin (1954). *Romance in the Making, Chrétien de Troyes and the Earliest French Romances*. Nueva York: S. F. Vanni.

HUBERT, Henri (1925). «Le système des prestations totales dans les littératures celtiques». *Revue celtique*, 43: 330-335.

— (1932). *Les Celtes depuis l'époque de la Tène et la civilisation celtique*. París: La renaissance du livre.

JOINVILLE, Jean, sire de (1874). *Histoire de saint Louis, Credo et Lettre à Louis X,* M. Natalis de Wailly (ed.). París: Firmin Didot Freres.

JUMIÈGES, Guillaume de (1914). *Gesta Normannorum*, Jean Marx (ed.). Ruán/París: Lestringant.

KÖHLER, Erich (1960). «Le rôle de la coutume dans les romans de Chrétien de Troyes». *Romania*, 81, 323: 386-397.

— (1970). *L'Aventure chevaleresque: Idéal et réalité dans le roman courtois*, Eliane Kaufholz (trad.), Jacques Le Goff (pról.). París: Gallimard.

*Lancelot* = (1978-1983). *Lancelot, roman en prose du XIIIe siècle*, Alexandre Micha (ed.). Ginebra: Droz, 9 vols. 1978, t. I y II; 1983, t. IX [trad. esp. Carlos Alvar, *Lanzarote del Lago*. Madrid: Alianza, 1988, t. 4].

*Los Mabinogion* = (1913). *Les Mabinogion du Livre Rouge de Hergest avec les variantes du Livre Blanc de Rhydderch*, Joseph Loth (ed.). Paris, Fontemoing [reed. Ginebra: Slatkine, 1975].

Lüthi, Max (1943), *Die Gabe im Märchen und in der Sage: ein Beitrag zur Wesenserfassung und Wesensscheidung der beiden Formen*. Berna: Büchler and Co.

*Mil y una noches* = (1960). *Les mille et une nuits. Contes arabes,* Antoine Galland (trad.), Jacques Mercanton (pról.). Lausana: Guilde du Livre.

Loomis, Roger Sherman (1949). *Arthurian Tradition and Chrétien de Troyes*, 3.ª ed. Nueva York: Columbia, University Press.

Marx, Jean (1913). «Les sources d'un passage du *Roman de Rou*». En *Mélanges d'histoire offerts à M. Charles Bémont par ses amis et ses élèves...* París: Alcan, pp. 85-90.

— (1952). *La légende arthurienne et le Graal*. París: Presses Universitaires de France.

Mauss, Marcel (1923-1924). «Essai sur le don, forme et raison de l'échange dans les sociétés archaïques». *Année sociologique*, n. s., t. I [reimp. en M. Mauss, *Oeuvres,* t. I. París: éd. du Minuit, 1968; t. III. París: éd. du Minuit, 1969].

— (1925). «Sur un texte de Posidonius, Le suicide, contre-prestation suprême». *Année sociologique, Revue celtique*, nouvelle série, 42: 324-329.

Ménard, Philippe (ed.) (1979). *Fabliaux français du Moyen Âge*, t. I. Ginebra: Droz.

Montaiglon, Anatole de y Gaston Raynaud (ed.) (1883). *Recueil général des fabliaux,* t. 5. París: Librairie des Bibliophiles.

*Mort Artu* = (1954). *La Mort le roi Artu. Roman du XIIIᵉ siècle,* J. Frappier (ed.). Ginebra/París: Droz/Minard (trad. esp. Carlos Alvar, *La muerte del rey Arturo*. Madrid: Alianza, 1980).

Reinhard, John Revell (1933). *The Survival of Geis in Mediaeval Romance*. Halle: Niemeyer.

*Roman de Rou* = Wace (1970-1973). *Roman de Rou*, Anthony J. Holden (ed.). París: Société des anciens textes français, t. 1, 1970; t. 2, 1971, t. 3, 1973.

*Roman de Thèbes* = (1968). *Le Roman de Thèbes,* Guy Raynaud de Lage (ed.), t. 2. París: Champion.

Rotunda, Dominic Peter (1942). *Motif-Index of the Italian Novella in Prose*. Bloomington: Indiana University Pres (Folklore monographs series, 2).

Thompson, Stith (1975). *Motif-Index of Folk-Literature: A Classification of Narrative Elements in Folktales, Ballads, Myths, Fables, Mediaeval Romances, Exempla, Fabliaux, Jest-Books, and Local Legends*. Bloomington: Indiana University Press, 6 vols.

Thompson, Stith y Jonas Balys (1968). *The Oral Tales of India*. Bloomington, Indiana: Indiana University Press (Folklore monographs series, 10).

*Tristan et Isold* = (1963). *Tristan et Isold*, 2.ª ed., G. Schoepperle (ed.). Nueva York: New York University.

Veyne, Paul (1976). *Le Pain et le Cirque. Sociologie historique d'un pluralisme politique (L'Univers historique)*. París: Le Seuil.

# LAS HISTORIAS DE HOMBRES LOBO
## EN LA EDAD MEDIA

Según las creencias populares, el hombre lobo es una criatura maligna, primero es hombre de día, luego lobo de noche, que corre por el campo para hacer el mal. La etimología indica que se trata de un hombre lobo: *lykanthropo*s en griego, *loup-garou* en francés, *lupo-mannaro* en italiano, *lobishomem* en portugés, *Werwolf* en alemán, *werewolf* en inglés[1]. Los textos nos dicen con más precisión que este personaje fantástico es un «hombre que se transforma temporalmente en lobo» (*FEW*, XVII: 569). El hombre lobo es, por tanto, una criatura inquietante que se encuentra en el límite de dos mundos, o mejor dicho, que participa episódicamente en la vida de dos especies vivas. Como señaló Stith Thompson en su *Motif-Index of Folk Literature*, una vez transformado en lobo este ser es generalmente temible (Thompson, 1975: motivo D. 113-1.1: «He is usually malevolant when in wolf form»). Muestra una terrible ferocidad. No duda en atacar a los hombres. Esta siniestra reputación del hombre lobo fue bien conocida en la Edad Media. Entre otros, Gautier de Coinci se hace eco de ello. Menciona el «*leus warous, Qui de char d'omne est famileus*» (Coinci, 1966, t. 3: 243, vv. 757-758).

---

1. Véase *FEW* (XVII: 569) y K. Baldinger (1974, G3: 334-338). El *FEW* señala que el español, el catalán, el sardo y el retorrománico no tienen un término especial para el hombre lobo (XVII: 571). Cabe señalar que en *lupo-mannaro* el segundo elemento procede del latín *hominarius*. En el alemán *Werwolf*, el primer elemento, *Wer*, es un término del alto alemán antiguo que significa 'hombre'. En la Edad Media y en el siglo XVI se utilizó una etimología popular. Se pensaba que *garou* significaba 'gardez-vous' ('cuídese'): Gaston Phébus (1971: 96); Jean Bodin, II, 6 (cit. por Le Roux de Lincy, 1836: 191).

Las historias de transformación de hombre lobo están más extendidas en la Edad Media de lo que se suele creer. Los medievalistas conocen sobre todo el *lai de Bisclavret* de María de Francia y accesoriamente el *lai de Melion*.[2]

Recordemos aquí lo esencial del *lai de Bisclavret*. En Bretaña un caballero casado vive en armonía con su mujer y sus vecinos (*Les lais de Marie de France*, 1966, vv. 16-20). Pero su esposa está preocupada por sus repetidas desapariciones tres días completos por semana (vv. 25-28). Ella le confiesa que no se atreve a preguntarle nada porque teme su ira (v. 35). Él la abraza y le asegura que responderá a su pregunta, sea cual sea (vv. 39-41). Esta respuesta recuerda, en parte, al don en blanco que vincula al donante, que hemos estudiado anteriormente. La esposa explica que, cuando él desaparece, tiene miedo de perderlo para siempre. Le gustaría saber a dónde va y qué hace. Ella teme que él ame a otra mujer (vv. 43-52). Él protesta contra esta pregunta declarando que, si la contesta, le sobrevendrá la desgracia: ella dejará de amarlo y lo perderá (vv. 53-56). ¡Una premonición muy acertada! La esposa comienza a interrogarlo varias veces, tanto que él acaba por responder que se convierte en un *bisclavret* durante sus ausencias (v. 63). Entendamos «un hombre lobo». Añade que se adentra en los bosques y vive allí de presas y saqueos (vv. 64-66). La esposa le pregunta si conserva o no su ropa cuando se muda (vv. 68-69). Él admite que los deja de lado. Ella quiere saber dónde la deja (v. 71). Él se niega a responder, diciendo que si llegara a perder su ropa, no podría volver a ser un hombre hasta que no la recuperara (vv. 72-78). La dama protesta, le asegura que lo ama más que a ningún otro ser del mundo y que debe saberlo todo sobre él. Después de muchas preguntas, finalmente el marido confiesa que las deja cerca de una antigua capilla, bajo una gran piedra oculta por un arbusto (vv. 89-96).

Espantada por la revelación, la esposa intenta separarse de este ser inquietante; no quiere vivir más con él (vv. 97-102). Así que le hace saber a otro caballero, que está soltero, que se le había insinuado en el pasado y que la amaba, que

---

2. Sobre el *lai de Bisclavret*, aún merece ser consultado Battaglia (1956: 229-253), retomado en *La coscienza letteraria del Medioevo* (1965: 361-389, aunque la hipótesis de una influencia de la historia del perro fiel de Macaire es muy discutible. El boceto presentado por François Suard (1980, 267-275) parece incompleto en su análisis y a veces erróneo en su razonamiento. El esbozo de Marcel Faure (1978: 345-356) sigue siendo muy superficial. En mi estudio sobre los *lais* de María de Francia (1979: 174-178) esbocé brevemente las características esenciales del *Bisclavret*. El presente trabajo llevaba tiempo en prensa cuando se publicó el interesante artículo de Laurence Harf-Lancner, «La métamorphose aux images médiévales du loup-garou» (1985: 208-226). No he podido utilizar el libro de Lützenkirchen, *Mal di Luna* (1981), donde también se mencionan los hombres lobo, ni el folleto mecanografiado de *Les loups-garous del Collectif de recherche sur l'imaginaire de Normandie* (1985, *Bulletin* n.º 1: 1-34) que recoge convenientemente textos folclóricos normandos del siglo XIX relativos a los hombres lobo.

ahora está dispuesta a entregarle su amor y su cuerpo: «*M'amur e mon cors vus orei*» (v. 115). Lo acepta bajo juramento. A continuación, lo manda a recoger la ropa en el lugar indicado. A partir de ese momento, nunca vuelve a ver al primer marido. La dama se desposa con el segundo caballero. Un año después, el rey del país –María no nos dice su nombre– sale de caza. Los perros levantan la pieza, pero antes de que dejen maltrecho al lobo este corre hacia el rey y le besa el pie. El rey comprende que el animal solicita su clemencia (vv. 144-160); decide concedérsela. Desde entonces, el animal siempre sigue a su señor como un perro fiel. El rey se alegra del prodigio (vv. 161-184). Pero en un día de fiesta el rey reúne a sus barones. El caballero que se había casado con la mujer de Bisclavret también se presenta allí. En cuanto el animal lo ve, se lanza a morderlo. Se lo impiden, pero podemos adivinar que el personaje ha hecho algo malo y que el animal desea vengarse (vv. 197-213). Poco después, el rey vuelve a salir de caza por el bosque y se dirige al lugar donde una vez encontró al Bisclavret. Duerme en esta zona. La esposa de Bisclavret se entera de la llegada del rey. Va a saludarlo y le entrega un regalo (vv. 227-230). Cuando el animal la ve llegar, se abalanza sobre ella con furia y le arranca la nariz (vv. 231-235). Impiden que el animal llegue más lejos, pero se percatan de que este animal, siempre amistoso hasta ahora, busca venganza por alguna acción desagradable cometida por esta mujer, así que encarcelan a la dama (v. 264). Ella cuenta lo sucedido, que «*a trahi*» ('traicionó'; v. 267) a su primer marido haciendo que le quiten la ropa. El rey exige que le sea devuelta. Les presentan al animal en público, pero finge que no le importa. Un sabio explica entonces al rey que el animal se avergüenza de cambiar de naturaleza en público. El animal y su ropa deben quedar solos en una sala (vv. 282-292), y así se hace. El rey y dos barones entran en la sala al cabo de un rato; encuentran a un hombre dormido (v. 299). La metamorfosis ha tenido lugar. El rey devuelve ahora sus posesiones al caballero y expulsa a la mujer de este del país. Luego se observa que todos los hijos que esta ha concebido de su segundo marido nacen sin nariz (vv. 312-314). ¡Nuevo castigo! ¡Nueva maravilla!

Los vestigios arcaicos y de los motivos folclóricos permanecen en el relato: el don imprudente, la revelación del secreto a una esposa que se muestra infiel, el imposible retorno a la condición humana de un animal que ha conservado la razón y la inteligencia. Nada se dice sobre la causa de esta metamorfosis periódica. Al principio del relato podemos adivinar que el Bisclavret no puede escapar de su destino. Está encadenado a fuerzas poderosas. La ropa desempeña un papel esencial en la metamorfosis: representa el puente entre dos mundos, entre la existencia humana y la vida salvaje de las bestias. El personaje del hombre lobo participa en la vida de ambas especies: no es completamente humano ni totalmente animal. Hay en él una imperfección original, un defecto misterioso, un lado diurno y un lado nocturno. Pero María de Francia trata de difuminar los aspectos terroríficos de la historia; atenúa el malestar y disipa la ansiedad. El Bisclavret se convierte en un personaje simpático. Ella lo transforma parcialmente en un animal amable y benévolo. La dulzura de un animal habitualmente feroz es un motivo tradicional de la maravilla medieval. El lobo de Gubbio es una ilustración de ello en las *Fioretti* de San Francisco. La atmósfera del cuento es, pues, compleja. Sugiere brevemente la brutalidad y la violencia de las historias de hombres lobo. Pero también convierte al héroe en una víctima por la que sentimos simpatía. Después de habernos preocupado, nos tranquiliza. Esta es la marca del gran arte.

Durante los siglos XII y XIII, la edad de oro de las letras medievales, una buena docena de relatos hablan más o menos extensamente de la metamorfosis del hombre en lobo. Sería interesante intentar clasificarlas, comprenderlas y compararlas tanto con las creencias antiguas como con el folclore moderno. Para llevar a cabo tal empresa, habría que escribir un libro entero. Intentaré ceñirme a lo esencial. Varios trabajos, como el de Wilhelm Hertz en 1862 y el de Montague Summers en 1933, han hecho avanzar nuestros conocimientos en este campo.[3] Pero aún parece posible ampliar estos conocimientos y presentar reflexiones a la vez más rigurosas y más matizadas.

## 1. Los textos antiguos

Conviene echar un vistazo, aunque sea somero, a la literatura antigua antes de examinar los textos medievales. A menudo los relatos se limitan a alusiones fugaces. Cabe señalar que algunas menciones se refieren a metamorfosis involuntarias. Es el caso de Lykaon, hijo de Pelasgos, el primer rey de Arcadia, que fue castigado por Zeus y transformado en lobo, bien porque había cometido el asesinato ritual de un niño según Pausanias (*Descripción de Grecia*, 8, 38, 5) o bien porque había servido carne humana a Zeus para saber si su huésped era realmente un dios según Apolodoro (*Biblioteca*, 3, 8, I) y Ovidio (*Metamorfosis*, I, 219-239). El poeta latino hace una evocación sorprendente

---

3. El trabajo inicial de Wilhelm Hertz, *Der Werwolf, Beitrag zur Sagengeschichte* (1862), conserva mucho valor. El libro de Montague Summers, *The Werewolf* (1933) es un repertorio muy útil, repleto de información. También cabe destacar las reflexiones de Kirby F. Smith (1894: 1-42) y de J. A. Mc Culloch (1932: 81-88). El folleto de Wilhelm Mannhardt, *Roggenwolf und Roggenhund, ein Beitrag zur germanischen Sittenkunde* (1865) no es utilizable porque sólo se refiere al hombre lobo del centeno. Pueden consultarse con interés las páginas sobre los hombres lobo escritas por Ernest Jones (1973: 117-135), publicadas previamente en inglés (1931). No hay ningún artículo *Werwolf* en el *Handwörterbuch des deutschen Aberglaubens* de Bächtold-Stäubli (1927-1942). Sin embargo, es posible consultar con provecho el interesante artículo *Lobishome* (con bibliografía) en la *Gran Enciclopedia Gallega* (1974, t. 19: 107-108). Agradezco a José Filgueira haberlo compartido conmigo.

de esta transformación. Vemos a Lykaon huyendo con forma de lobo, aullando al cielo, hambriento de carne, con ojos de fuego, respirando ferocidad. Pero es una metamorfosis involuntaria y definitiva que castiga un delito de homicidio, antropofagia e impiedad. Auténticos hombres lobo aparecen furtivamente aquí y allá. Un personaje de las *Bucólicas* de Virgilio tiene el poder de transformarse en lobo («*saepe lupum fieri et se condere silvis*», *Bucólicas*, VIII, 97). Para ello, emplea hierbas y plantas mágicas recogidas a orillas del Mar Negro. El poeta no nos dice más. Pero entendemos que se trata de un comportamiento malsano, porque se sitúa al mismo nivel que evocar las almas de los muertos («*animas imis exire sepulcris*») o cambiar los planes de cosecha a otro lugar («*satas alio vidi traducere messis*»). Propercio también es breve cuando menciona los conjuros dirigidos a la luna por una bruja, que conducen a una metamorfosis en lobo («*Audax cantatae leges imponere Lunae Et sua nocturno fallere terga lupo*», 4, 5, 13). Recordemos solo el poder implícito de la luna en esta metamorfosis. Encontraremos la presencia del astro nocturno en las historias medievales: en pleno siglo XIII aún se cree en la influencia mágica de la luna y en su acción decisiva en el momento del cambio de forma. A estas breves alusiones podemos añadir una fábula de la colección de Esopo, cuya fecha es imposible precisar porque la colección fue realizada en el siglo XIV por el monje bizantino Planudes. Se trata de la historia del ladrón y el posadero (n.° 196 de la edición de K. von Halm; Esopo, 1889: 97). El ladrón, que quiere llevarse las hermosas ropas del posadero, hace creer a su anfitrión que tiene el poder de transformarse en lobo, después de bostezar tres veces y dejar caer su ropa. Lo vemos bostezar hasta desencajársele la mandíbula. Al mismo tiempo deja escapar un horrible aullido. Sin insistir en ello, este rápido relato se refiere a dos elementos del proceso de metamorfosis: de una parte, el hecho de quitarse la ropa para desnudarse; de otra, el triple bostezo. El primer punto se encuentra en muchos textos y puede decirse es una condición ritual de la metamorfosis. El abandono de la ropa representa la renuncia a la humanidad y la entrada en el mundo de las bestias. El significado simbólico del gesto no se presta a dudas. Que yo sepa, el bostezo no se encuentra en los cuentos medievales ni en el folclore francés moderno. Sin mencionar la fábula de la colección esópica, Salvatore Battaglia ha señalado, sin embargo, un ejemplo de transformación en lobo en el cuento CCXII de Franco Sachetti, donde el héroe empieza a «bostezar y temblar fuertemente» (Battaglia, 1965: 365). A pesar de su extrema rareza, no se desconoce el bostezo desmesurado. Ciertamente sugiere la temible boca del lobo, un animal devorador. El personaje simula, por adelantado, lo que hará una vez que se convierta en lobo: se abalanzará, con la boca abierta, sobre los demás. Dos textos latinos ofrecen más detalles sobre el momento crucial de la metamorfosis. Un pasaje de Plinio el Viejo en su *Historia Natural* (VIII, 22, 81) señala una creencia de los arcadios según la cual un miembro de la familia de Anthus, arrojado a su suerte, fue conducido a un estanque, se quitó la ropa y la colgó en un roble, y atravesó a nado el agua. En la otra ribera se convirtió en lobo y vivió entre lobos en los desiertos durante nueve años. Aunque Plinio se burla de la credulidad de los griegos a este respecto, ciertamente nos transmite un vestigio de superstición popular. La aventura se sitúa en la Arcadia, una región remota y primitiva, tierra predilecta para la magia. El relato de Plinio podría compararse con las pruebas iniciáticas practicadas por los pueblos primitivos de África y bien descritas por Levy-Bruhl. Observemos aquí las condiciones de la metamorfosis: son instructivas. Soledad del personaje, llevado a un lugar desierto. Desnudez completa: quien quiera convertirse en animal debe despojarse de su ropaje humano. Cruce de una masa de agua que sirve de frontera entre el mundo humano y el animal. Esta última característica se vuelve a encontrar a veces en el folclore moderno.

Le Roux de Lincy (1836: 191) cita un pasaje de la *Démonomanie des sorciers* de Jean Bodin, de 1580, en el que el cruce de un río precede inmediatamente a la metamorfosis. Los cuentos populares del siglo XIX repiten este detalle. Eugène Rolland en su *Faune populaire de la France* (Rolland, 1877, t. I: 155) y Paul Sébillot en su *Folklore de France* (1968, t. III, c. II: 205) indican que, para transformarse en lobo, el hombre se sumerge en una fuente y emerge por el lado opuesto. En el libro de Plinio, el retorno a la condición humana tiene lugar únicamente si el lobo se ha abstenido de tocar carne humana durante nueve años. Este tabú de la antropofagia resulta bien natural en tales circunstancias. Para que se le permita volver con sus congéneres, el hombre lobo debe mostrar algunos rasgos de humanidad. Pero, que yo sepa, el autor latino es el único que lo menciona. Cabe señalar de paso que, en términos prácticos, para recuperar la fuerza humana, el lobo tiene que volver a recorrer el camino inverso, es decir, atravesar de nuevo por el agua, ponerse la ropa y retornar a la sociedad humana. A pesar de su brevedad, el conjunto de líneas de Plinio no carecen de interés. Pero el relato más sorprendente de toda la literatura antigua seguramente es el de Petronio en el *Satiricón* (§ 62). Un testigo presencial narra la escena, lo que dota a lo fantástico de mayor fuerza y realismo. La metamorfosis sucede al anochecer, lo que la vuelve aún más tenebrosa e inquietante. Tiene lugar en un cementerio, entre las tumbas, a la luz de la luna, detalles que aumentan el efecto siniestro. La luna no influye directamente en la operación, simplemente se nos dice que brilla como en pleno día: «*luna lucebat tanquam meridie*». Solo es una luz que permite ver la escena. El cementerio es uno de los lugares a los que en la Antigüedad acudían los nigromantes, brujas y magos. No es extraño que un hombre lobo vaya allí a desnudarse. Cabe subrayar que el cementerio ya no aparece en las historias medievales de hombres lobo. Para la mentalidad cristiana el campo de los muertos es un lugar sagrado: elegirlo como lugar de la metamorfosis sería un sacrilegio[4]. Si no me equivoco, hasta los tiempos modernos el cementerio no reaparece en las historias de hombres lobo, ya sea en relación con la idea de brujería, ya en relación con el miedo a los aparecidos[5]. En Petronio, el rito esencial de la metamorfosis consiste en quitarse la ropa. Estamos acostumbrados a esta característica estructural de las historias de licantropía. Solo una novedad: una vez desnudo, el hombre orina en círculo alrededor de su ropa. Al hacerlo, obviamente, dibuja un círculo mágico para impedir que le sea incautada[6].

Y lo que es más, las ropas se convierten en piedras. Las precauciones tomadas dejan claro que si el hombre lobo por casualidad no puede recuperar su ropa, no podrá volver a ser un hombre. El narrador no formula esta creencia, pero está implícita. La reencontraremos de forma muy explícita en la Edad Media. En Petronio, después de desnudarse y orinar, el personaje se convierte inmediatamente en lobo («*subito lupus factus est*»), entonces lanza un aullido y comienza a huir hacia el bosque cercano. El pasaje de Petronio no solo describe con cierta extensión el momento real de la metamorfosis, sino que también evoca la ferocidad salvaje durante la noche del hombre lobo, que la mayoría de los textos ocultan. La furia con la que el lobo se abalanza sobre las ovejas y las desangra atestigua una necesidad irrefrenable y se asemeja a una especie de crisis frenética. Este estallido de rabia, esta explosión de agresividad reaparecerá a veces en los textos medievales. Observemos la presencia de este trastorno patológico en Petronio. Último punto destacable: las heridas inferidas al lobo persisten una vez que el hombre lobo ha recuperado la condición humana. Cuando el narrador vuelve a casa, encuentra a su compañero postrado en la cama gravemente herido en el cuello, y un médico acude rápidamente a su cabecera. El motivo de la herida duradera a pesar del cambio de estado, atravesará las épocas y las civilizaciones (Sébillot, 1986, t. IV: 304), una prueba de que hay

4.  Véase Le Roux de Lincy (1836: 191. Los magos se alimentan de cadáveres). En su *Response aux injures*, Ronsard menciona el hombre lobo. A su juicio, es un «Huésped melancólico de tumbas y cruces»; v. 130.

5.  Sobre los muertos que se convierten en hombres lobo, véase Paul Sébillot (1968, t. IV: 240): «En Normandía, a comienzos del siglo XIX los sacerdotes visitaban los cementerios por la noche para comprobar la buena conducta de los muertos, y si veían que algún condenado iba a convertirse en hombre lobo, abrían la tumba, cortaban la cabeza del cadáver con una pala nueva e iban a arrojarla al río». E. Rolland señala en su libro *Faune populaire de la France* (1977, t. I: 158): «Los hombres lobo en Normandía son los condenados que han permanecido despiertos en su tumba y que, después de haber devorado el pañuelo espolvoreado con cera virgen que cubre el rostro de los muertos, emergen de la tumba a su pesar y reciben del demonio la *haire* o piel de lobo mágico».

6.  Sobre la creencia en las propiedades protectoras de la orina, véase Smith (1894: 8, n. 2), con la bibliografía citada.

constantes en la imaginación humana. Los autores de estas historias de terror creen que existe una continuidad entre las dos naturalezas del hombre lobo. De ahí la pervivencia en los humanos de las lesiones físicas recibidas por el lobo. Al mismo tiempo, para todos los narradores, la permanencia de las heridas y mutilaciones permite reconocer a los hombres lobo. Es una especie de marca, un signo distintivo. El personaje del *Satiricón*, que se convierte en lobo cuando quiere, nos ofrece ya en una fecha temprana una magnífica imagen de los sueños angustiosos que transmiten las historias de hombres lobo.

## 2. Los textos medievales

Esta visión general del pasado permite comprender mejor los textos medievales, que deben abordarse ahora. Para elaborar una tipología de las historias de hombres lobo, es necesario basarse esencialmente en las causas y condiciones de la metamorfosis. De hecho, es este momento crucial el que da todo el sentido a la historia, ya que el resto es secundario y de menor interés para los autores. Un análisis de conjunto de los textos muestra que hay que distinguir entre dos series fundamentales: por un lado, las metamorfosis únicas e involuntarias que se deben a la intervención de un tercero; por otro, las transformaciones voluntarias y periódicas del sujeto. Podemos clasificar todos los cuentos medievales dentro de estas dos categorías y repasarlos brevemente, desde los más sencillos hasta los más complejos.

### 2.1. Los falsos hombres lobo

El primer tipo reúne a personajes que son todos falsos hombres lobo. Solo los maleficios de un ser maligno los transforman en lobos. Dejaremos deliberadamente de lado a los hombres que se disfrazan de lobos poniéndose la piel del animal, como Peire Vidal, según la *razo* de uno de sus poemas, o como el héroe de la *Ballade du loup-garou* del *Jardin de Plaisance*[7], ya que no es más que un

---

7. De acuerdo con la *Razo*, el poeta se vistió con una piel de lobo por amor a la *Loba de Pueinautier* «La Louba de Pennautier» (cerca de Carcasona, en el Aude), fue perseguido por los pastores y duramente golpeado: véase J. Boutière et A. H. Schutz (1964: 368-374). En su edición de la obra de Peire Vidal (1960: 59-60), D'Arco Silvio Avalle sostiene que hay un eco de *Daphnis et Chloé*, donde Dorcon, disfrazado de lobo para conseguir a Chloe, resulta maltrecho por los perros. La comparación es dudosa. Las historias de amantes disfrazados no tienen nada que ver con la novela griega, que, además, ya no se lee. La prueba está en la *Ballade du loup-garou* en el *Jardin de Plaisance*, reproducido en la edición de A. Vérard (1910, XXVII: f. lxiii). El texto también se lee en *Le livre des Légendes* de Le Roux de Lincy (1936: 198) (el galán se acerca a su amada cubierto con una piel de lobo. Pero ella lo traiciona y lo denuncia a su marido, al grito de «¡*Au loup-garou!*». El desgraciado recibe una andanada de bastonazos y aconseja a los enamorados que no se disfracen de lobos). Los disfraces de lobo

simulacro. Del mismo modo, debe ignorarse un pasaje de la *Vita Merlini* de Geoffrey de Monmouth, escrita hacia 1148, donde, después de comer las frutas envenenadas, los compañeros de Merlín se vuelven rabiosos: se muerden entre sí, echan espuma, aúllan como lobos, se revuelcan por el suelo[8]. A pesar de este comportamiento animal, no se transforman realmente en lobos. Mientras luchan convulsivamente, conservan la apariencia externa de los hombres. Estamos a las puertas de la metamorfosis, *ad limina*.

### 2.1.1. *Sortilegios*

La transformación en lobo por la acción de maleficios aparece en la *Consolación de la filosofía* de Boecio en el siglo vi. Wilhelm Hertz lo había recogido bien[9]. Pero no podemos detenernos demasiado en la única línea de Boecio, que pinta a la desafortunada víctima griega de los filtros de Circe y que grita cuando quiere llorar: «*flere dum parat, ululat*» (IV, 6). Cabe destacar que mientras los venenos de la hechicera cambian la apariencia externa de los mortales, son impotentes para transformar sus corazones: «*corda vertere non valent*» (IV, 6). Esto al menos es algo reconfortante para quienes creen en la posibilidad de esta regresión dentro del mundo animal. La víctima conserva la razón humana. Más adelante veremos más ejemplos. El autor del *roman* de *Guillaume de Palerne* a finales del siglo xii es menos lacónico. Pinta a una *male marastre* (una 'madrastra malvada'), quien, para asegurar el trono para su propio hijo, no duda en transformar a su hijastro en un lobo frotando su cuerpo con un *oignement* ('ungüento mágico'; v. 301).

> Si tost com l'enfes oins en fu,
> Son estre et sa samblance mue
> Que leus devint et beste mue.
> Leus fu warox de maintenant. (*Guillaume de Palerne*, 1876, vv. 304-307)

[Tan pronto como el niño fue untado,/ su ser y su aspecto cambiaron/ y se convirtió en lobo y en bestia muda./ Fue un hombre lobo desde ese momento.]

A pesar del uso de la palabra *garou*, este lobo no es un verdadero hombre lobo a nuestro juicio. Una vez transformado, sigue siendo manso como una oveja, razonable y benévolo. Obviamente, para nuestro autor, el término *garou* se aplica tanto a la metamorfosis única e involuntaria como a la transformación

---

son tan antiguos como el tiempo. Ya en la *Ilíada* [X, 334] Dorcon se disfraza de lobo.

8. Véase el texto en Faral (1969, t. iii: 349, vv. 1417-1422).

9. *Der Werwolf*, (Hertz, 1862: 40, n. 2). El pasaje citado se encuentra en la edición y traducción de Judicis de Mirandol *La consolation philosophique de Boèce* (1861), reeditado (accesible en internet) por G. de Trédaniel (1981: 226). La evocación remonta a la *Odisea*, X, 212.

voluntaria y repetida. El vocabulario medieval no distingue entre ambas condiciones. Todo lo que tiene que hacer es tratar con un hombre convertido en lobo para hablar de *leu garoul*. En cuanto al ungüento, aun siendo excepcional en la Edad Media, tiene un brillante futuro en las historias de hechicería. Muchos cuentos populares modernos aluden al linimento con el que se embadurnan los hombres lobo[10]. El retorno del héroe a la condición humana da lugar en *Guillaume de Palerne* a una escena de magia muy diferente. La suegra, versada en las ciencias ocultas, vuelve a hacer de las suyas. Con la ayuda de un hilo de seda rojo («a un filet vermeil de soie»; v. 7744) ella cuelga un anillo de oro con una piedra preciosa alrededor del cuello del lobo (v. 7731). Luego abre un libro de magia y realiza los conjuros necesarios:

> Le vassal a deffaituré
> Et tot remis en sa samblance (*Guillaume de Palerne*, vv. 7750-7751)

> [Al vasallo ha deshechizado/ y ha vuelto en todo a su aspecto.]

El retorno a la forma humana debe ser más difícil que la entrada en el cuerpo de un lobo, por eso la intervención final del mago es compleja. Usa dos procedimientos generalmente distintos: el empleo de una piedra con virtudes maravillosas y el recurso a conjuros extraídos de un gran grimorio. El hilo rojo es tradicional en las operaciones mágicas[11]. Parece que ya no se encontrará un escenario tan complicado en el folclore de las historias de hombres lobo. Aunque la palabra *sorcière* ('bruja') es muy rara en esta época y no se utiliza en contextos similares (Wagner, 1939: 146-147; *TLF*, IX, 873-874), hoy tenderíamos a pensar que estamos ante una auténtica escena de hechicería.

### 2.1.2. *Maldición*

Los sortilegios mencionados en *Guillaume de Palerne* pueden compararse con la maldición emitida por un clérigo en un pasaje de la *Topografía de Irlanda* de Giraud de Barri, escrita más o menos en las mismas fechas[12]. Por una falta que

---

10. Véanse Wagner (1939: 124) (Monstrelet da la composición del ungüento de las hechiceras, hecho de hostia, huesos de ahorcados, sangre de niños pequeños y varias hierbas); Sébillot (1882, t. I: 289); Beauquier, 1910, t. I: 18; Seignolle (1964: 550); y la *Guide de la France mystérieuse* (1976: 158).

11. Véase Anne-Marie Tupet (1976: 45 y 303). Según Gaston Paris (1888: 84), el *roman Gauvain et l'Echiquier* también muestra la transformación mágica de un príncipe en lobo por obra de su madrastra. Este texto solo existe en la versión holandesa de mediados del siglo XIII. Sería interesante saber si la metamorfosis se produce de la misma manera.

12. *Topographia Hibernica* (1867. t. V, Dist. II, c. 19: 101). Liebrecht (1856: 161-162) cita el pasaje en su edición de los *Otia Imperialia*, y también lo cita Bambeck (1973: 140, n. 24).

nos es desconocida, los miembros de una pareja se convierten en lobos debido a la maldición proferida por un hombre de Dios («*per imprecationem sancti curiusdam*»).

Durante siete años ambos deben vivir como lobos en los bosques de Irlanda. Al cabo de este plazo, si siguen vivos, volverán a su forma original y otras dos personas ocuparán su lugar y se transformarán en lobos. Podemos adivinar que aquí la transformación es un castigo de Dios y que el castigo se aplica a toda una comunidad, ya que se produce cíclicamente. Las oscuridades del texto latino de Giraldus Cambrensis se aclaran con la versión paralela en noruego antiguo escrita hacia 1250 (Meyer, 1894, t. v: 310-311). Nos enteramos de que los irlandeses aullaron una vez como lobos a San Patricio, cuando les predicaba la religión cristiana. Para dar a sus descendientes una señal visible de la falta de fe de sus antepasados, el santo obtuvo de Dios que algunos de ellos se transformaran en lobos durante siete años y vivieran en el bosque a la manera de los animales de los que habían tomado la apariencia. Los que así son golpeados por la mano divina no han cometido ninguna falta personal. Están expiando el pecado de sus padres.

En el relato de Giraud de Barri, asistimos al encuentro en plena foresta entre los hombres lobo y un sacerdote que porta consigo las especies eucarísticas. Uno de los rasgos originales de la anécdota estriba en mostrar que el lobo, por muy cuadrúpedo que sea, conserva la razón, el lenguaje e incluso la fe religiosa de los hombres. Es muy raro oír hablar de hombres lobo en los cuentos populares[13], razón de más para oírlos pedir ayuda religiosa. Esto es lo que ocurre aquí. El sacerdote se ve obligado, de buena o mala gana, a dar la extremaunción a la loba que se encuentra muy mal. Escucha sus gemidos humanos («*gemitus et planctus humanos*»). Para disipar los temores del oficiante, el lobo levanta la piel de la loba desde la cabeza hasta el ombligo («*pellem totam a capite lupae retrahens usque ad umbilicum replicavit*»): de inmediato aparece el cuerpo de una anciana («*statim expressa forma vetulae cuiusdam apparuit*»): superando sus últimos escrúpulos, el sacerdote acepta entonces dar la comunión a la enferma. La recepción de la Eucaristía hace que la piel de la bestia caiga de forma inmediata y definitivamente. La loba había cumplido dos tercios de su penitencia. El sacramento acorta en un instante el tiempo restante. El retorno a la condición humana se hace pues de forma sagrada. Así como Dios había intervenido para castigar, actúa para restaurar la forma humana. El hecho de dar la comunión a un animal bordea la profanación, el sacrilegio. Como el ser en cuestión es básicamente un híbrido, mitad hombre, mitad bestia, la acción del sacerdote plantea un problema teológico, o al menos de derecho canónico. El carácter excepcional de la escena es comprensible. El último rasgo singular del episodio atañe a la piel de lobo, que

---

13. Solo puedo citar un ejemplo extraído de F. Arnaudin (1966: 126, cuento XX) y otro de F. Luzel (1887, t. i: 306, *Le loup gris*).

parece cubrir todo el cuerpo humano como una cáscara exterior. Desde el momento en que se produce la metamorfosis, parece que el hombre está debajo y el animal encima. Esta representación no es única en las historias de hombres lobo. Hay que recordar que en latín la palabra habitual para hombre lobo es *versipellis*. Por ejemplo, Plinio el Viejo la emplea en su *Historia Natural* (8, 34, 80) y Petronio en el *Satiricón* (62-13). Etimológicamente el término *versipellis* se aplica al hombre que cambia de piel, de ahí el significado de 'hombre que cambia de piel a voluntad', es decir, hombre lobo. El término no ha sobrevivido en las lenguas románicas. Pero la idea de que la piel de lobo es la apariencia externa del hombre lobo, que se pone y se quita a su vez, que el aspecto humano permanece debajo, se encuentra en cuentos de épocas muy diferentes (Rolland, 1977, t. i: 55; Sébillot, 1968, t. iii: 55; Beauquier, 1910, t. i: 18).

### 2.1.3. *La varita mágica*

La metamorfosis en lobo gracias a una varita mágica solo se encuentra en un texto latino del siglo xiii o xiv, *Arthur et Gorlagon* (1904: 62)[14]. Contrariamente a lo que podría pensarse, la varita mágica no era desconocida en la Edad Media[15]. Pero aquí esta creencia se mezcla con la antigua representación del árbol de la vida. De hecho, en el momento del nacimiento del héroe, una planta comenzó a crecer en el huerto: «*eadem nocte et hora qua ipse natus fuerat e terra prorumpens crescere ceperat*» (1904: 153). Esta planta se eleva a medida que el personaje crece y alcanza exactamente la misma altura: «*ad mensuram ipsius regis stature in altum habebatur porrecta*» (153). Adivinamos que ambos destinos están unidos, que el destino de la planta está unido al del hombre y viceversa, o que el arbusto es un doble del héroe. Las pruebas de estas viejas ideas primitivas del árbol de la vida y del doble pueden encontrarse fácilmente en varios textos, como se muestra en el estudio de Wilhelm Mannhardt *Wald- und Feldkulte*, *The Golden Bough* de Frazer y otras obras[16].

No era necesario imaginar que la parte superior de esta planta («*graciliori parte ipsius virge*») sirve de varita mágica. Sin embargo, es lo que ocurre en el texto. Si se arranca la parte superior de la vara y se toca la cabeza del héroe con ella mientras se

---

14. A. Nutt estima que el texto es de finales del siglo xiv como máximo. La obra fue publicada previamente por Kittredge (1903: 153 y ss.). La traducción al inglés de Milne y las notas pueden encontrarse en *Arthur et Gorlagon* (1904: 40-67).
15 Sobre la varita mágica en la Edad Media me permito remitir a mi artículo en *Mélanges Alice Planche* (1984: 339-346).
16. W. Mannhardt (1875: 46-50); James G. Frazer (1925: 57-6): árboles habitados por espíritus; 275-278, El corazón en la flor de la acacia; Frazer (1935, t. vii, vol. 2: 88, 104): La flor de la vida que crece en el jardín real; 143, El árbol que se planta el día que nace un niño). Véase además H. Gaidoz, (1912: 264) y Stith Tompson (1975): motivos D-965 (Magic Plant), E 710 (External Soul), E 765 (Life Token).

dice «sé un lobo y ten la mente de un lobo» («*sis lupus et habeas sensum lupi*», 153), el personaje se transforma inmediatamente en un lobo. Probablemente, el autor pensó que el efecto de la varita mágica sería infinitamente más fuerte si procedía del propio árbol de la vida del interesado. En el texto, la malvada esposa del héroe, tras conocer el secreto de su destino, se apresura a transformarlo en lobo. Pero como en su precipitación se equivoca y pronuncia «sé un lobo y ten la mente de un hombre» («*sis lupus et sensum hominis habeas*», 154). Solo consigue una metamorfosis exitosa a medias: su marido se ha convertido en un lobo, ya no puede articular una sola palabra, pero conserva su inteligencia humana. Tras muchas pruebas, este lobo involuntario recuperará su fuerza humana. Un rey benévolo obliga a la malvada mujer a devolver la varita (*virga*) que había escondido. Bastará con que ella toque la cabeza del lobo con la varita y diga las fatídicas palabras «sé un hombre y ten la mente de un hombre» («*sis homo hominisque sensum habeas*», 161) para que retorne a ser un hombre.

## 2.2. Los verdaderos hombres lobo

Los lobos involuntarios, víctimas de un destino injusto, son personajes que atraen la piedad y la simpatía. Este no suele ser el caso de los hombres lobo reales, que pierden toda apariencia de humanidad cuando se transforman en lobos.

### 2.2.1. *El destino*

El obispo Burchard de Worms realiza una temprana alusión a la creencia en los hombres lobo en el libro xix de su *Decretum*, llamado *Corrector* porque es un penitencial escrito entre los años 1008-1012. Por su parte, Burchard se muestra incrédulo: no cree de ninguna manera en estas supersticiones. Pero nos da a conocer lo esencial y debemos estarle agradecidos por ello. Según las creencias populares de la época, las Parcas, esas divinidades inciertas que deben identificarse bien con el Destino, bien con las Nornas (para dar al Destino un color un poco más germánico), o bien con las Hadas[17], eran capaces de atribuir a ciertos seres, en el momento de su nacimiento, el poder de transformarse más tarde en lobo[18]. Este es un punto importante. No se trata de conocimientos que se puedan aprender, de recetas mágicas que se puedan descubrir en algún grimorio. Aquí se trata exclusivamente de un don innato, de una capacidad extraordinaria otorgada a ciertos recién nacidos por los Poderes que rigen la vida humana. El prudente obispo de Worms no entra en más detalles. Condena estas fantasías absurdas. A su juicio, es imposible que

17. Sobre las Nornas, véase R. Boyer (1981: 216-220). Sobre las hadas, cuyo nombre proviene del latín *fata* y que a menudo aparecen como dueñas del destino, A. Maury (1896 [réimp. 1974: p. 1-24]) y L. Harf-Lancner (1984: 17-34).

18. El texto de Burchard se encuentra en la *Patrologie latine* de Migne (1880: c. 971). Se encuentra traducido por C. Vogel en su libro *Le Pêcheur et la pénitence au Moyen Âge* (1969: 104) y en su contribución a los *Mélanges E. R. Labande* (1974: 759).

un ser humano «creado a imagen y semejanza de Dios pueda transmutarse en otra forma por alguien que no sea el Dios Todopoderoso». Esta convicción es perfectamente ortodoxa. Ya está en san Agustín (*La ciudad de Dios*, xviii, 18-19). Por lo tanto, es comprensible que imponga un ayuno de diez días a pan y agua a todos aquellos que hubieran incurrido en la debilidad de creer en los hombres lobo.

### 2.2.2. *La piel de lobo*

Con la piel mágica de lobo mencionada en la *Volsunga Saga*, aparentemente escrita en el siglo xiii, nos encontramos en un mundo completamente diferente, primitivo y bárbaro, puesto que los dos héroes se ponen pieles de lobo encontradas en una misteriosa casa en lo profundo del bosque y se transforman inmediatamente en bestias salvajes (Mc Culloch, 1932: 244). El principio explicativo de esta metamorfosis es la magia por contagio. La parte se aplica al todo y las cosas que han estado en contacto siguen actuando entre sí. El salvajismo del lobo ha pasado por completo a su piel. Así, basta ponerse la piel para convertirse en otro lobo, adoptando su apariencia, adquiriendo su ferocidad y su rabia asesinas. Como ya se ha señalado, el folclore moderno sigue mencionando la piel con que se reviste el hombre lobo, pero generalmente se atribuye al diablo. Aquí se trata de una historia más sencilla. No es necesario invocar a un demonio maligno. Basta con echarse la piel encima para convertirse en el animal. Sería un error ver la piel de lobo en la saga o en los cuentos modernos como un tótem (Frazer, 1934: v. 2: 239). No se trata de que el animal sea el protector del clan ni del deseo humano de adquirir parte del poder del animal (Frazer, 1934: v. 2: 179). Se trata de héroes ardientes que experimentan la vida salvaje, sin haberlo deseado. No parecen infelices en este nuevo estado, pero la duración de la metamorfosis se limita a nueve días. Al cabo de este plazo, el encantamiento cesa y vuelven en sí. Para escapar del hechizo que los encadena, utilizan un método expeditivo: queman la piel. De este modo, recuperan la condición humana y una vida más acorde con lo razonable. En esta historia ambigua, en la que interviene el azar, intuimos que los personajes no son del todo inocentes. Aunque la metamorfosis es única y de duración limitada en el tiempo, los héroes parecen demasiado cómodos en su repentina vida de lobo, que descubren para que podamos mirarlos con simpatía y compasión. Están más cerca de los hombres lobo deliberados y feroces que de las víctimas patéticas, transformadas a su pesar en lobos.

### 2.2.3. *La desnudez mágica*

Con el *lai de Bisclavret* de María de Francia volvemos a un esquema bien conocido. La metamorfosis en lobo se produce al abandonar la ropa. El poeta nos dice que el héroe esconde cuidadosamente su ropa cerca de una vieja capilla, bajo una piedra hueca, dentro de un arbusto (*Bisclavret*, vv. 93-95). A la mención de la capilla no hay que darle ningún valor particular y creer, como se ha dicho, que sugiere la acción de los demonios en la metamorfosis[19]. Esto sería paradójico para un lugar consagrado. Manfred Bambeck (1973) ha visto claramente que se trata de un simple lugar, desprovisto de cualquier significado simbólico[20]. El único punto esencial para el héroe es conservar su ropa. Él afirma expresamente que si se la quitan, permanecerá para siempre *bisclavret*[21].

Es la primera vez que se nos dice tan abiertamente cuál es el papel fundamental de la ropa. El *bisclavret* no tiene el poder mágico del soldado del *Satiricón* que convirtió sus ropas en piedras. Se contenta más modestamente con esconderlas bajo las piedras. El abandono y la recuperación de la ropa están atestiguados en multitud de textos: Plinio, Petronio, la colección esópica, diversas obras medievales, sobre las que volveremos, y varios cuentos populares modernos[22]. No cabe duda de que, como lo dejé escrito en mi estudio sobre los *Lais de Marie de France*, el abandono de la ropa marca de forma simbólica el rechazo de la civilización, la humanidad y la razón. Implica un cambio radical de estatus, la entrada

19. A propósito del detalle de la capilla, que es una novedad en los relatos de este género, S. Battaglia escribe (1965: 365): «esto se debe al alma bondadosa del narrador, que no ignoraba que tal transformación era considerada auténtica por la creencia común, que solía atribuirla a intervenciones demoníacas».

20. «Tras la mención de la 'vielz chapele' (v. 91) no hay que suponer nada especial. Solo sirve para aclarar la información de localización» (Bambeck, 1973: 137).

21. «*Kar si jes eüsse perduz E de ceo feusse aperceüz, Bisclavret sereie a tuz jurs. Ja nen avreie mes sucurs. De si k'il me fussent rendu*» (vv. 73-77). Jonin (1972: 53) tradujo así los versos 73-74: «pues si los perdía y sabían que estaba en esta situación». De hecho, es difícil entender el valor del verso 74 en este caso: «*E de ceo feusse aperceüz*». Para el lobo, ser visto por los hombres después del robo de la ropa no debería cambiar su destino. Nos preguntamos si no hay un *hýsteron próteron* en los vv. 74-75. El texto significaría entonces «pues si se hubiera notado y si los hubiera perdido». Entendamos «si se hubieran dado cuenta del lugar donde está la ropa». En cuanto a la palabra *bisclavret,* hay que darle simplemente el significado de «hombre lobo». Los críticos han dudado sobre la etimología de la palabra. Lo más probable es ver aquí el bretón *bleiz lavaret* «lobo parlante» (Baldinger, 1974: 334, *s.v. garol*). El término sería erudito, porque normalmente se dice en bretón *bleizgarou*, construido sobre *bleiz* ('el lobo') o *denvleiz* ('hombre lobo'), cuyo primer elemento es *den* ('el hombre'). Como bien ha notado J. Grimm (1878), es inverosímil que la palabra se componga de *bisc lavret* ('el calzón corto'). Las creencias relativas al lobo con pantalones en Alemania (*Böxenwolf*), donde *Böxen* es un término del bajo alemán que designa a los pantalones (*Hofen*, según W. Hertz, 1862: 87), son muy particulares y muy tardías en la Edad Media. El lobo tiene este privilegio debido a un pacto hecho con el diablo. Esta representación parece muy ajena a la mentalidad medieval.

22. Para los cuentos modernos, véase, por ejemplo, E. Carnoy (1885: 106) y Stith Thompson (1975): motivo D. 537.

en el mundo de las fieras» (Ménard, 1979: 175). He añadido que no es solo una cuestión de simbolismo. Estamos ante un verdadero cambio de naturaleza. Esto es fácil de entender si se recuerda que una de las grandes reglas del pensamiento mágico es el principio de similitud[23]. *Similia similibus.*

Como las bestias no visten ropas y los vestidos son propios del hombre, basta con quitarse la ropa en un lugar remoto para renunciar a la condición humana y convertirse en un animal. Lo semejante llama a lo semejante. Por el contrario, basta con retomar el vestido para volver a convertirse en hombre. La magia vive de la imitación, del simulacro. En el mundo mágico, la ropa desempeña el mismo papel que una estatuilla o una efigie. Es una parte del ser, una segunda naturaleza.

Los autores de las historias de hombres lobo nunca nos explican por qué su héroe desea convertirse en lobo. Pero si observamos detenidamente los textos, podemos adivinar las razones de su comportamiento. En María de Francia, el Bisclavret no cae víctima de un hechizo lanzado por ningún encantador. No expía una conducta culpable ni las faltas de sus antepasados. Tampoco está poseído por el diablo, pues no encontramos relatos de posesión antes de finales de la Edad Media o, más aún, en del siglo XVI. María sugiere que su personaje actúa impulsado por una especie de fatalidad, ya que desaparece periódicamente tres días por semana. Esta regularidad sugiere que se encuentra sujeto a un destino inexorable. Wilhelm Hertz (1862: 95) habla de la compulsión innata, de la desgracia inmerecida («als einen angeborenen Zwang, als ein unverschuldetes Unglück». K. F. Smith (1894: 13) lo considera una víctima inocente («he is to be pitied as an innocent victim»). Quizá esto sea ir demasiado lejos. María difumina al máximo el posible lado tenebroso del personaje, pero no puede ocultar completamente el hecho de que el hombre lobo es un ser malvado. En el prólogo del *lai*, cuando recuerda el carácter de los hombres lobo, se ve obligada a decir:

Tant cum il est en cele rage
hummes devure, grant mal fait,
Es granz forez converse e vait.   (vv. 8-10)

[Mientras está con esta rabia/ devora hombres, hace mucho mal,/ en grandes bosques vive y merodea.]

Poco después, el mismo interesado no nos deja ignorar que se adentra en los bosques para llevar una vida salvaje y sanguinaria:

En cele grant forest me met,
Al plus espés de la gaudine,
S'i vif de preie e de ravine.      (vv. 64-66)

23. Sobre este tipo de magia, véase Frazer (1981: 41 y 55).

[En el gran bosque me meto/ en lo más denso de la fronda,/ y ahí vivo de las presas y la rapiña.]

Como otros hombres lobo, el *Bisclavret* desaparece para satisfacer sus instintos violentos y agresivos. No hay que olvidar la habilidad de María de Francia para volver simpático al protagonista de la historia, a pesar del conmovedor retrato que hace de él en la segunda parte del relato. El animal apacible y sociable, lleno de razón y humanidad, que yace a los pies del rey como un perro fiel, ocupa el centro de la escena. Pero se adivina que también hay en él una tara misteriosa, una crueldad oculta, un impulso irresistible de dañar y matar a víctimas inocentes. Estas crisis de rabia asesina suceden a intervalos cortos. Con su arte elevado, María los deja en la sombra. Necesita que nos identifiquemos con el héroe, que nos compadezcamos de él, que condenemos a la mujer infiel, a la mala esposa. Pero no puede borrar por completo el salvajismo primitivo de las historias de hombres lobo. En su breve relato permanecen algunos vestigios de ello.

### 2.2.4. *La piedra mágica*

El *lai* anónimo de *Melion* conserva la característica antigua del abandono de las ropas[24], pero añade un segundo detalle: para que se produzca la metamorfosis, es necesario tocar la cabeza del héroe con una gema de color blanco; para devolverle su forma humana, hay que usar una gema de color rojo. El propio protagonista afirma:

J'ai en ma main un tel anel:
Vés le ci en mon doit manel!
.II. pieres a ens el caston,
Onques si faites ne vit on.
L'une est blance, l'autre vermeille.
Oïr en poés grant merveille
De la blance me toucerés
Et sor mon chief le meterés
Quant je serai despoillés nus,
Leus devenrai grans et corsus.       (vv. 155-164)

[Tengo en mi mano un anillo así:/ ¡Miradlo aquí en mi dedo de la mano!/ Dos piedras engastadas,/ nunca se vieron otras iguales./ Una es blanca, la otra bermeja./ Podéis oír una gran maravilla:/ con la blanca me tocaréis/ y y sobre mi

---

24. Utilizo la edición de Grimes (1928 [reimp. 1976]). Véanse los versos 163 («*Quant jo serai despoillés nus*»), 168 («*Et ma despoille me gardés*») y 180 («*Quant le vit nu et despoillié*»). El texto fue reeditado por Prudence M. Tobin (1976: 296-318).

cabeza la pondréis/ cuando esté todo desnudo,/ me convertiré en un hombre lobo, grande y corpulento.]

Evidentemente, para el autor, la desnudez ya no es el rito esencial de la metamorfosis. Es solo una condición previa. La idea de que basta con desnudarse para transformarse en lobo sin duda le molesta. Necesita añadir una operación adicional, un rito específico. De ahí el uso de dos piedras preciosas engastadas en el mismo anillo, una de color lechoso como el ópalo o ciertas calcedonias, y la otra de un rojo brillante como el rubí. Sin duda, el poder que se atribuye a estas dos piedras ha sido inventado por el narrador, pues los lapidarios, que yo sepa, no atribuyen a ninguna gema la capacidad de convertir a un hombre en lobo. En este texto tenemos tanto un vestigio arcaico (la desnudez) como un intento de explicar la metamorfosis (el uso de piedras preciosas y su acción sobre la cabeza, que es la parte más frágil y noble del hombre). Esta compleja escena delata, pues, un esfuerzo de racionalización. El autor señala más adelante que su hombre lobo sigue siendo una criatura razonable: «*sens et memoire d'ome avoit*» (v. 218). La precisión es importante. Manfred Bambeck señaló acertadamente en su estudio «Das Werwolfsmotiv im Bisclavret» (1973: 143-147) que la idea de la permanencia de la razón humana, a pesar del cambio de forma, era una antigua representación cristiana, atestiguada en *La ciudad de Dios* de san Agustín (xvi, 8 y xviii, 18). A decir verdad, el caso del Bisclavret es equívoco. Cuando se adentra furiosamente en lo más espeso de los bosques, no hay más que instinto y ferocidad salvajes. Cuando se tiende amablemente a los pies del rey, ha recuperado toda su razón. El ataque de furia ha cesado. La rabia ha disminuido. El autor del *lai de Melion* hace más hincapié en el comportamiento razonable del lobo. Tenemos la impresión de que Melion ataca a los rebaños y causa daños en el país a su pesar (vv. 253-278). La naturaleza del lobo se le contagia inevitablemente. Pero no estaba sujeto, como el Bisclavret, a ataques periódicos de furia asesina. Parece más razonable.

En su día se argumentó que el *lai de Melion* era una simple imitación del *Bisclavret*. Pero esta visión simplista no se corresponde con los hechos. Si los dos textos son similares, también incluyen «fuertes diferencias», como afirma bien Prudence Tobin (1976: 295), que sugieren que el autor «recurrió a otras fuentes». La teoría de Kittredge, según la cual el *lai de Bisclavret*, el *lai de Melion*, el cuento de *Arthur et Gorlagon* y la historia irlandesa moderna de Morraba representarían cuatro versiones de la misma historia, es aún más inverosímil, ya que las divergencias son muy numerosas y fundamentales, especialmente en el punto crucial de la metamorfosis en lobo y en la estructura de la historia.[25] Cabe señalar que

25. La importante memoria de Kittredge fue publicada en *Harvard Studies and Notes in Philology and Literature* (1908: 162-275). Por desgracia, se basa en principios metodológicos cuestionables.

en cuatro textos –*Guillaume de Palerne*, el *Bisclavret, Melion, Arthur et Gorlagon*–, se encuentran tres rasgos comunes: la mujer malvada, el retorno imposible a la condición humana y el motivo del lobo apacible y humano. Estos tres elementos están interrelacionados y se explican entre sí. Pero en la perspectiva desde la que nos situamos siguen siendo marginales en relación con el proceso central de la metamorfosis.

### 2.2.5. *La locura*

Otra explicación propuesta por los autores medievales para justificar la metamorfosis de un hombre en lobo es la noción de locura. En sus *Otia Imperialia*, redactados hacia 1212, Gervasio de Tilbury (Liebrecht, 1856, c. 120: 51) dedica un capítulo a los hombres lobo. Desde el principio vincula los ataques de locura y los cambios de forma con la influencia de la luna «*Quidam per lunationes mutantur in lupos*». La palabra *lunatio*, como en francés antiguo *lunaison*, no se refiere solo a la duración de una revolución lunar, es decir, al mes lunar. También designa a veces 'la influencia de la luna en ciertos días', aunque este significado no siempre se ha identificado claramente en los diccionarios[26]. En efecto, sabemos que hay días críticos en los que la acción de la luna se reputa más fuerte: por ejemplo, el momento de la luna nueva o de la luna llena. La idea de la acción de la luna sobre las enfermedades mentales está en el corazón de la evolución semántica de la palabra *lunaticus* ('lunático'): hemos pasado de la acepción de 'sujeto a la influencia de la luna' a las de 'caprichoso, maniático, epiléptico, loco'. En la antigüedad, la luna se consideraba a veces un astro siniestro[27]. Era natural que el comportamiento furioso del hombre lobo se asociara a la estrella maligna de las noches.

---

26. El *Glossarium mediae et infimae latinitatis* de Du Cange traduce bien *lunation* por «*dies lunae*». Hay que ir más allá y hablar de la «influencia de la luna», allí y en otros lugares. Un ejemplo de ello es el *Chastoiement* (XXVI, 49) que cita el *TLF* (V, 731) («*Nostre mestre par lunoison A en la teste estordison: Le sen pert et devez devient*») y otra del *Protheselaüs* (1293) anotado por el *Anglo-Norman Dictionnary* (Stone y Rothwell, 1983, fascículo 3) («*Il ne set celer pur ren. Ainsi dit ço qu'en buche li vent. Par luneisun issi le tent*»). Este último ejemplo se traduce como *moon-madness*. El *FEW* señala, por su parte, que *lunaison* puede significar 'manía como resultado de una supuesta influencia de la luna'; v. 447. Otro ejemplo en el *Réceptaire* de Jean Sauvage (219, 5, en Faribault, 1981: 145). El autor añade que el frenesí normalmente es curable, excepto cuando se bebe sangre de lobo: «*Quar qui le sang de loup buroit Jamés homme ne le guerroit. A nul jour de sa maladie, Tant aroit forte frenesie*» (219, 7-10).

27. Sobre las creencias acerca de Hécate y la luna, véase Maury (1970: 63-64). En el *Hymne à la lune* citado, la siguiente invocación es evocadora: «Amigo y compañero de la noche, tú que te regocijas con el ladrido de los perros y el derramamiento de sangre, tú que vagas entre las sombras y a través de las tumbas, tú que deseas la sangre y traes el terror a los mortales...».

Gervasio de Tilbury menciona brevemente una crisis de delirio nocturno que conduce a un cambio de naturaleza y a una metamorfosis en lobo. Un valiente caballero despojado injustamente de sus tierras entra en una fase de depresión: se aísla, se aleja de los hombres, ronda los bosques como una bestia salvaje («*solus more ferino*»). Una noche su enfermedad empeora. Merece la pena citar las palabras utilizadas por el narrador: «*una nocte nimio timore turbatus, cum mentis alienatione, in lupus versus*» («una noche, en la exasperación de su angustia, perdió la razón y se convirtió en lobo». Liebrecht, 1856: 51). A primera vista, podríamos pensar que se trata de una alucinación, una crisis de demencia, un acceso de licantropía, como dicen los médicos para designar la enfermedad mental de los que se imaginan que son lobos[28]. No es este el caso. Estamos ante una auténtica metamorfosis: una vez transformado en lobo, el personaje causa estragos, muerde a los hombres, devora a los niños («*infantes in forma lupina devoravit*»). Solo vuelve en sí, recupera la razón y su forma humana cuando un leñador le corta el pie con un hacha. Entonces, de repente, deja de ser un lobo: «*sicque specie resumta hominem induit*». La mutilación tiene un efecto liberador, rompe el encantamiento. Gervasio de Tilbury es consciente de esta creencia: «*asserunt enim... membrorum truncacione ab huiusmodi infortunio homines tales liberari*». Liebrecht, 1856: 51). Por supuesto, el personaje permanece lisiado una vez que se ha convertido de nuevo en hombre. Ya hemos visto en el *Satiricón* a propósito del hombre lobo que las heridas sufridas por el animal persisten en el hombre. James Frazer cita ejemplos de esta tradición en los tiempos modernos (Frazer 1925: 41; Hertz, 1862: 81). Pero aquí, además, aparece la idea de que la herida del hombre lobo lo devuelve inmediatamente a su forma humana. En el folclore moderno todavía es posible encontrar varios ejemplos de ello. Varias historias muestran que la metamorfosis cesa tan pronto como corre la sangre del lobo (Sébillot, 1968, t. I: 285; Bladé, 1886, t. 2: 235; Chapiseau, 1902: 220 («el poder de Satanás escapó con la sangre»); Carnoy, 1883: 108; Sébillot, 1882, t. I: 289). La misma representación mágica está sin duda en el origen de esta superstición: imaginamos que el corte realizado en el lobo rompe definitivamente el encantamiento e interrumpe definitivamente la transmutación.

28. Sobre esta enfermedad de la licantropía véase Hertz (1862: 105) y, sobre todo, Summers (1933: 14-17 y 22-50). Los tratados médicos lo describen. El licántropo es representado como un ser que sale de noche, vagabundea solo por lugares apartados, imita el aullido de los lobos, recorre los cementerios, se apodera de los cadáveres de los muertos. Algunos muerden, otros rechinan los dientes. Suelen tener sed y la lengua seca (Summers, 1933: 46). El doctor Calmeil menciona a los licántropos «atrapados en el campo, caminando sobre las manos y las rodillas, imitando la voz de los lobos, todos manchados de barro, sudor, jadeando, portando restos de cadáveres» (Summers, 1933: 50). Véase también Kipling (1947: 147-171, *La marca de la bestia*). Se encuentra un resumen de un curioso juicio por licantropía en Galicia en 1852 en la *Gran Enciclopedia Gallega* (1974, t. XIX: 108).

## 2.2.6. *Delirio y posesión diabólica*

Una explicación mucho más razonable de las historias de hombres lobo la proporciona el obispo de París, Guillermo de Auvernia, a mediados del siglo XIII, en su *De Universo* (II, 3, 13)[29] y se repite con comentarios en el *Martillo de las Brujas* (*Malleus Maleficarum*) de los inquisidores Heinrich Institoris y Jacob Sprenger a finales del siglo XV, hacia 1486 (Institoris y Sprenger, 1973: 245-246). El capítulo de *De Universo* titulado *Qualiter maligni spiritus vexant et decipiunt homines* cuenta de un hombre que es atormentado por el diablo y viaja a lugares remotos donde permanece como si estuviera muerto. Mientras tanto, el diablo adopta la apariencia de un lobo y causa terribles estragos en el pueblo de donde procede el desdichado. El pobre desequilibrado está persuadido de que se ha convertido en un lobo, pero no es el caso. El *Martillo de las Brujas* aporta algunos detalles interesantes. El demente se retira a las cuevas. «Iba allí, y durante el tiempo que permanecía en el lugar, le parecía que se había convertido en un lobo, que merodeaba y devoraba niños. En realidad, era el demonio el único que, habiendo adoptado la forma de lobo, hacía esto, y él se imaginaba erróneamente en su sueño que merodeaba haciéndolo. Permaneció así durante mucho tiempo fuera de sí, hasta que un día lo encontraron tendido en el bosque y delirando» (Institoris y Sprenger, 1973: 245-246). Para estos autores religiosos, la metamorfosis en lobo no es más que una ilusión, un espejismo. La explicación del diablo da cuenta a la vez de la alucinación del sujeto, de la devastación causada en el pueblo y del hecho de que el lobo furioso parece invulnerable y siempre se escapa de los golpes y las persecuciones. En fin, un simple exorcismo es suficiente para restaurar la cordura del paciente y arrancarlo de las garras del diablo. Un médico moderno diría que se trata de un caso de locura, un acceso de licantropía. La presencia del diablo introduce un trasfondo sobrenatural. En bastantes cuentos folclóricos del siglo XIX, la metamorfosis en hombre lobo se produce debido a la intervención del diablo[30]. Pero a diferencia de este texto, estos relatos pintan verdaderas metamorfosis. Aquí se hace hincapié en la enfermedad mental. Este personaje, tendido bocabajo hacia tierra, recuerda a otros locos similares, como el mencionado por De Lancre en el siglo XVII, que es encontrado «tumbado sobre el vientre, todo a lo largo, la cara contra la tierra… cerca de una casa derruida

---

29. El pasaje de Guillermo de Auvernia es citado con más detalle por Summers (1933: 222).
30. Hechiceros y brujas se convierten en lobos gracias a un cinturón mágico regalado por el diablo (Sauvé, 1889: 177-179); el diablo da un cinturón de cuero verde a una mujer y durante siete años se transforma en loba (Seignolle, 1964: 544); el hombre lobo ha hecho un pacto con el diablo: cada noche se transforma en lobo para ir al sabbat (Bladé, 1886, t. 2: 235); las brujas son transformadas en lobos por el diablo (Orain, 1886, t. 2: 171); las brujas se frotan el cuerpo con un ungüento que les da el diablo (Sébillot, 1882, t. I: 289). Véase además Beauquier, 1910: 18; Chapiseau, 1902: 218, etc.).

deshabitada...». Era horrible y tenía el pelo crecido y mal aspecto». Se trata de hombres lobo imaginarios (Le Roux de Lincy, 1836: 192).

### 2.2.7. *El cuerpo inmóvil*

Un pequeño texto latino en verso de mediados del siglo XIII, titulado *De hominibus qui se vertunt in lupos*[31] ofrece una interpretación muy diferente de fenómenos comparables. El autor cree en la transformación en lobo de ciertos hombres de raza céltica, que habrían recibido este don de sus antepasados («*maiorum ab origine*») y lo ponen en práctica a su antojo (*quando volunt*). La originalidad de la historia radica en que estos personajes abandonan sus cuerpos humanos («*sua corpora vera relinquunt*») cuando se convierten en lobos malvados. Sus restos humanos permanecen inmóviles, sin alma. Prohíben a sus familias que muevan sus cuerpos de ninguna forma («*suis mandant ne quisquam moverit illa*») mientras esto sucede. De lo contrario, no podrían volver a convertirse en hombres. Este pequeño poema también señala que las heridas inferidas al lobo permanecen siempre sobre el cuerpo del hombre: «*Si quid eos laedat, penetrent si vulnera quaeque,/ Vere in corporibus semper cernuntur eorum*».

La permanencia de las heridas puede sorprender aquí, ya que los restos humanos permanecen inmóviles. Pero a la mentalidad mágica no le importa la racionalidad. Ya hemos encontrado en otra parte este tema de la solidaridad, de la dependencia recíproca de la forma humana y la forma animal. ¡Es un signo de una profunda compenetración entre estos dos mundos! Para hacernos aún más conscientes de la inseparable unión del cuerpo humano y el lobo, a pesar de las apariencias, el autor añade que a veces se ve carne cruda en la boca del cuerpo humano: «*Sic caro cruda hærens in veri corporis ore*». No hay ninguna duda sobre el salvajismo de estos hombres lobo.

La mención de un cuerpo inmóvil y la prohibición de moverlo (aquí deberíamos hablar de un tabú) son las grandes novedades de esta historia. No son invenciones de nuestro autor. En una recopilación del folclore de Touraine, se dice que los hombres lobo «desnudan su alma», que su cuerpo permanece donde estaba habitualmente, mientras que su alma se encarna en otra carne (Rougé, 1943: 83). Hay que recordar aquí las observaciones de Lucien Lévy-Bruhl, en su ensayo *La mentalité primitive*, sobre la ley de participación mágica que hace que el hechicero se convierta en cocodrilo, pero sin fusionarse con él. El pensamiento prelógico, nos dice «no elige entre las dos posibilidades: o el hechicero y el animal son uno y lo mismo, o bien son seres distintos. La mentalidad primitiva da cabida a ambas

---

31. El texto fue publicado por Th. Wright y J. O. Halliwell (1845, t. 2: 105). J. A. Mc Culloch (1932: 84-85) ofrece un análisis superficial. M. Summers (1933: 206) proporciona una traducción. La misma historia aparece en una versión irlandesa (ms. D) de la *Historia Britonum* de Nennius.

afirmaciones al mismo tiempo» (Levy-Bruhl, 1922: 42). De manera parecida, para los autores de algunas historias de hombres lobo, el alma del personaje está dentro del lobo, aunque la envoltura exterior, el cuerpo humano, esté en otro lugar. En su gran ensayo *La rama dorada*, y más concretamente en el volumen titulado *El tabú y los peligros del alma*, James G. Frazer ofrece varios ejemplos de la creencia en el alma separable. Muchos pueblos creen que no se debe despertar a un durmiente porque su alma le ha abandonado y podría no regresar. Frazer registra una creencia atestiguada en Livonia, a orillas del Báltico, de la siguiente manera: «En Livonia también se imaginan que, cuando el alma de un lobo sale para realizar sus malas acciones, su cuerpo queda como muerto; si durante este tiempo el cuerpo se moviera por accidente, el alma nunca podría volver y permanecería en el cuerpo de un lobo hasta su muerte» (Frazer, 1927: 34)[32].

El estudio *I Benandanti, Stregoneria e culti agrari tra Cinquecento e Seicento* (1966), del etnólogo italiano Carlo Ginzburg, traducido al francés con el título *Les Batailles nocturnes, Sorcellerie et rituels agraires en Frioul, XVI<sup>e</sup>-XVII<sup>e</sup> siècles* (1980) aporta otros ejemplos de esta creencia. Vemos personajes que realizan movimientos nocturnos en espíritu, mientras su cuerpo no se mueve y la persona permanece acostada como si estuviera muerta (Ginzburg, 1980: 25). Carlo Ginzburg se pregunta si es necesario invocar ungüentos alucinatorios o hablar de crisis de histeria o de epilepsia para entender estas descripciones (36-38). Lo importante aquí es observar que, cuando los inquisidores los interrogan, los personajes en cuestión, que por lo general pertenecen a la clase humilde, declaran que el espíritu ya no podría volver a entrar en sus cuerpos si estos fueran desplazados o removidos (26). Con algunas variaciones, encontramos aquí la supervivencia de la superstición medieval.

### 2.2.8. *Acumulación de motivos*

Queda por mencionar una última historia de hombres lobo, que es un poco más compleja porque implica varios elementos en el proceso de metamorfosis. La historia la cuenta Gervasio de Tilbury en su *Otia Imperialia* (Liebrecht, 1856: 51). La escena tiene lugar en los confines del Vivarais. Un personaje, víctima del destino («*sorte fatigatur*», dice el texto), *durante el cambio de la luna nueva* («*per mutationes neomeniae*»), se aleja de los demás hombres, se desnuda, pone su ropa bajo un arbusto o una piedra («*sub dumo vel rupe*»), se revuelca por el suelo y toma la forma de un lobo («*et cum in arena diu nudus se volutaverit, lupi formam et ingluviem induit*»). Entonces, con la gran boca abierta, se

---

32. La misma creencia (de que el alma no es capaz de retornar al cuerpo si este se ha movido) la menciona Jean de Meung en el *Roman de la Rose* sobre los seguidores de Dame Abonde (*Roman de la Rose*, 1970 t. III, vv. 18413-18418).

lanza sobre las presas. De pasada, el texto dice que los lobos siempre corren con la boca abierta, porque si la cerraran tendrían dificultades para abrirla y tendrían que ayudarse de sus pies. Dejemos de lado esta nota marginal para nuestros fines. Fijémonos únicamente que este relato reúne varios motivos ya conocidos: la mención del destino que sugiere que el desdichado se ve abrumado por la suerte, se encuentra descorazonado y en un momento de aguda depresión. La influencia de la luna se encuentra subrayada por la palabra *neomenia* ('la luna nueva'). El miedo a la luna nueva aparece en muchas civilizaciones, como lo demuestra la obra colectiva sobre la luna en las civilizaciones orientales (*La lune, mythes et rites*, 1962: 243, ritual de protección contra los demonios devoradores de la luna nueva). El motivo de la soledad y el abandono de la ropa son habituales en este tipo de historias. Nos hemos encontrado con ellos muchas veces. Hay que añadir que el texto indica claramente que la metamorfosis no es única, ocasional. Por el contrario, comienza de nuevo con cada luna nueva. Parece periódico, cíclico. Cuando llegue el momento («*cum tempus advenerit*») –nos dice el protagonista–, dejaré mi ropa. Evidentemente, este desgraciado está sometido a la influencia de los astros, del destino, es decir, para nuestro autor, al poder de los Poderes de Arriba.

Los especialistas modernos en enfermedades mentales seguramente ofrecerían una interpretación diferente. Considerarían que el mal está dentro del personaje y no en el cielo. Pero el narrador medieval explica la escena apoyándose en las ideas comúnmente aceptadas de su tiempo. No se le puede culpar por ello. Solo aparece una innovación en el texto: es el acto de rodar por el suelo. Para nosotros, los modernos, este comportamiento animal simboliza la entrada en el mundo de las bestias. Pero debemos tener cuidado de no hablar aquí de un símbolo. Para la mentalidad mágica, al imitar una actitud animal, uno se convierte realmente en un animal. Un cuento popular moderno de Picardía presenta de forma similar a un hombre que se quita la ropa, se revuelca en el barro de un estanque y finalmente emerge transformado en lobo (Carnoy, 1883: 106). El relato de Gervasio de Tilbury, que da varias causas para la metamorfosis y sugiere que pueden haber actuado de forma concertada, no es un caso aislado en la larga lista de historias de hombres lobo.

Otros textos hacen lo mismo para explicar la transformación en lobo. Una historia moderna, relatada por Eugène Rolland (1877, t. I: 155) y Paul Sébillot (1968, t. II: 205) ofrece un buen ejemplo: en cada luna llena, nos dice, los hijos de los sacerdotes se ven obligados a convertirse en hombres lobo. El mal los toma por la noche. Saltan por la ventana, se lanzan a una fuente, salen por el lado opuesto y se encuentran revestidos con una piel de animal. Durante toda la noche corren a cuatro patas por el campo. Poco antes del amanecer, vuelven a la fuente, se despojan de la piel animal y retornan a casa. Las referencias a la luna,

Lucas Cranach el Viejo: hombre lobo, xilografía, *c.* 1512
Gotha, Museo Herzogliches.

al paso por una masa de agua y también a la piel que viste el hombre lobo se encuentran de forma aislada en otros casos. Cuando se juntan, el efecto es mucho más vivo. Lo mismo puede decirse de la historia de Gervasio de Tilbury y otros relatos similares. Cuando hay una acumulación de motivos, una multiplicación de elementos, la atmósfera fantástica tiene mucha más fuerza. Nos fascina todavía más. ¿Cómo podemos extraer conclusiones de un panorama con tantas historias diferentes? Los críticos modernos han querido encontrar significados ocultos en este tipo de relatos. El lobo se ha asociado a veces con el marginado, el proscrito, el forzado a vagar contra su voluntad (Smith, 1894: 19). Se ha pretendido encontrar en estas supersticiones vestigios de totemismo (Frazer, 1935, t. 2: 238-239). Se ha imaginado que en la antigua Arcadia existían hermandades de hombres lobo: estas asociaciones de hombres lobo habrían practicado una antropofagia ritual, como los hombres leopardo o los hombres pantera del África negra[33]. Se han convencido de que la transformación en animal era una manifestación de la angustia de «una desviación sexual fundamental» (Suard, 1980: 271). Por desgracia, estas hipótesis tienen la inconsistencia y la fragilidad de los sueños. Los proscritos no vagan por la noche cubiertos con una piel de lobo. El culto al tótem, antepasado y protector del clan, objeto de tabúes y deberes religiosos, no tiene nada que ver con las historias de los hombres lobo. Por último, si algo se encuentra ausente en estos relatos es la mención de las aberraciones sexuales. Una muestra de que la sexualidad no juega ningún papel en este tipo de literatura.

## 3. Conclusiones

No cabe duda de que los textos examinados a lo largo de este trabajo expresan, en diversos grados, una inquietud innegable, y a veces una ansiedad muy aguda. Sin duda, forman parte de la literatura de terror. Pero hay que tener en cuenta que en la Edad Media estos relatos brillan por su concisión y discreción. Los hombres de aquellos tiempos no vivían en un terror perpetuo. Hemos visto que hombres de iglesia como Burchard de Worms en los albores del siglo xi o inquisidores como Sprenger e Institoris a finales del siglo xv se negaban a creer en la existencia de los hombres lobo. Se podría aportar otros testimonios. Por ejemplo, Gaston Phébus, en su *Livre de chasse* (1971: 96), considera que el hombre lobo es un lobo corriente, pero que se alimenta de carne humana. Así pues, no todo el mundo tiene la cabeza llena de supersticiones. Si comparamos los relatos medievales de hombres lobo con los de la época moderna, a partir

---

33. El artículo de Jean Przyluski, «Les confréries de loups-garous dans les sociétés indoeuropéennes» (1940: 128-145) multiplica las hipótesis más inverosímiles y pasa con una ligereza desconcertante del mundo antiguo a las sociedades de guerreros germánicos.

del siglo xvi, observaremos que los relatos más aterradores son posteriores a la Edad Media. Por ejemplo, las historias de muertos que se levantan de la tumba para convertirse en hombres lobo[34] o las numerosas historias de posesión diabólica o pactos con el diablo que comenzaron a multiplicarse a partir del siglo xvi. A manera de ejemplo, la historia del pastor que acepta desnudarse en compañía de una tropa de diablos con forma humana, sosteniendo una vela verde que lanza una llama azul, y que acepta ser untado con un ungüento que le transforma en lobo[35] es más terrorífica que la aventura del Bisclavret. La diversidad de los textos demuestra que no hay que creer en un único mito del hombre lobo. Salvatore Battaglia se equivocó al hablar de mito en singular (*Il mito del Licantropo*). Nunca ha habido en el origen un relato primero, fuertemente estructurado, del que procediera el resto. Nos encontramos en presencia de varias supersticiones, leyendas flotantes, en perpetua evolución. Pero resulta interesante observar que, a pesar de la diversidad de épocas y lugares, se mantienen rasgos constantes y comunes. En la Edad Media, por ejemplo, se creía que los puentes eran lugares peligrosos, frecuentados por los hombres lobo. Gautier de Coinci se hace eco de ello en sus *Miracles de Notre Dame*[36]. Muchos siglos después, en los *Contes populaires de Gascogne* de Bladé (1886, t. ii: 36) se nos relata que un sacerdote se encontró con un hombre lobo en un puente bloqueándole el paso. Casi todos los motivos encontrados en los textos antiguos sobreviven en el folclore moderno. He señalado de pasada que el abandono de las ropas, la travesía de una masa de agua, la influencia de la luna y otros motivos antiguos o medievales se encontraban presentes aún en los cuentos del siglo xix. Hay que añadir que incluso detalles extraños, como la maldición lanzada por un eclesiástico –recordemos que Giraut de Barri nos ofrece un ejemplo–, permanecen todavía en los cuentos del siglo xix. El cuento titulado *Le Varou*, aportado por Jean Fleury en su libro *Littérature orale de la Basse-Normandie* nos ofrece una prueba de ello: cuando se ha producido un asesinato, se lee un monitorio en las iglesias, en el que se convoca a los culpables, a las víctimas o a los testigos para que revelen lo que saben al respecto.

34. Véanse los textos citados anteriormente en la nota 5.

35. Sobre los relatos de hombres lobo diabólicos, además de los ejemplos anteriores de la nota 30, Véanse W. Hertz (1862: 90 y ss.) y M. Summers (1933: 223-236). La historia del pastor que se desnuda con los demonios se encuentra en Le Roux de Lincy (1836: 196). Hay que señalar que el hombre lobo evocado por Ronsard en la *Response aux injures* está poseído por el diablo: echa espuma, babea (v. 141); se revuelca en el suelo (v. 142); su pelo se eriza (v. 149); un humo horrible sale de su boca (v. 144). Como dice el poeta, tiene «el diablo en el cuerpo» (v. 145).

36. Coinci (1961, t. 2, 1961: 24, vv. 507-509), en el texto *D'un archevesque qui fu a Tholete* (se trata de san Ildefonso): «*Lonc pont i a et perilleux. Et si a tant warous et leus. Le pont ne puet passer nule ame*».

Si permanecen en silencio, son solemnemente excomulgados y condenados a matar al lobo (Fleury; 1967: 84-89)[37].

De todas estas observaciones podemos concluir que las antiguas creencias sobre los hombres lobo siguen viviendo en la imaginación humana. Sin duda, aparecen pequeñas innovaciones. Es moderna, por ejemplo, la idea del cinturón del diablo, que transforma en un lobo a la persona que lo lleva en la cintura[38], o la creencia de que el hombre lobo es un demonio que salta sobre el cuerpo del desdichado, que se ve forzado a correr de noche a través de los campos (Fleury, 1967: 87). Un clima diferente aparece además en todos los cuentos en los que se menciona al diablo y a los hechiceros. Pero la permanencia de los motivos medievales en el folclore actual es un hecho indiscutible que no es posible ignorar.

Más allá de las diferencias, en todas estas historias prevalece una inspiración idéntica. Se manifiesta un terror más o menos velado, más o menos vivo. No es casualidad que el testigo de la metamorfosis en el *Satiricón* nos diga que tenía un gusto de ceniza en su boca al ver este espectáculo. No es posible leer estos textos sin sentir un extraño malestar. No cabe duda de que estas historias vehiculan sueños de angustia. Los psicoanalistas como Ernest Jones (1973: 130-131) creen descubrir en ellas deseos reprimidos[39]. Parece más bien que se pueden leer en ellas aprensiones muy antiguas: el miedo a las desapariciones, a los vagabundeos nocturnos, el temor del hombre a perder su identidad, a hundirse en la animalidad, el miedo ante la fuerza brutal de las bestias y el instinto sanguinario de los lobos, el terror a la violencia destructora de ciertos seres furiosos que se lanzan rabiosamente a través de los bosques dando la espalda a la sociedad y a los demás hombres. Estos sentimientos opresivos se expresan en diversos grados en las historias de hombres lobo. Se cristalizan en torno a este ser ambiguo, que se encuentra en los límites entre la humanidad y la animalidad, y cuyo temible poder se desencadena en el corazón de la noche más profunda.

37. Otros ejemplos de excomunión se encuentran en Sébillot (1968, t. ii: 205 y t. iii: 55). Asimismo, en Chapiseau (1902: 219). Las maldiciones impías son habituales en el folclore de Galicia (*Gran Enciclopedia Gallega*, 1974, t. 19: 107).

38. Véase la nota 30 y además Grimm (1878: 916), Hertz (1862: 80) y Smith (1894: 28).

39. El autor ve el deseo de liberarse de la autoridad del padre en los vagabundeos nocturnos y un impulso sádico contra el progenitor del mismo sexo en el apetito de desgarrar y devorar carne. En definitiva, el erotismo y la hostilidad están en la base de estos comportamientos. Con las explicaciones psicoanalíticas, ¡nunca salimos del complejo de Edipo! También en este caso, estas interpretaciones demasiado simples no pueden satisfacer a quienes quieren dar cuenta de los hechos más complejos.

# Bibliografía citada

Arnaudin, Félix (1966). *Contes populaires de la Grande Lande, Première Série.* Burdeos: Groupement des Amis de F. Arnaudin.

*Arthur et Gorlagon* = (1904). *Arthur et Gorlagon,* Francis A. Milne (trad.), Alfred Trübner Nutt (ed.). *Folklore. A Quarterly Review of Myth, Tradition, Institution and Custom,* 15: 40-67.

Bächtold-Stäubli, Hanns (1927-1942). *Handwörterbuch des deutschen Aberglaubens.* Berlín: De Gruyter, 10 vols.

Baldinger, Kurt (1974). *Dictionnaire étymologique de l'ancien français, G3.* París/Tubinga/Quebec: Klincksieck/Niemeyer/Presses de l'Université Laval.

*Ballade du loup-garou* = Antoine Vérard (1910). *Jardin de plaisance et fleur de rhetoricque, reproduction en fac-similé de l'édition publiée par A. Vérard.* París: Fermin Didot, pièce XXVII.

Bambeck, Manfred (1973). «Das Werwolfmotiv im *Bisclavret*». *Zeitschrift für romanische Philologie,* 89: 123-147.

Baring-Gould, Sabine (1865). *The Book of Werewolves.* Londres: Smith Elder.

Battaglia, Salvatore (1956). «Il mito del licantropo nel *Bisclavret* di Maria di Francia». *Filologia romanza,* 3: 229-253.

— (1965). *La coscienza letteraria del Medioevo. (Collana di testi e di critica).* Nápoles: Liguori.

Beauquier, Charles (1910). *Faune et Flore populaires de la Franche Comté,* t. I, *Faune.* París: Leroux.

Bladé, Jean-François (1886). *Contes populaires de Gascogne,* t. 2. París: Maisonneuve.

*Bisclavret* = María de Francia (1966). *Les lais de Marie de France,* Jean Rychner (ed). París: Champion (CFMA, 93), pp. 61-71.

Bodin, Jean (1836). *Démonomanie des Sorciers.* París: Jacques du Puys, 1580.

Boecio (1861). *La consolation philosophique de Boèce,* L. Judicis de Mirandol (ed.). París: Hachette [reed. G. de Trédaniel. París: Maisnie, 1981].

Boutière, Jean y Alexander H. Schutz (1964). *Biographies des troubadours,* 2.ª ed. París: Nizet.

Boyer, Régis (1981). *Yggdrasill, La religion des anciens Scandinaves.* París: Payot.

Carnoy, Henry (1883). *Littérature orale de Picardie.* París: Maisonneuve.

Chapiseau, Félix (1902). *Le Folklore de la Beauce et du Perche.* París: Maisonneuve.

Coinci, Gautier de (1955-1970). *Les miracles de Nostre Dame,* Frédéric Koenig (ed.). Ginebra: Droz (Textes littéraires français, 64, 95, 131 y 176), 4 tomos. 1961, t. 2. 1966, t. 3.

Du Cange (1883-1887). *Glossarium mediae et infimae latinitatis,* L. Favre (ed.). París: Niort. URL: <http://ducange.enc.sorbonne.fr/Morganegiba>. Consulta: 7 febrero 2022.

Ernout, Alfred y Alfred Meillet (1951). *Dictionnaire étymologique de la langue latine,* 3.ª ed. París: Klincksieck.

Esopo (1889). *Fabulae Aesopicae collectae ex recognitione Caroli Halmii.* Leipzig: B. G. Teubneri.

Faral, Edmond (1969). *La légende arthurienne.* París: Champion, t. III.

Faribault, Mile Marthe (1981). *Le Réceptaire de Jean Sauvage, médicinaire français du XIVᵉ siècle. Édition critique et étude de vocabulaire* [Tesis doctoral]. París: Universidad de la Sorbona-E.P.H.E.

FAURE, Marcel (1978). «Le *Bisclavret* de Marie de France, une histoire suspecte de loupgarou». *Revue des Langues romanes*, 83: 345-356.

*FEW* = WARTBURG, Walther von (1922-1967). *Französisches Etymologisches Wörterbuch*. Basilea: R. G. Zbinden, 25 vols. Accesible: <https://lecteur-few.atilf.fr/>. Consulta: 7 febrero 2022.

FLEURY, Jean (1967). *Littérature orale de la Basse-Normandie. Hague et Val-de-Saire* (1.ª ed. París: Maisonneuve, 1883).

FRAZER, James G. (1925). *Le Trésor légendaire de l'humanité. Feuilles détachées du Rameau d'Or*. París: Librairie de France.

— (1927). *Tabou et les périls de l'âme. Le Cycle du Rameau d'or*, t. III, Henri Peyre (trad. fr.). París: Librairie Orientaliste Paul Geuthner.

— (1935). *Le Cycle du Rameau d'Or, t. VII, Balder le Magnifique*, t. 2, P. Sayn (trad. fr.). París: Librairie Orientaliste Paul Geuthner.

— (1981). *Le Rameau d'Or*. París: Laffont.

GAIDOZ, Henri (1912). «L'âme hors du corps et le double». *Mélusine*, 11: 263-266 y 385-391.

GINZBURG, Carlo (1966). *I Benandanti, Stregoneria e culti agrari tra Cinquecento e Seicento*. Turín: Einaudi [trad. fr. *Batailles nocturnes, Sorcellerie et rituels agraires en Frioul, XVIᵉ-XVIIᵉ siècles*. Lagrasse: Verdier, 1980].

*Gran Enciclopedia Gallega* = Otero Pedrayo, Ramón (dir.) (1974). *Gran Enciclopedia Gallega*. La Coruña: Silverio Cañada, 43 tomos.

GRIMES, M. (1929). *The Lays of Désiré, Graelent and Melion*. Nueva York: Institute of French Studies [reimp. Ginebra: Slatkine, 1976].

GRIMM, Jacob (1878). *Deutsche Mythologie*, 3.ª ed. Berlín: Dümmler.

— (1899). *Deutsche Rechtsalterthümer*, t. I, 4.ª ed. Leipzig: Dieterich'sche Verlagsbuchhandlung.

HARF-LANCNER, Laurence (1984). *Les fées au Moyen Âge*. París: Champion.

— (1985). «La métamorphose aux images médiévales du loup-garou». *Annales. Economies, sociétés, civilisations*: 208-226.

HERTZ, Wilhelm (1862). *Der Werwolf, Beitrag zur Sagengeschichte*. Stuttgart: Kröner.

INSTITORIS Henricus y Jacques SPRENGER (1973). *Le Marteau des sorcières: Malleus Maleficarum*, R. Danet (trad. fr.). París: Plon.

JONES, Ernest (1931). *On the Nightmare*. Londres: Hogarth Press [trad. fr. *Le cauchemar*. París: Payot, 1973].

JONIN, Pierre (trad.) (1972). *Les lais de Marie de France traduits de l'ancien français*. París: Champion (Traductions).

KIPLING, Rudyard (1947). *L'homme qui voulait être roi*, L. Fabulet y R. d'Humières (trad. fr.). París: Mercure de France.

KITTREDGE, George L. (1908). «Arthur and Gorlagon». *Harvard Studies and Notes in Philology and Literature*, 8: 162-275 [reimp. Boston: Ginn and Cie./The Atheneum Press].

*La lune, mythes et rites* = (1962). *Sources orientales, 5: La lune, mythes et rites*. París: éd. du Seuil.

LE ROUX DE LINCY, Antoine (1836). *Le Livre des Légendes*. París: Silvestre, 1836.

LEVY-BRUHL, Lucien (1922). *La mentalité primitive*. París: Alcan.

LIEBRECHT, Félix (ed.). (1856). *Des Gervasius von Tilbury Otia imperialia*. Hannover: C. Rümpler.

LÜTZENKIRCHEN, Guillaum (1981). *Mal di Luna*. Roma: Newton Compton.

Luzel, François-Marie (1887). *Contes populaires de Basse-Bretagne*, t. i. París: Maisonneuve.

Mannhardt, Wilhelm (1865). *Roggenwolf und Roggenhund, ein Beitrag zur germanischen Sittenkunde*. Danzig: Ziemssen.

— (1875). *Wald- und Feldkulte, Der Baumkultus der Germanen und Ihrer Nachbarstämme: Mythologische Untersuchungen*. Berlín: Gebrüder Borntraeger, pp. 46-50.

Maury, Alfred (1896). *Croyances et légendes du Moyen Âge*. París: Champion [reimpr. Ginebra: Slatkine, 1974].

Maury, A. (1970). *La magie et l'astrologie dans l'Antiquité et au Moyen Âge. Étude sur les superstitions païennes qui se sont perpétuées jusqu'à nos jours*. París: Didier, 1864 [reed. París: Ret, 1970].

McCulloch, J. A. (1932). *Medieval Faith and Fable*. Londres: George G. Harrap, pp. 81-88.

Ménard, Philippe (1979). *Les lais de Marie de France. Contes d'amour et d'aventure du Moyen Âge*. París: Presses universitaires de France (Littératures Modernes).

— (1984). «La Baguette magique au Moyen Âge». En Ambroise Queffélec y Maurice Accarie (ed.). *Mélanges de langue et de littérature médiévales offerts à Alice Planche*. París: Belles Lettres, pp. 339-346.

Meyer, Kuno (1894). «The Irish Mirabilia in the Norse *Speculum Regale*». *Folklore. A Quarterly Review of Myth, Tradition, Institution and Custom*, 5: 310-11.

*Miracles de Nostre Dame* = Gautier de Coinci (1955-1970).

Orain, Adolphe (1886). *Le folklore de l'Ille-et-Vilaine*. París: Maisonneuve.

Paris, Gaston (1888). «Romans en vers du cycle de la Table Ronde». En *Histoire littéraire de la France*, t. 30. París: Imprimerie nationale.

*Patrologie latine* = Migne, J.-P. (1880). *Patrologiae cursus completus: sive Bibliotheca universalis*, t. 140. París: Garnier.

Phébus, Gaston (1971). *Livre de la chasse*, G. Tilander (ed.). Karlshamn: Johanssons Boktryckeri.

Przyluski, Jean (1940). «Les confréries de loups-garous dans les sociétés indoeuropéennes». *Revue de l'histoire des religions*, 121: 128-145.

Rolland, Eugène (1877-1911). *Faune populaire de la France*, t. i. París: Maisonneuve et Cie., 13 tomos. 1877, t. i: *Les mamifères sauvages (Noms vulgaires, dictons, proverbes, contes et superstitions)*.

*Guillaume de Palerne* = (1876). *Guillaume de Palerne publié d'après le manuscrit de la Bibliothèque de l'Arsenal à Paris*, Henri V. Michelant (ed.). París: Société des anciens textes français / Firmin Didot et cie.

*Roman de la Rose* = Jean de Meung (1970). *Roman de la Rose*, t. iii, Félix Lecoy (ed.). París: Champion (cfma, 98).

Rougé, Jacques (1943). *Le foklore de Touraine*. Tours: Arrault.

Sauvé, Léopold-François (1889). *Le folklore des Hautes Vosges*. París: Maisonneuve.

Sébillot, Paul (1882). *Traditions et superstitions de la Haute Bretagne*, t. i. París: Maisonneuve.

— (1968). *Le Folk-Lore de France*, t. iii. *La faune et la flore*, 2.ª ed. París: Maisonneuve.

Seignolle, Claude (1964). *Les Évangiles du diable selon la croyance populaire*. París: Maisonneuve.

Smith, Kirby F. (1894). «An Historical Study of the Werwolf in Literature». *Publications of the Modern Language Association of America*, 9: 1-42.

STONE, Louise W. y William ROTHWELL (1977-1992). *Anglo-Norman Dictionary*. Londres: The London Humanities Research Association.

SUARD, François (1980). «Bisclavret et les contes du loup-garou: essai d'interprétation». En *Mélanges de Langue et Littérature françaises du Moyen Âge et de la Renaissance offerts à Ch. Foulon*, t. II. *Marche romane* 30, pp. 267-275.

SUMMERS, Montague (1933). *The Werewolf*. Londres: Kegan, Trench and Trubner et Co.

TCHOU, Claude (1976). *Guide de la France mystérieuse*. París: Princesse.

THOMPSON, Stith (1975). *Motif-Index of Folk-Literature: A Classification of Narrative Elements in Folktales, Ballads, Myths, Fables, Mediaeval Romances, Exempla, Fabliaux, Jest-Books, and Local Legends*. Bloomington: Indiana University Press, 6 vols.

*TLF* = Adolf TOBLER y Erhard LOMMATZSCH (1915-2018). *Altfranzösisches Wörterbuch*. Stuttgart: Franz Steiner Verlag, 12 vols.

TOBIN, Prudence M. (1976). *Les lais anonymes des XII<sup>e</sup> et XIII<sup>e</sup> siècles*. Ginebra: Droz.

*Topographia Hibernica* = Giraldus Cambrensis (1867). *Opera*, t. V. *Topographia Hibernica et Expugnatio Hibernica*, James F. Dimock (ed.). Londres: Longmans, Green, Reader and Dyer.

TUPET, Anne-Marie (1976). *La magie dans la poésie latine*. Lille: Service de reproduction des thèses, 1976.

VIDAL, Peire (1960). *Poesie*, D'Arco Silvio Avalle (ed.). Milán/Nápoles: Ricciardi.

VOGEL, Cyrille (1969). *Le Pécheur et la pénitence au Moyen Âge*. París: éd. du Cerf.

— (1974). «Pratiques superstitieuses au début du XI<sup>e</sup> siècle d'après le *Corrector sive medicus* de Burchard, évêque de Worms (965-1025)». *Études de civilisation médiévale (IX<sup>e</sup>-XII<sup>e</sup> siècles). Mélanges Edmond-René Labande*. Poitiers: CESCM, pp. 751-761.

WAGNER, Robert-Léon (1939). *Sorcier et magicien*. París: Droz.

WRIGHT, Thomas y James ORCHARD HALLIWELL (1845). *Reliquiae Antiquae*. Londres: Russel Smith.

# Estudios específicos

## sobre literatura artúrica

# LA CABEZA MALIGNA EN EL *ROMAN* ARTÚRICO DE *JAUFRÉ* Y EN LA LITERATURA MEDIEVAL. ESTUDIO DE UNA CREENCIA MÁGICA

No son raras las creencias mágicas sobre la cabeza. Desde hace mucho tiempo, los especialistas en sociedades primitivas, en mundos antiguos o en folclore vienen observando diversos testimonios al respecto. El gran repertorio que constituye el *Motif-Index of Folk Literature* de Stith Thompson (1958, t. ii: 120, motivo D. 992) menciona la *Magic Head*. El importante *Handwörterbuch des deutschen Aberglaubens* de Bächtold-Stäubli (1935, t. v: 202-215) dedica extensos desarrollos al tema. Numerosos estudios han demostrado que las supersticiones relacionadas con la cabeza están muy extendidas en el espacio y en el tiempo[1]. Para la historia de las creencias mágicas, la Edad Media es siempre un momento crucial: es heredera de las tradiciones antiguas y muestra una actividad creativa original. A propósito de la cabeza, es conocida, por ejemplo, la importancia de la decapitación, el tema de los santos descabezados que portan sus cabezas en sus manos o el héroe con la cabeza cortada que la vuelve a colocar tranquilamente sobre el tronco o cuerpo. Los textos artúricos ofrecen varios ejemplos de esta última situación, eminentemente dramática.[2] Pero se ha prestado poca atención a las cabezas separadas permanentemente del cuerpo, o bien a las cabezas sin cuerpo que tienen un formidable poder mágico. Me gustaría recoger aquí una serie de testimonios e intentar comprender algunas curiosas invenciones de nuestra literatura antigua.

---

1. Véanse Henri A. P. de Longpérier (1883-1887, t. ii: 311-13); Paul Sébillot (1886, t. iii: 33-40); Salomon Reinach (1911, t. 63: 25-39; 1908-1923, t. iv: 252-266); Adolphe Reinach (1913: 38-60; 253-86); Waldemar Deonna (1925: 44-69; 1965: 14-20, La cabeza); Alexander Krappe (1926: 85-92; especialmente pp. 88-90); Roger Sherman Loomis (1930: 39-62); Pierre Lambrechts (1954).
2. Véase especialmente George L. Kittredge (1916).

Una rama algo tardía del *Roman de Renart*, la rama XXIII, compuesta probablemente en la primera mitad del siglo XIII, presenta una cabeza inquietante, dotada del poder de la revelación, en una escena mágica en Toledo. Renart sigue las enseñanzas de un maestro en ciencias ocultas en esta ciudad, que era considerada la capital de la magia durante la Edad Media. Una noche baja a una sala subterránea siguiendo a su amo. Encuentra allí una cabeza hueca, confeccionada en cobre. Esta es la gran fuente de información del maestro.

> Une nuit se leva de l'estre.
> Si s'en ala après le mestre
> En une voute desouz terre,
> Ou il aloit son savoir querre
> A une grant teste cavee,
> Qui estoit de cuivre gitee.
> A cele prenoit ses conseulz
> Les plus privez et les plus seus.(*Roman de Renart*, t. II: rama XXIII, vv. 1331-1338)[3]

[Una noche se levantó de la habitación./ Y fue tras el maestro/ a una sala abovedada bajo tierra,/ a la que iba a buscar su saber/ en una gran cabeza hueca,/ que estaba fundida en cobre./ A esta le pedía sus consejos/ los más privados y los más secretos.]

El maestro se queja de la mediocridad de sus discípulos. La cabeza habla entonces y revela al maestro los grandes secretos que permiten dominar las ciencias ocultas, conocer los encantamientos y conjuros invencibles.

> Qui bien velt ovrer de cet art
> Venir l'estuet ou tempre ou tart
> Au trou d'une chambre privee.
> Croiz ne soit fete ne nomee !
> Me s'i se velt en nos fier,
> Illeques doit il sacrefier
> D'un coc marchois ou d'un noir chat.
> Qui nel puet embler, si l'achat !
> Apres die sanz autre fable :
> « Priez d'enfer tuit li deable,
> De ceste oevre soiez seignor
> Et si soit fet en votre honor ! »
> La dedenz giet son sacrefice,

---

3. Cito el texto a partir de la edición de N. Fukumoto, N. Harano y S. Susuki (*Roman de Renart*, 1983-1985, t. II).

Aprés, s'il velt, de la chambre isse ;
Ja mar fera autre proiere.
Tout puet faire son majetiere. (*Roman de Renart*, t. II: rama XXIII, vv. 1353-1368)

[Quien desee obrar con esta arte/ tiene que venir temprano o tarde/ al hueco de una cámara privada./ ¡No se haga ni se nombre la cruz!/ Pero si quiere fiarse de nosotros,/ aquí debe sacrificar/ una focha o un gato negro./ ¡Quien no pueda llevarlo, que lo compre!/ Luego dice sin hablar más:/ −Rogad a todos los diablos del infierno,/ para que dominéis este arte/ y que sea para honor vuestro./ Allí dentro arroje su sacrificio,/ luego, si quiere, salga de la sala;/ en mala hora hará otra petición./ Todo puede hacer su majestad.]

Las instrucciones son bien claras: la cabeza aconseja hacer un sacrificio infernal destinado a los demonios. La operación se realiza sobre el agujero de la letrina. El signo de la cruz, emblema de Cristo y de la religión cristiana, está prohibido de palabra y de obra. De hecho, sería suficiente para ahuyentar a los demonios. Evitaría que la ceremonia maligna se llevara a cabo. Los animales elegidos para el sacrificio tienen un aspecto ominoso. Sabemos que el gato negro se encuentra asociado a las brujas y al diablo. Esta mala reputación del gato negro es antigua. En su buen estudio *Zauberwahn, Inquisition und Hexenprozesse im Mittealter*, Joseph Hansen cita un ejemplo extraído de los *Otia imperialia* de Gervasio de Tilbury, es decir, anterior a esta rama del *Roman de Renart*[4]. En cuanto al *coc marchois*, aunque el adjetivo no se encuentre en los diccionarios, incluido el *FEW*, debe entenderse como un 'gallo de marisma, de pantano'. Debe de tratarse de un animal similar a la gallina de agua. El ave más adecuada sería la focha (*fulica atra*), de color negro y a veces llamada *coq d'aiwe* o incluso, debido a su color, *diable de mar* en provenzal, *diablo de mar* en español[5]. El homenaje a los demonios indica que se trata de magia negra. El oficiante invoca a los demonios. No cabe duda de que ellos son los que operarán después de que el mago lance sus conjuros.

Robert L. Wagner no explotó esta escena bastante extraordinaria en su estudio *'Sorcier' et 'Magicien', Contribution à l'histoire du vocabulaire de la magie*. Pero las siguientes observaciones de este autor pueden aplicarse a nuestro pasaje:

Guillermo de Auvernia... discute bien el problema que surge en relación con las palabras mágicas. ¿Son ellos los que por sí mismos atan a los poderes sobrena-

4. Joseph Hansen (1900: 40). Más tarde Villon alude a esta mala fama del gato negro en su *Testament* (vv. 1432-33). Encontraríamos fácilmente otros testimonios. Véase, por ejemplo, Robert L. Wagner (1939: 111, Etienne de Bourbon; y 115, Alain de Lille).
5. Tomo prestada esta información de Eugène Rolland (1877, t. I: 366).

turales, o más bien los espíritus no obedecerían a los magos en la medida en que estos los adoran? Él se pronuncia a favor de esta segunda hipótesis. (Wagner, 1939: 110)

En el *Roman de Renart* se realiza este sacrificio para conjurar los poderes infernales. Las palabras pronunciadas indican que el celebrante actúa para honrar a los demonios, los reconoce como sus amos (se emplea la palabra *seignor*) y les rinde homenaje.

Una vez informado de los ritos que hay que realizar, Renart se apresura a seguirlos. Los escrúpulos no lo detienen. Lejos de él emprender una larga caminata para secuestrar un gallo. Se apodera del gallo de la casa y hace lo necesario en la *longaigne* (c. 1379)[6]. Después lanza conjuros y encantamientos cuyo contenido no se nos especifica:

Fist ses charmes et ses caraudes,
Ses conjurements et ses laudes. (vv. 1383-1384)

[Hizo sus encantamientos y sus sortilegios,/ sus conjuros y sus alabanzas.]

Se utilizan otros términos, sin que se nos informe sobre la naturaleza exacta de los hechizos[7], pero suponemos que obtuvo un poder sobrenatural. Se mueve tan rápido como el viento (v. 1386). En la corte del rey Noble hace aparecer animales fantásticos; multiplica la fantasmagoría (vv. 1484-2006). Se repite varias veces que los diablos son quienes realmente actúan tras de estos simulacros. (vv. 1509, 1706, 1979). De hecho, Renart comanda a los demonios.

Haría falta detenerse un poco en este escenario de magia para tratar de comprender la función de la cabeza en este conjunto. La evocación de toda la operación mágica es, por cierto, más interesante que la presencia de esta enigmática cabeza. Retornemos ahora a la cabeza mágica. Ciertamente, desempeña un papel menor, ya que solo es una informante. Sin embargo, no puede decirse que sea un mero accesorio. Se encuentra escondida en las profundidades de la tierra, ¡una clara señal de que tiene un valor inestimable y que no está destinada al común de los mortales! Guarda además secretos extraordinarios. Mejor aún, acepta hablar y hacer las revelaciones decisivas. Sin ella, el neófito nunca se habría iniciado. Nunca habría sabido poner a los demonios a su servicio. Habría ignorado completamente los ritos de la ceremonia mágica y las palabras que había que pronunciar para atraer a los demonios hacia él. Esta vez revela al instructor

---

6.　*longaine* (del lat. *longanea*): 'retrete, letrina'.
7.　Se trata de *conjures* (v. 1977), de *ynvocations* (v. 1485), de *forz conjurations* (v. 1486), de *enchantement* (v. 1488), de *enchant* (v. 1489). Se advertirá que muy rápido ofrece un gato a los diablos para reconciliarlos (v. 1487).

de Renart, el especialista en ciencias ocultas, los últimos secretos de su arte. Se nos dice que este personaje va a menudo a consultar la cabeza mágica. De estas entrevistas ocultas extrae la esencia de su conocimiento. Vemos, pues, que se trata de una cabeza erudita que revela de forma progresiva los misterios del arte mágica al discípulo y lo convierte finalmente en un adepto.

Esta cabeza mágica forma parte de la serie de cabezas extraordinarias que responden a las preguntas de los mortales y predicen el futuro. A veces, en los cuentos, cumple esta función una calavera. El motivo de la cabeza cortada que habla no es desconocido. Waldemar Deonna ha consagrado un interesante estudio a este tema (Deonna, 1925). El *Handwörterbuch des deutschen Aberglaubens* ofrece otros testimonios y habla de una *Kopfmantik*, que ya se practicaba en la antigüedad (Bächtold-Stäubli, 1935, t. v: 204-205). Los griegos empleaban una *képhalaiomantéia*. Pierre Lambrechts también mencionó algunas cabezas oraculares en su libro *L'Exaltation de la tête dans la pensée et dans l'art des Celtes* (1954: 109). Se consideraba que la cabeza, sede del principio vital y del conocimiento, tenía vida propia. Podía existir independientemente del cuerpo, hablar y profetizar.

También existen cabezas artificiales, hechas de cobre, bronce, etc., con conocimientos superiores y el poder del habla. Las leyendas sobre Virgilio en la Edad Media se hacen eco de ello. Arturo Graf lo señala en su siempre útil libro *Roma nella memoria e nelle immaginazioni del Medio Evo* (1882-1883, t. ii: 255). Virgilio habría confeccionado una cabeza mágica de cobre para satisfacer todas sus preguntas. John W. Spargo (1934: 61-66 y 132-134) cita varios textos que atribuyen a Virgilio la invención de una cabeza profética. El primer testimonio aparecería en la *Image du Monde*. El análisis del texto en verso realizado por Charles Victor Langlois (1911: 106) menciona la cabeza parlante que predice el porvenir[8]. Podríamos decir que se trata de un motivo de cuento: el *Oracular artificial head*, mencionado en el *Motif-Index* de Stith Thompson (t. ii: 169, motivo D. 1311.7.1.). En el *Roman de Renart*, la cabeza hueca en el interior (*chavee*), fundida en cobre (*de cuivre gitee*), es una variante particular del *Oracular artificial head*. Posee sin duda conocimientos sobrenaturales, pero no está en posesión de todos los poderes. Sirve de intermediaria entre el hombre y el mundo de los diablos, un poco como Saladino en el *Miracle de Théophile*. La cabeza se encuentra en relación con el mundo de los espíritus malignos, sin que sea necesario creer que un diablo invisible se esconda en su interior y hable por su boca[9].

8. No he podido consultar los comentarios adicionales presentados por Arthur Dickson en su obra *Valentine and Orson: A Study in Late Medieval Romance* (1929: 191-216).
9. Se decía que Gerbert tenía un demonio encerrado en una cabeza de oro y que lo consultaba a menudo. Véase Thorndike (1923, t. i: 705). Para otros ejemplos de cabezas parlantes, véase Thorndike (1923, t. i: 662 y t. ii: 680 y 825).

Es inútil cuestionarnos el origen de su poder mágico. ¿La magia está sujeta a la razón? En esencia, lo irracional escapa a las explicaciones. La cabeza mágica, escondida bajo tierra, revela parte de los misterios ocultos. En la medida en que se pone en contacto con los demonios, adquiere un carácter claramente maligno. Una cabeza infinitamente más formidable aparece en el episodio de los leprosos del *Roman de Jaufré*. Un encantamiento impide al héroe abandonar el lugar, una vez que ha matado al horrible dueño de la casa, el monstruoso leproso. Aunque la puerta está abierta, no puede cruzar el umbral (vv. 2543-2552). Se pronuncia la palabra *encantamen* (v. 2740). Un servidor del leproso informa al héroe de que, para romper el encantamiento, debe romper la cabeza de un joven que se halla colocada en el hueco de una ventana, o en una trampa, si seguimos la sugerencia de Clovis Brunel (vv. 2748-2756). Jaufré es advertido de que debe llevar una armadura para evitar ser aplastado cuando la casa se derrumbe. La escena se desarrolla como se anuncia, en una choque tormentoso. Merece la pena observar el pasaje con atención.

> Puis laisa sun elme lusen,                2770
> E es vengutz a la fenestra
> E a vista laïns la testa,
> Asauta, bela e ben faita.
> E aqi eus el la n'a traixa,              2774
> E va si en u banc pausar,
> E puis va sus un colp donar
> Que tuta l'a per mig partida.
> E la testa sail sus e crida.            2778
> E cibla e mena tormen.
> par qe tug li elemen
> E-l cel e la terra s'ajusta,
> E no-i reman peira ni fusta             2782
> Qe l'us ab l'autre no-s combata
> E qe sobre Jaufre no bata
> E nu-l feira de tal mesura
> Qe grans feresa er s'o dura.            2786
> E fes escur e trona e plou.
> E Jaufre esta, qe no-s mou,
> Ans met l'escut sus en la testa.
> E casun fouzers e tempesta              2790
> nu-i a trau ni cabrïon,
> Teule ni peira ni cairon
> Qe nu-l don un colp o un burs.

E-I cels es trebols e escurs,    2794
E leva-s un'aura tan grans
Qe tot ne porta entrenans
C'a pauc Jaufre no n'a portat
Si non ages Deu reclamat;    2798
E levet si tal polverieira,
Tal tabust e tal fumadeira
Qe no pogratz lo cel veser,
E prendun peiras a caser    2802
E lams e fouzers mot sovent,
E anet s'en ab aqel vent
Tota aqela maldisïun,
Qe no-i remas de la maison    2806
Fundamenta ni nuila res
Plus qe s'anc res nu n'i ages.
E Jaufre remas totz cassatz... (*Roman de Jaufré*, 1960: 184-186, vv. 2770-2809)[10]

[Luego se enlaza su brillante casco/ y se acerca a la trampa./ Ve la cabeza en el interior,/ atractiva, bella y bien hecha./ Inmediatamente la saca de allí,/ se sienta un momento en un banco/ y luego le da un golpe/ que la parte en dos./ Inmediatamente la cabeza salta en el aire, grita,/ sisea y hace un gran ruido./ Parece como si todos los elementos,/ el cielo y la tierra, chocaran./ No queda una piedra o una viga/ que no luche entre sí,/ que no se abata sobre Jaufré/ y lo golpee de tal manera,/ que sería terrible si durara./ El aire se oscurece, truena, llueve./ Jaufré permanece inmóvil./ Alza el escudo sobre su cabeza./ Se abaten sobre él los relámpagos y la tormenta./ No hay viga ni cabrio,/ teja ni piedra o escombro/ que no lo alcance y lo golpee./ El cielo está sombrío y oscuro,/ y se levanta un viento terrible,/ tan fuerte que se lleva todo por delante./ Se habría llevado a Jaufré,/ si no hubiera invocado a Dios./ Se levanta tal polvareda,/ tal ruido y humareda,/ que resulta imposible ver el cielo./ Y comienzan a caer piedras,/ rayos y relámpagos en

10. He verificado el texto del ms. 2164 de la BNF, ahora digitalizado en color. Edito pues el v. 2775 *E va si.* El mismo texto se encuentra en la edición de Clovis Brunel (1943, t. i: 97-99, vv. 2770-2809), con pequeñas diferencias de presentación (los pronombres enclíticos permanecen unidos a la palabra precedente en la edición, como en el manuscrito. Prefiero, como Lavaud y Nelli, separarlos por un guion); en el v. 2775, Brunel edita *va* (buen texto que sigo). En el v. 2779, edita *cibla* (texto del manuscrito) y no *sibla*. Sobre *fenestra*, palabra presente ya en el v. 2749 (*A una testa de tozet / Enclausa en una fenestra*), Clovis Brunel escribe a lápiz en su propia copia personal del *roman*, refiriéndose a los diccionarios de Godefroy y Du Cange que la palabra aquí debe significar «jaula, trampa para atrapar pájaros». Muy inteligente comentario. Por eso entiendo los vv. 2749-2750 así: «Hay una cabeza de un joven encerrada en una trampa».

abundancia./ Con este viento tempestuoso desaparece/ toda aquella maldición./ No queda nada de la casa,/ ni los cimientos ni ninguna otra cosa,/ como si nunca hubiera habido nada allí./ Y Jaufré quedó completamente abatido en el suelo.]

Hemos de convenir que a esta prodigiosa escena no le falta ni fuerza ni coherencia. El punto de partida es la necesidad del héroe de romper el encantamiento. Esto se hace de forma violenta. Para romper el hechizo que se cierne sobre el lugar, hay que romper la cabeza mágica. Es posible hablar de un *Disenchantment by striking* (Thompson, 1958, t. II: 82, motivo D 712.3). En la base de los comportamientos mágicos se encuentra siempre un razonamiento por analogía. Para romper el hechizo es necesario un movimiento violento. El golpe de espada que parte en dos la cabeza simboliza la destrucción del poder mágico. Hace algo más que simbolizar, realmente la abate. La acción guerrera que destroza la cabeza elimina la efigie que vigilaba constantemente el lugar a la manera de un radar o de un sistema de protección invisible. Podemos suponer que si se emplazó la cabeza en el hueco de una ventana real, fue para vigilar mejor la sala y la puerta. Si, como yo creo, debemos entender *fenestra* en el sentido de 'trampa', esto significa que la cabeza se encuentra protegida contra toda agresión. Todo hombre, nos dice el texto, que cometiera un acto hostil en el interior («*qe ren sai forfezes*»; v. 2743) ya no podría salir del recinto. Para los habitantes de la Edad Media, sin duda, unos lazos invisibles o un muro de aire impedían al agresor atravesar la puerta. Uno puede pensar en el huerto maravilloso de *Erec et Enide*, rodeado de un muro de aire mediante *nigromance* (*Erec et Enide*, 1952: 173, v. 5692.), o en un pasaje del *Perlesvaus* (1932, t. I: 286-288) en el que vemos vemos a Arturo intentando en vano entrar en una capilla cuya puerta está abierta (*Perlesvaus*, 1932, t. I: 286-288). Al romperse la cabeza, Jaufré destruye irremediablemente todo el sistema de detección y protección. A partir de ese momento, la cabeza mágica se enfada, los poderes invisibles se desatan. No vuela la casa una explosión: es golpeada por un tornado que no deja nada de ella, como si los demonios se precipitaran sobre ella para castigar al insolente que se atrevió a dañar el delicado mecanismo de vigilancia.

Podríamos citar varios ejemplos donde vemos una cabeza maligna produciendo daño o destrucción. Waldemar Deonna (1925: 68) cita el caso de un cráneo al que un transeúnte lanza una piedra y que inmediatamente se desquita rebotando y cegándolo[11].

Podríamos mencionar también la cabeza espantosa, nacida de la unión de un mortal con una mujer muerta que acaba de ser enterrada. Esta cabeza, de la que hablan tanto Gervasio de Tilbury como Gautier Map, tiene el poder de destruir

---

11. Se trata de un pasaje de la *Anthologie grecque*, I, 267.

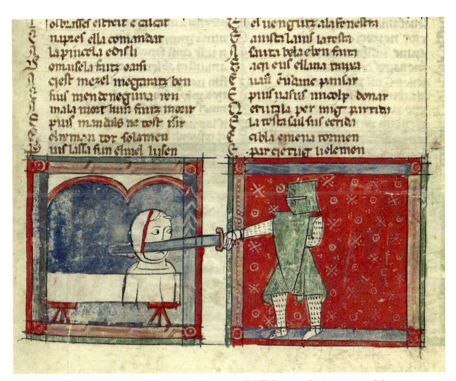

Episodio de la cabeza maligna. *Roman de Jaufré.* BNF, fr. 2164, f. 34, principios del s. xiv.

a todos los que la miran con más eficacia que la Gorgona. Cuando finalmente lo arrojan al mar, se producen terribles tormentas en ese lugar[12]. Sin embargo, la cabeza mágica del *Roman de Jaufré* es muy diferente. No se trata en absoluto de un cráneo; se trata de un busto. El texto habla de la cabeza de un joven (*de tozet*, v. 2748). No hay duda sobre el significado de la palabra, como lo demuestran claramente los numerosos ejemplos recogidos por Emil Levy (1924, vol 8: 337-339, *s.v. tozet*). La mención del *tozet* es quizá un detalle sin importancia, una palabra convocada por la rima.

La interesante miniatura del ms. BNF fr. 2164, f. 34, reproducida aquí, nos da una idea de cómo el ilustrador entendía el texto. Para él, la cabeza mágica es una enorme cabeza blanca. La representa colocada sobre una larga mesa cubierta por un mantel. A su juicio, Jaufré la colocó allí para golpearla más cómodamente. Está hecha de un material blanco y duro. Un capuchón muy ajustado enmarca la

12. Véase *Otia imperialia* (1856: II y 93); Walter Map (1983: 366-268). El texto ha sido mencionado por Salomon Reinach (1912, t. IV: 262). El mismo autor cita una historia parecida (1912, t. IV: 260).

cabeza y oculta el cabello. La vemos hacer una suerte de mueca cuando la espada del héroe le da un golpe terrible. La cabeza congelada contempla al atacante. Todavía se encuentra inmóvil. Se la representa en el momento dramático en que la espada la parte en dos. Así es como un iluminador de principios del siglo xiv imaginó una ilustración de la escena. No podemos acusarlo de haber malinterpretado el texto. Al representar una cabeza monumental sobre una mesa blanca, es sensible al carácter fantástico de la escena.

Resulta evidente que, para el ilustrador, la cabeza no es la de un enemigo inmolado. Aunque en la casa del leproso monstruoso se sacrifican niños (vv. 2662-2712), tampoco se representa allí la cabeza de una víctima inocente. El cráneo de un muerto solo podía desempeñar el papel de un fetiche, de un talismán, asegurando la fuerza guerrera del difunto a su poseedor (Reinach, 1913: 285-286). La función que realiza la cabeza mágica es muy diferente, ya que el encantamiento depende de ella. Es la pieza clave del mecanismo que se pone en marcha. No tenemos medios para ir mucho más allá en la explicación de la escena. La cabeza que vigila lo que ocurre en la casa y que prohíbe a los enemigos abandonar el recinto elige entre los personajes. No impide que salgan el siervo del leproso, la joven y los niños. Solo Jaufré se encuentra retenido dentro. En otras palabras, la cabeza no solo está en el centro del dispositivo mágico, sino que también hace una selección como si se encontrara dotada de discernimiento. No hablamos de inteligencia artificial (la palabra sería inapropiada) ni de autómatas (el término sería inexacto, ya que no se trata de un robot que se mueve). Debemos contentarnos con asumir que la cabeza tiene poder de mando y de decisión.

¿Debemos creer que tras este rostro seductor se esconde un diablo? No es imposible. La agitación frenética que se apodera de ella cuando se rompe el encantamiento demuestra que tiene tanto una cierta vida como una rabia innegable. Por otra parte, el tornado destructor que acompaña al fin del hechizo tiene un sorprendente parecido con los desastres causados por demonios furiosos. En la Edad Media, se creía que los demonios volaban por el aire y derribaban furiosamente los tejados de las casas, los campanarios de las iglesias y las cosechas sin recoger. Las tormentas se atribuyen a la acción de los demonios. Recordemos que en la *Queste del Saint Graal* (1923: 110), cuando el diablo, disfrazado de mujer, abandona a Perceval, una ráfaga de viento tumba bruscamente la tienda del héroe, nubes negras invaden el aire, grandes torbellinos agitan el mar al paso de los espíritus malignos.

En el *Roman de Jaufré* no se pronuncia el nombre del diablo. No se dice que la cabeza funcione con la ayuda de los espíritus infernales. Todo parece suceder en un mundo menos problemático. No obstante, hay que recordar que la casa del leproso es un lugar en el que se cometen crímenes horribles (allí se asesina a niños pequeños). El desenlace del episodio con esta furiosa tormenta en la que se da rienda suelta a los elementos desencadenados, la anotación de que Jaufré habría sido arrastrado por el tornado si no hubiera invocado el nombre de Dios (vv. 2797-2798), todo ello otorga a la escena un aspecto muy inquietante. Tenemos la impresión de que, si la cabeza tiembla de rabia, es porque hay un demonio dentro de ella. Tenemos la tentación de creer que si la casa se derrumba es a causa de que un demonio huye rompiendo todo a su paso. Si tuviéramos tiempo para comparar la descripción con la extensa evocación del final de los encantamientos en la Dolorosa Guardia en el *Lancelot en prose* (1983, t. viii: 416-418), podríamos encontrar puntos en común. El autor del *Lancelot* implica expresamente a los demonios. Aquí se encuentran escondidos, pero el desenlace sugiere su presencia.

A partir de estos ejemplos no es posible sacar conclusiones generales. Se necesitan muchos más casos para intentar darles un sentido. ¿De dónde viene la idea de una cabeza mágica? Arthur Dickson consideró que la cabeza que habla o profetiza es una continuación del *oracular idol*. John W. Spargo pensó en autómatas de aire impulsado capaces de emitir sonidos[13]. Sin duda, estos elementos desempeñaron un papel, especialmente las estatuas de antiguos dioses o ídolos a los que se les atribuía un poder oracular. También pueden ofrecerse otras razones, porque la cabeza mágica no solo responde a las preguntas formuladas. Puede revelar secretos, proporcionar protección, tener un verdadero poder sobrenatural, tener un efecto beneficioso o perjudicial. Las antiguas supersticiones sobre el conocimiento y el maravilloso poder de una cabeza separada del cuerpo deben haber influido. También hay que tener en cuenta la existencia de relicarios en forma de cabezas, especialmente venerados por los fieles, dispensadores de augustos beneficios. En el mundo cristiano había signos visibles del poder milagroso de ciertas cabezas excepcionales. Todo ello contribuyó, de diversas maneras, a la supervivencia episódica de la cabeza mágica en los textos y en los sueños de la gente.

## Bibliografía citada

Bächtold-Stäubli, Hanns (1927-1942). *Handwörterbuch des deutschen Aberglaubens*. Berlín: De Gruyter, 10 tomos.

Deonna, Waldemar (1925). «Orphée et l'oracle de la tête coupée». *Revue des études grecques*, 38: 44-69.

— (1965). *Le Symbolisme de l'oeil*. Berna: Francke.

---

13. Sobre estas diferentes hipótesis, véase Spargo (1934: 132-134).

DICKSON, Arthur (1929). *Valentine and Orson: A Study in Late Medieval Romance*. Nueva York: Columbia University Press.

*Erec et Enide* = (1952). *Les romans de Chrétien de Troyes édités d'après la copie de Guiot (Bibl. nat. n. 794), t. I. Erec et Enide*, Mario Roques (ed.). París: Champion (CFMA, 80).

GRAF, Arturo (1882-1883). *Roma nella memoria e nelle immaginazioni del Medio Evo*. Turín: E. Loescher.

HANSEN, Joseph (1900). *Zauberwahn, Inquisition und Hexenprozesse im Mittelalter und die Entstehung der grossen Hexenverfolgung*. Munich: R. Oldenbourg [reimp. Scientia Verlag -Aalen, 1983].

KITTREDGE, George L. (1916). *A Study of Gawain and the Green Knight*. Cambridge, Massachussets: Harvard University Press.

KRAPPE, Alexander H. (1926). «Un parallèle oriental de la légende de l'empereur Trajan et du pape Grégoire le Grand». *Le Moyen Âge*, 36: 85-92.

LAMBRECHTS, Pierre (1954). *L'Exaltation de la tête dans la pensée et dans l'art des Celtes*. Brujas: De Tempel.

*Lancelot en prose* = (1978-1983). *Lancelot, roman en prose du XIII^e siècle*, Alexandre Micha (ed.). Ginebra: Droz, 9 vols.

LANGLOIS, Charles Victor (1911). *La Connaissance de la nature et du monde au Moyen Âge*. París: Hachette.

LAVAUD, René y René NELLI (1960). *Les Troubadours*, t. I, *Le Roman de Jaufre*. París: Desclée De Brouwer.

LEVY, Emil (1894-1924). *Provenzalisches Supplement-Wörtenbuch*. Leipzig: O. R. Reisland [reimp. Hildesheim, 1973].

LONGPÉRIER, Henri Adrien P. de (1883-87). *Antiquités grecques, romaines et gauloises*, t. II. En *Oeuvres, réunies et mises en oeuvre par Gustave Schlumberger*. París: Leroux, 7 tomos.

LOOMIS, Roger Sherman (1930). «The Head in the Grail». *Revue celtique*, 48: 39-62.

MAP, Walter (1983). *De Nugis curialium*, Montague R. James (ed.). Oxford: Clarendon Press (nueva ed. 1983).

*Otia imperialia* = (1856). *Des Gervasius von Tilbury Otia imperialia*, Félix Liebrecht (ed.). Hannover: Carl Rümpler.

*Perlesvaus* = (1932-1937). *Le haut livre du Graal, Perlesvaux*, William A. Nitze y T. Atkinson Jenkins (ed.). Chicago: University of Chicago Press [reimp. Nueva York: Phaeton Press, 1972].

*Queste du Saint Graal* = (1923). *La Queste du Saint Graal, roman du XIII^e siècle*, Albert Pauphilet (ed). París: Champion, 1923.

REINACH, Adolphe (1913). «Les têtes coupées et les trophées en Gaule». *Revue celtique*, 34: 38-60 y 253-86.

REINACH, Salomon (1908-1923). *Cultes, Mythes et Religions*. París: Leroux.

— (1911). «La tête magique des Templiers». *Revue de l'histoire des Religions*, 63: 25-39.

ROLLAND, Eugène (1877-1911). *Faune populaire de la France*. París: Maisonneuve [reimp. 1967].

*Roman de Jaufré* = (1943). *Jaufré, roman arthurien du XIII^e siècle en vers provençaux*, Clovis Brunel (ed.). París: Société des anciens textes français, 2 vols.

*Roman de Renart* = (1983-1985). *Le Roman de Renart (édité d'après les mss. C. et M.)*, N. Fukumoto, N. Harano y S. Susuki (ed.). Tokyo: France Tosho, 2 vols.

SÉBILLOT, Paul (1886). «La tête de mort dans les superstitions et les légendes». *L'Homme, Journal illustré des sciences anthropologiques*, 3: 33-40.

SPARGO, John W. (1934). *Virgil the Necromancer, Studies in Virgilian Legends*. Cambridge, Massachussets: Harvard University Press.

THORNDIKE, Lynn (1923). *A History of Magic and Experimental Science*, vol I. Nueva York: Columbia University Press.

THOMPSON, Stith (1955-1958). *Motif-Index of Folk Literature, revised and enlarged edition*. Copenhague: Rosenkilde and Bagger, 6 vols.

WAGNER, Robert L. (1939). *'Sorcier' et 'Magicien'; Contribution à l'histoire du vocabulaire de la magie*. París: E. Droz.

«Ci devise conment perceval le galois vint chiez le roy pescheeur et devise conment le roy pescheeur li enquiert de pluseurs choses et conment il sont assis a table et conment on aporta la lance qui sainne et l'espee et le saint graal par devant eulz». *Perceval ou Le Conte du Graal*, c. 1330. París, BNF, fr. 12577, f. 213v.

# LA ENIGMÁTICA PORTADORA DEL GRIAL

S e ha escrito mucho acerca de la escena del Grial y, en consecuencia, sobre la Portadora del Grial. Querría volver a esta criatura y revisar y discutir las principales interpretaciones propuestas para este personaje enigmático, como tantas otras del famoso episodio denominado «del Grial» en Chrétien de Troyes. No será posible examinar con detalle todos los elementos del cortejo del Grial. Me voy a limitar a este personaje, al que se ha querido dar importancia e incluso preeminencia. ¿Se merece el honor que se le ha concedido? No estoy seguro.

Se citará el texto del *Conte du Graal* de Chrétien de Troyes a partir de la edición de Keith Busby (1993), que parece más completa para las variantes que la de Alfons Hilka (1932), igualmente consultada, muy considerable por las excelentes notas que aporta. La edición de Keith Busby se basa en el ms. *T*, es decir el manuscrito parisino BNF fr. 12576. Es el mismo manuscrito que había utilizado William Roach (1956) en su pequeña edición. El ms. *A*, llamado manuscrito de Guiot (BNF, fr. 794), parece claramente menos bueno. Creo haberlo demostrado en un artículo que publiqué en los *Mélanges Pierre Jonin* (Ménard, 1979: 449-457)[1]. A decir verdad, para el episodio estudiado ahora no hay una gran diferencia entre los manuscritos. Las variantes no son sino

---

1. A propósito de la Portadora del Grial creo haber demostrado (Ménard, 1979: 451 y 453) que el calificativo *jointe*, traducido por Félix Lecoy '*gracieuse, élégante*', no era adecuado. El sentido aportado por el editor parece inventado a partir del contexto. En rigor, el matiz '*agréable*' podría ser admisible (*DEAF*, 2006: fasc. J 3, T, c. 456). Pero la lectura única del ms. *A* parece un error o una innovación. Hay que corregir e imprimir *gente*, lectura de todos los demás manuscritos.

diminutas ondulaciones en la superficie de una ola cristalina, pero cuyo singular reflejo oculta siempre misterios.

En el presente trabajo el examen se centrará sobre todo en el texto del *Conte du Graal*. Pongo mayúscula en la última palabra por la insigne belleza que se le concede en el texto y, también, por su presencia en el título del *roman*, aun cuando pienso que su papel es de menor importancia en la economía de la obra. En los episodios en los que no aparece ninguna cristianización del motivo sería mejor, a mi parecer, escribir «grial» con minúscula inicial, en vez de engalanarlo con una mayúscula que le da una grandeza quizás usurpada.

Al relato de Chrétien conviene añadir otras obras que permiten realizar una mirada más amplia del problema, como las *Continuations du Conte du Graal*, como el *Parzival* de Wolfram de Eschenbach o incluso el *Lancelot en prose*. Por razones diversas estas comparaciones son instructivas y muestran la evolución del motivo, los cambios aportados por los distintos narradores.

## 1. La escena

Recordemos brevemente desde el comienzo, cómo la Portadora, personaje anónimo, interviene en el relato de Chrétien de Troyes. Perceval acaba de ser recibido por el Rey Tullido. Este está sentado sobre un lecho situado en medio de la sala (v. 3085). Hace que el joven se siente a su lado. Dejemos al margen el motivo de la espada regalada a Perceval (no afecta a nuestro actual propósito) y consideremos solamente el cortejo (el término «procesión» no resulta conveniente) que desfila muy deprisa, mientras que ellos dos están hablando sobre el lecho. En primer lugar, un joven que sujeta recta en el aire una lanza, cuya punta sangra y deja caer una gota de sangre sobre la mano del portador (vv. 3190-3201). A continuación, otros dos jóvenes (Chrétien había dicho *vallés*, 'criado', en el v. 3191 para el primero de ellos) que llevan sendos candelabros en los que hay, al menos, diez velas encendidas (vv. 3214-3219). Por último, la tercera persona del cortejo, a la que Chrétien llama *damoisele*, 'doncella'. Recordemos que el término designa habitualmente a una joven de condición noble. En la jerarquía social, la *Damoiselle* se encuentra por debajo de la *Dame* (*TLF*, 1978, t. VI: 1090)[2]. Escuchemos los versos de Chrétien:

---

2. El *T-L* (t. I, c. 1182-1183) suministra los significados siguientes: 1) 'muchacha joven distinguida' (*vornehmes Fräulein*); 2) 'amante, Dama' (*Herrin, Herrscherin*). Recuerdo que el verbo *herrschen* quiere decir 'dominar'; 3) 'esposa de un escudero' (*Gattin eines escuier*). En su importante *Glossaire* de la *Première Continuation (1955*, vol. III, 2: 244*)*, Lucien Foulet observa con razón que el término *pucele* indica «une jeune fille purement et simplement» ('pura y simplemente una muchacha joven') mientras que *«damoisele* añade un matiz de distinción social». Acerca del término *pucele*, véase Leo Spitzer (1951: 100-107).

Un graal entre ses .II. mains
Une damoisele tenoit,
Qui avec les vallés venoit,
Bele et gente et bien acesmee.
Quant ele fu laiens entree
Atot le graal qu'ele tint,
Une si grans clartez i vint
Qu'ausi perdirent les chandoiles
Lor clarté, comme les estoiles
Quant li solaus lieve ou la lune. (*Conte du Graal*, 1993: vv. 3220-3229)

[Un grial con las dos manos/ sujetaba una doncella,/ que venía con los criados,/ bella, agradable y bien ataviada./ Cuando entró allí/ con el grial que llevaba,/ sobrevino tan gran claridad/ que todas las velas perdieron/ su luz como las estrellas/ o la luna cuando sale el sol.]

La luz que emana del receptáculo denominado del grial sobrepasa con mucho la de las velas. ¿Es una hipérbole del autor, o bien un prodigio? ¿Sería la simple reverberación del resplandor de las velas sobre el oro y las piedras preciosas del recipiente? Esta explicación positivista, racionalista, materialista parece difícil de admitir. ¿Sería un halo mágico? D.D.R. Owen sostuvo en un artículo «The Radiance in the Grail Castle» (1962: 108-117) que la viva claridad que irradia repentinamente emana no del grial, sino de la criatura que lo lleva: en su espíritu se trataría de una hada. Madeleine Tyssens, de espíritu positivista, contestó que la claridad irradiada no traduce ninguna fuente céltica, pues el motivo de la belleza luminosa de una mujer es corriente en la literatura medieval (Tyssens, 1963: 299-313). Para ella, «la claridad que rodea a la portadora del grial (pone minúscula en la palabra *porteuse*), no revela ni santidad, ni *faerie*» ('condición de hada'; Tyssens, 1963: 313).

Se podría debatir durante mucho tiempo acerca de la luz del grial. Robert de Boron en su *Roman de l'Estoire dou Graal* (1927) señala que el receptáculo sagrado (reliquia de la Crucifixión) entregado por Cristo en persona a José en su prisión *grant clarté seur lui gita* («arrojó gran claridad sobre él»; v. 719) y la *chartre enlumina* («iluminó la cárcel»; v. 720). En un contexto cristiano, la luz tiene relación con la presencia de Dios. El artículo «Licht» del *Lexicon der christlichen Ikonographie* (1971, t.3: 95-98) da muchos testimonios (así, especialmente, los motivos siguientes: *Gott ist Licht; Christus selbst ist die Verkörperung des göttlichen Licht; Das Licht manifestiert das Wesen Gottes selbst und seines Sohnes ebenfalls;* t.3: 98). Pero aquí la presencia de Dios no es visible. En otros lugares, como indica este diccionario, la luz es el signo de la llegada de Dios («*Das mystische Licht als Zeichen der Herkunft von Gott in der Atmosphäre*»; 1971, t.3: 98). No hay nada de eso en Chrétien de Troyes. El clima de la escena es completamente diferente. ¿Ha querido el autor dar un aspecto extraordinario al grial? Es inverosímil que sea la portadora, solo ella, quien difunda esta extraordinaria luz. Esta claridad repentina emana del grial. Parece sobrenatural, como a veces algunos detalles del castillo del Rey Tullido.

Chrétien da rápidamente algunas precisiones suplementarias sobre el grial:

> Li graals, qui aloit devant
> De fin or esmeré estoit ;
> Pierres prescïeuses avoit
> El graal de maintes manieres,
> Des plus riches et des plus chieres
> Qui en mer ne en terre soient.
> Totes autres pierres passoient
> Celes del graal sans dotance. (vv. 3232-3239)

[El grial, que iba delante,/ era de fino oro puro;/ tenía piedras preciosas/ el grial, de muchas clases,/ de las más ricas y de las más caras/ que hay en el mar y en la tierra./ a todas las demás piedras superaban/ las del grial, sin duda.]

Nos enteramos también de que Perceval no ha planteado la pregunta que tenía que haber hecho. Igual que ha omitido interrogar al Rey Tullido acerca de la lanza que sangra (vv. 3204-3205). No ha preguntado nada «*Del graal cui l'en en servoit*» («Con el grial, a quién se servía»; v. 3245). Sin que nada haya sido precisado hasta ahora, adivinamos que este grial es un objeto del servicio de mesa de un personaje que hay en otra habitación del castillo. Sabremos más tarde, por el ermitaño, tío de Perceval, que con él se sirve a un rey anciano, hermano del ermitaño y también hermano de la madre de Perceval, padre del Rey Pescador (vv. 6415-6419)[3]. Se nos dirá que en vez de contener grandes pescados, como lucios, salmones o lampreas (v. 6421), el grial solo contiene una hostia, lo que es paradójico con respecto a la naturaleza del recipiente y a su tamaño:

> D'une sole oiste li sains hom,
> Que l'en en cel graal li porte,
> Sa vie sostient et conforte,
> Tant sainte chose est li graals.
> Et il est si esperitax
> Qu'a se vie plus ne covient

---

3. No es necesario decir, como hace por error Keith Busby en el Índice de su bella edición (*Conte du Graal*, 1993: 542), que el Rey Pescador es «tío» de Perceval. A pesar de su edad y de sus cabellos en parte blancos, es primo del héroe.

Cortejo del Grial. *Perceval ou Le Conte du Graal, c.* 1330. París, BNF, fr. 12577, f. 213v.

Que l'oïste qui el graal vient.
Douze ans i a esté issi
Que fors de la chambre n'issi
Ou le graal veïs entrer. (vv. 6422-6431)

[Con una sola hostia/ el santo hombre/ que se le lleva en este grial,/ mantiene y consuela su vida,/ ¡tan santa cosa es el grial!/ Es tan espiritual,/ que para su vida no necesita más/ que la hostia que viene en el grial./ Doce años ha estado así,/ que ho ha salido de su habitación/ en la que visteis entrar el grial.]

Última persona que desfila: una joven criatura que lleva una fuente de plata para cortar, llamada *tailleoir* ('tajador, trinchador'; v. 3231). Chrétien no le dedica más que dos versos, sin hacer el menor comentario sobre su aspecto físico. Tendremos que preguntarnos si la Portadora del Grial tiene más importancia que la portadora del *tailleoir*. A pesar de las primeras apariencias, yo creo que no.

Los dos primeros grupos de personajes desfilan ante el lecho y entran en otra habitación («*et d'une chambre en autre entrerent*»; v. 3241). Por el contrario, se ve rápidamente que el *tailleoir d'argent* no va al mismo sitio que el resto de los objetos. Se detiene en la gran sala en la que están el Rey Tullido y Perceval (v. 3287).

Después de que pase el cortejo, traen una mesa, que se puede calificar de volante (v. 3260); la colocan sobre soportes (.*II. eschaces*, v. 3267, «dos caballetes»)[4]. Se le pone el mantel y a continuación se sirve una pierna de ciervo, llamada *hanche de cerf* (vv. 3280-3281). Se utiliza el *tailleoir* para cortar filetes de esta pieza.

---

4.  Señalé en los *Mélanges offerts à Pierre Jonin* (Ménard, 1979: 454) que la lectura del ms. *A* seguida por F. Lecoy (*eschames*) era mala y habría sido necesario corregirla. Es el término *eschaces* el adecuado.

Nos enteramos de que el grial pasa y vuelve a pasar con cada plato que se sirve, lo que resulta sorprendente:

Qu'a chascun mes que l'on servoit
Par devant lui trespasser voit
Le graal trestot descovert. (vv. 3299-3301)

[Que con cada plato que se servía / ve pasar por delante de sí mismo / el grial de forma manifiesta.]

Estas idas y venidas tienen sin duda un significado. Coinciden con las diferentes fases de la comida, con la llegada de platos distintos. ¿Sería el grial en su origen un recipiente mágico dispensador de alimento, que Chrétien habría convertido en algo más aceptable para sus contemporáneos? Plantear la pregunta es, quizás, responderla.

## 2. Interpretación céltica

En primer lugar, hay que discutir la interpretación céltica de la Portadora del Grial. Si nos dirigimos a los trabajos de Arthur Brown, de Roger Sherman Loomis, de Jean Marx y de Jean Frappier, comprobaremos que esta criatura es considerada, según las palabras de Jean Frappier, como

> un personaje del Otro Mundo, portadora de un talismán regio, el vaso de la abundancia y de la soberanía. La relaciona con la figura de la Soberanía de Irlanda, cuyo aspecto era doble: una joven radiante, o una monstruosa bruja. Así, la doncella odiosa tan bien informada acerca del fracaso de Perceval no sería sino la misma doncella del cortejo. Nuevo ejemplo de encantamientos y de metamorfosis de Bretaña que se prolongan en el *roman* francés. (Frappier, 1972: 198)

Esta representación, fabricada artificialmente, artificiosamente por los exploradores del mundo celta está hecha a partir de elementos dispares. La hipótesis de Jean Marx, que intenta reencontrar un mito general, un esquema de conjunto del *Conte du Graal* es brillante, pero frágil como los sueños (Marx, 1952: 202-270). Incluso Frappier reconoce que es una «reconstrucción» y que sigue siendo hipotética (Frappier, 1972: 199), basada sobre elementos dispersos.

He citado a Frappier sin presentar reservas y críticas, pero no creo que se pueda seguir a este notable y muy hábil analista en las explicaciones que presenta. Los celtizantes caen en la misma trampa que los partidarios de la teoría religiosa. Quieren hacer del personaje una abstracción. El concepto de Soberanía no concuerda con el episodio de Chrétien. Si se tratara de un personaje de este tipo, llevaría corona. Tendría un estatus superior y un aire majestuoso. Sin embargo, no hay nada de eso ni en Chrétien, ni en los sucesores del novelista.

Las ideas de Arthur Brown expuestas en su libro *The Origin of the Grail Legend* ([1943] 1964: 210-224) y retomadas luego por Loomis ([1949] 1961: 375-379) y Marx (1952: 202-204 y 273-276), parecen bastante discutibles. La bruja horrible que en varios textos irlandeses se transforma en una bella criatura, que confiere la realeza al héroe triunfador en una prueba (besarla o unirse a ella) parece demasiado alejada de la Portadora del texto de Chrétien.[5] Nada de beso orgulloso en el novelista francés.

El texto irlandés *Baile in Scail* ('La profecía del Fantasma'), a veces titulado *El éxtasis profético del Fantasma*, nos muestra a un mortal, llamado Conn, ya rey de Irlanda, que se encuentra invitado en la morada de un personaje misterioso (llamado por el narrador «el Fantasma»: comprendemos que se trata de un ser del Otro Mundo)[6]. Este rey sobrenatural le revela la duración de su reino y de sus sucesores. Una mujer joven (*maiden* en la traducción de Brown), que lleva una corona de oro, está sentada en una silla de cristal, al lado del Fantasma, que está sentado en un trono. El texto dice explícitamente que esta criatura es la Soberanía de Irlanda. El señor de la casa tiene un aire orgulloso. Explica que no es ni una sombra (*scal*), ni un fantasma, y que ha llegado aquí después de su muerte. Estamos claramente en el Otro Mundo. Se llama Lug mac Ethnen. Narra su genealogía.

La mujer joven no solo sirve la comida a Conn (le da una enorme costilla de buey y una voluminosa costilla de jabalí), sino que también le ofrece bebida a su invitado. Tiene ante ella un cuenco de plata lleno de cerveza roja. A sus pies, en el suelo, hay una copa de oro. En fin, lleva a sus propios labios otro cuenco de oro. Todos estos recipientes son sorprendentes. Cuando llega al reparto de la bebida, pregunta: «¿A quién hay que dar el cuenco de cerveza roja?» El rey responde que se le dé a Conn y a continuación enumera todos los soberanos que le sucederán. En nombre de cada uno de ellos, vacía uno de los cuencos. Cuando termina la escena, el Fantasma y su esposa desaparecen. Conn se queda a solas con la copa y los dos cuencos, signo de la autenticidad de su aventura.

¡En este texto irlandés nos encontramos muy lejos del *Conte du Graal*! No hay ningún rasgo en común que acerque las dos obras. No hay ningún anuncio profético sobre el futuro con la llegada de Perceval al castillo misterioso.

Sostener que tenemos aquí la primera forma de la aventura del grial es forzar el *roman* de Chrétien. Jean Marx sostiene que hay «identidad formal entre los personajes». Afirma que la dama «distribuidora del licor divino en el Vaso maravilloso» (*sic*, notemos de paso que en el texto irlandés la bebida no tiene ningún

---

5. Un ejemplo en el poema *Dinnshenchas of Carn Mail*: véase Brown (1964: 214), a sus ojos, el héroe debe unirse a la horrible bruja para que ésta se transforme en mujer resplandeciente.

6. Un análisis detallado del texto, acompañado de citas, se pueder en Brown (1964: 219-220).

carácter sobrenatural, ya que es cerveza[7]) es una «Reina, cuyo parecido con la Portadora del Grial es sorprendente» (Marx, 1952: 276).

Desgraciadamente, la Portadora del Grial no tiene ninguna corona en la cabeza. No plantea ninguna pregunta. Se mantiene muda. No sirve de beber en absoluto. El grial no es una copa. No vierte néctar alguno, ni ambrosía. No se ocupa de Perceval. Va a otra habitación a servir al viejo rey, padre del Rey Tullido. Además, ninguna atribución de soberanía está en juego en la escena escrita por Chrétien. En definitiva, la reconstrucción de la historia del grial no puede hacerse con la ayuda del relato irlandés. Lo mismo podría decirse de los demás textos invocados por los celtizantes: así, las *Aventures des Fils de Eochaid Mugmedon* (Loomis, 1949: 377), en donde se encuentra una criatura odiosa[8].

¿Se puede identificar en Chrétien la bella Portadora del Grial con la Doncella Odiosa que aparece más adelante en el texto? Esta última tiene trenzas negruzcas (v. 4615) y un montón de defectos físicos (nariz de mono, labios de asno, barba de macho cabrío, espalda jorobada, piernas torcidas) evocados en una decena de versos (vv. 4624-4636). La base son los reproches que hace a Perceval, que ha fallado en la prueba del castillo del Rey Tullido. Muestran, simplemente, que está bien informada a propósito del héroe. Pero esas quejas no constituyen de ningún modo una prueba de identificación. Se alega que la Soberanía de Irlanda se representa en ocasiones como una horrible bruja y, en ocasiones, como una bella mujer. Pero en el texto de Chrétien la horrible bestezuela no podría pasar por una encarnación del reino del Rey Tullido.

Está claro: cuanto más se avanza en el examen de la teoría céltica, más se descubren impedimentos dirimentes que se oponen a esta interpretación. Frappier era bien consciente. Reconocía las dificultades de la interpretación a la que se adhería: en el *Extase prophétique du Fantôme* no hay una lanza que sangra, no hay Rey Tullido, no hay una pregunta que el héroe tenga que hacer. Añadiré que en el texto irlandés, al contrario de lo que declara Frappier, no hay «ninguna concesión y restauración de la Soberanía» (1972: 197). Conn ya es rey. No hay que olvidarlo. Solamente se le predice el futuro de su linaje y de su reino. La reina, esposa del dios Lug, no participa en ningún cortejo. Se contenta con poner bebida. Desempeña el papel de escanciadora. Estamos a cien leguas del *Conte du Graal*.

En el plano metodológico es peligroso hacer amalgamas, ir a extraer un detalle aislado en textos dispares y pretender reconstituir así una pretendida historia primitiva que se llamará «mito» para darle más lustre y atribuirle una profundidad falsa. Loomis sostiene que la comida en el castillo del Rey Tullido

7. Brown (1964: 219), «un cuenco de plata con cuatro esquinas doradas ante ella, lleno de cerveza roja».

8. Para las diversas mujeres odiosas de la literatura céltica, véanse A. Brown, (1964: 213-216) y Loomis (1949: 415-416).

es un recuerdo firme (dice *strongly reminiscent;* Loomis, 1949: 375) de la sala del banquete del *Festin de Bricriu.* Afirma que los antiguos irlandeses comían sentados sobre camas, que a pesar de las importantes diferencias[9] el *Extase prophétique du Fantôme* ofrece paralelismos evidentes y una conexión con el texto francés, en fin, que la aparición de la Soberanía de Irlanda bajo la forma de una horrible mujer en las *Aventures des fils de Eochaid Magmedon* se reencuentra en el personaje de la Doncella Odiosa. Todos estos *disjecta membra*, artificialmente reunidos, no constituyen un verdadero cuerpo de relato. Hay que reconocer que no encontramos nada comparable al relato de Chrétien en los textos irlandeses o galeses. Hay que economizar tales aproximaciones y semejantes hallazgos. A partir de aproximaciones inciertas y de comparaciones dudosas no se puede edificar nada seguro. No es reuniendo piezas y trozos dispersos la manera de adivinar la estructura profunda del relato y de reconstituir el *Perceval* primitivo, el Ur-Perceval. Los textos célticos alegados no pueden instruirnos sobre la escena del grial ni sobre la identidad de la Portadora de esa bandeja.

## 3. Interpretación cristiana

Se ha propuesto otra interpretación, igualmente discutible. Pretende encontrar en la Portadora del Grial un personaje alegórico. El principal defensor de esta teoría ha sido Mario Roques en un artículo titulado «Le Graal de Chrétien et la Demoiselle au Graal» (Roques, 1955: 1-27), publicado de nuevo con el mismo título en 1955 en forma de folleto. Utilizaré este folleto para las citas. Después de Roques, han sostenido la misma interpretación Urban T. Holmes y sor M. Amelia Klenke en su libro *Chrétien, Troyes and the Grail* (Kolmes y Klenke, 1959).

Recordemos brevemente no las pruebas (que faltan cruelmente), sino las aserciones de estos críticos, que descansan, al parecer, sobre suposiciones, sobre inquietantes *a priori.*

A sus ojos, la Portadora del Grial es la figura de la Iglesia. Persuadidos desde el principio de que el grial es un vaso religioso, y luego de que este vaso es «una pieza de orfebrería montada sobre un pie» para retomar la expresión de Mario Roques (1955: 6), sostienen que la criatura *bien acesmée* ('bien engalanada') no es otra que la Iglesia triunfante, bastante frecuentemente representada en la iconografía medieval frente a la Sinagoga, vencida y derrotada. Invocan la escena de la Crucifixión del *Hortus Deliciarum* de Herrade de Landsberg, de cuyas ilustraciones quedan calcos[10], en las que la Iglesia recoge en un cáliz la sangre de Cristo

---

9. «*The Prophetic Ecstasy of the Phantom* es totalmente diferente del relato de Chretien» (Loomis, 1949: 376).

10. El original fue destruido por el bombardeo alemán de Estrasburgo el 24 de agosto de 1870,

(Roques, 1955: 14) y donde Longinos, con la lanza recta, también está presente. Roques escribe: «Así podríamos representarnos el cortejo del Grial como un cuadro, animado y dotado de movimiento, de los símbolos de la Crucifixión» (Roques, 1955: 19). De ahí, extrapola y sostiene que el cortejo del Grial es «una exposición simbólica de la Fe cristiana, desde la Redención a la Comunión eucarística; esta exposición es conforme al simbolismo de los monumentos figurados contemporáneos a Chrétien de Troyes; no tenía necesidad de tomar nada prestado a ninguna tradición céltica» (Roques, 1955: 26).

Pero el crítico presiente que algunas dificultades podrían comprometer tal interpretación. *In extremis* lanza preguntas retóricas buscando obtener el asentimiento de los lectores. Démosle la palabra: «¿Es necesario prestar a este cortejo una realidad material tangible en este castillo irreal que aparece por la noche y se esfuma por la mañana? ¿No será quizás, entre otras fantasías, una aparición milagrosa o una visión imaginaria concedida a Perceval, en todo caso una advertencia de arriba (anuncio o prueba) para un predestinado?» (Roques, 1955: 26). Al plantear tales cuestiones, el autor destruye las proposiciones anteriores que había presentado. Pero de pronto se da cuenta que otros, además de Perceval, han participado en la escena. Entonces, declara que esta aparición, que les ha sido «parcialmente perceptible» (se apreciará esta extraña lítotes que deforma por completo la escena en la que varios personajes, el Rey Tullido y diversos auxiliares, son auténticos participantes), guarda un «carácter irreal», y que es una «visión» (Roques, 1955: 26). El erudito se hunde en un laberinto de pretendidas justificaciones inextricables. Y cuanto más avanza en su razonamiento falaz, más se ve obligado a practicar el regate, se ciega más y más multiplica las contradicciones.

¿Está fundamentado este acercamiento? Hay que responder negativamente. Comparar no es razonar. Las representaciones religiosas de la Crucifixión no tienen nada que ver con nuestro texto. La vidriera de Bourges del s. XIII (el medallón central de la vidriera de la Pasión) en la que la Iglesia recoge en un cáliz la sangre que brota a borbotones del costado del Crucificado, mientras que Longinos da una lanzada a Cristo (Roques reprodujo la imagen al final de su artículo), o bien el dibujo del *Hortus Deliciarum*, de finales del s. XII, que presenta la misma escena (Longinos tiene aquí la lanza levantada en el aire), están muy lejos por su inspiración, sus personajes, su escenificación del cortejo que se ve en el castillo

pero los calcos habían sido realizados gracias al interés del conde Bastard d'Estang, a quien se le había prestado el manuscrito. Se conservan actualmente en París, en el Département des Estampes de la BNF. Un erudito alsaciano, Christian Moritz Engelhardt, por su parte, mandó hacer calcos de una cuarentena de fragmentos de imágenes en colores y de cuatro miniaturas enteras y los publicó como libro en 1818. La BNF posee un ejemplar del mismo. Hay varias reproducciones modernas de las planchas. Por ejemplo, la de Christen y Gies (1990) o la de Green, dir. (1979).

del Rey Tullido. Nadie es crucificado en el *roman* de Chrétien. Nadie da una lanzada a un personaje sujeto a una cruz, y así sucesivamente. No pueden aceptarse las aproximaciones arriesgadas.

Las imágenes que se presentan como apoyo material de la argumentación no parecen ser contemporáneas de la obra de Chrétien. Roques sostiene que el *Hortus Deliciarum* se realizó «en un periodo muy cercano a la aparición del *Conte du Graal* de Chrétien, probablemente entre 1175 y 1195 (Roques, 1955: 5). Hay que rectificar esta afirmación, que cuestiona un poco la cronología. Herrade, la abadesa de Sainte-Odile, murió en 1195. Dos fechas se mencionan en el *Hortus Deliciarum*: 1159 y 1175. Si es cierto que el *roman* de Chrétien data de los años 1182-1183, como propuso hace tiempo Anthime Fourrier (1955), el *Hortus Deliciarum*, cuya fecha de finalización es desconocida, no es exactamente contemporáneo.

Reunamos ahora una serie de razones que se oponen a esta interpretación. Frappier recopiló un número considerable de ellas en un importante artículo titulado «Le *Conte du Graal* est-il une allégorie judéo-chrétienne?», publicado en 1962 en *Romance Philology* y continuado en 1966 en la misma revista, que retomó después en su libro *Autour du Graal* (1977: 224-305). Podríamos añadir otros argumentos.

En primer lugar, el grial no es ni un cáliz, al contrario de lo que sugiere abusivamente Roques, ni un copón, ni una custodia, como otros han sostenido. Micha creía en una comunión para el enfermo, en un viático (Micha, 1952: 472-473). En efecto, la definición del grial dada por Hélinand de Froidmont en su *Chronicon*, compilado según se dice entre 1211 y 1223, no coincide en modo alguno con las ideas de estos críticos. Habla de la presentación de los alimentos en la fuente llamada *gradalis*. Definía el *gradalis* como una «*scutella lata et aliquantulum profunda*» (Migne, *Patrologie latine*, t. 212, col. 814). Hay que entender «fuente ancha y poco profunda». No se trata de un recipiente provisto de un pie; aún menos de una copa en la que se bebe (eso es un cáliz). Frappier decía al respecto que «el grial es una fuente ancha y honda, no se parece en nada a un vaso litúrgico, a un cáliz en concreto. Este hecho debería quedar fuera de toda discusión: no aceptarlo es falsear desde el inicio la exégesis del *roman*» (Frappier, 1977: 277).

Continuemos con la discusión. Una joven y bella mujer, bien arreglada (la *damoisele* que sujeta el grial), no puede ser identificada con la *Ecclesia*, dama madura y, sobre todo, reina que porta una corona. La Iglesia es calificada de *Domina* en los textos medievales. Por su importancia, su autoridad (es la representante de Dios sobre la tierra), su matrimonio místico con Cristo, siempre se le otorga el título de Dama. Sería una innovación singular, una regresión hacer de ella una *damoisele* ('doncella'). Nueva prueba de que es imposible ver en este personaje seductor a la Iglesia cristiana.

Vayamos más lejos. Basta con abrir el artículo «Ecclesia» en el excelente *Lexicon der christlichen Ikonographie* (1968, t. I: 562-569) para tener la confirmación. En la Edad Media, siempre se representa a la Iglesia como una reina con corona, provista de un largo manto y de un rico vestido («*Im Mittelalter ist Ecclesia fast immer weiblich, gekrönt und nimbiert, mit langem Mantel, reichen Gewand*»; 1968, t. I: 562). Solamente esto ya destruye la hipótesis de Roques.

Por otra parte, la lanza que sangra no es una cruz. Los que esto defienden se equivocan, como es el caso de Roques. La sangre que gotea de la lanza no cae en el grial. Cae sobre la mano del que la porta. Si se tratara de una representación de la Crucifixión, la sangre de Cristo debería llegar a un vaso, el receptáculo del que la Iglesia es la depositaria, y no a otro lugar.

Para Chrétien, la Portadora del Grial es un personaje vivo, no una abstracción personificada. Nunca se ha hablado de personaje alegórico para la criatura que la sigue y que lleva el *tailleoir*. Está, también ella, bien viva. Lleva una fuente que va a servir para la comida del Rey Tullido y de Perceval. Sería inverosímil que la persona que la precede no pertenezca también a la condición humana.

Otra observación que Frappier realizó brevemente: ninguno de los Continuadores del *Conte du Graal* pensó que la Doncella del Grial pudiera ser una alegoría de la Iglesia (Frappier, 1977: 285). Tomemos las *Continuaciones* una tras otra, refiriéndonos a los textos editados por William Roach. En la *Primera Continuación* no hay Portadora del Grial. El grial es un objeto que vuela por sí mismo, un *ovni* ('objeto volador no identificado'). Posee un carácter mágico. Circula durante la comida y sirve de distribuidor de alimento, sin duda rasgo arcaico, desaparecido del texto de Chrétien, y que resurgió. La versión de los manuscritos *TVD* (*Primera Continuación*, 1952, t. I) declara:

> Le riche Graal, qui servoit,
> Si que nus ne le soztenoit,
> Molt par les sert honestement,
> Et va et vient isnelement. (ms. *T*, vv. 13281-13284).

[El rico Grial, que servía,/ de tal forma que nadie lo sostenía,/ los sirve muy adecuadamente,/ y va y viene rápidamente.]

El texto añade que el grial les ha servido siete platos (v. 13292).

La redacción de los manuscritos *EMQU* (*Primera Continuación*, 1950, t. II: vv. 17348-17379) desarrolla un poco la escena. Galván ve el grial que entra *parmi un huis* («por una puerta»; v. 17348). Sirve en primer lugar el pan delante de cada uno de los comensales (v. 17350), a continuación, los varios alimentos en *granz escueles d'argent* («en grandes escudillas de plata»; v. 17360). No está presente ningún sirviente. Solo el grial funciona y sirve los platos, uno tras otro.

La versión de los manuscritos *ALPRS* (*Primera Continuación*, 1952, vol. III, Parte I) añade algunos versos y menciona, por ejemplo, después del primer plato, un segundo plato. Se ve que el grial lleva los alimentos y se lleva los restos. Pero el texto es prácticamente el mismo (ms. *L*, vv. 7276-7306; mss. *ASP*, vv. 7240-7270). La lanza que sangra ya no la lleva un sirviente. Está inmóvil y, sobre todo, por primera vez es identificada con la lanza de Longinos, que atravesó el flanco de Cristo. No es ese el caso en Chrétien, ni en Wolfram. Como Frappier subrayó en su artículo «Le cortège du Graal», publicado en la obra colectiva *Lumière du Graal* (1951: 175-221) y retomado en *Autour du Graal*: «La lanza ha sido convertida en una reliquia divina antes que el Grial» (Frappier, 1977: 42).

En Robert de Boron no hay Portadora del Grial. El grial se ha convertido en una reliquia sagrada, la reliquia más alta y más prestigiosa, ya que es el plato utilizado por Jesús para la Cena (un *vaissel* según el texto) y, además, es el recipiente en el que José de Arimatea recogió la sangre del Crucificado. Hay, sin duda, una contradicción entre los dos receptáculos; el primero debe ser llano, el segundo, hondo. Pero no pidamos a un poeta que se mueve entre leyendas edificantes que combine su relato de forma perfectamente razonable. Por definición el misterio es irracional.

Antes de pasar a la *Segunda Continuación* quizás sea oportuno decir una palabra sobre el *Parzival* de Wolfram de Eschenbach, que se fecha a comienzos del siglo XIII, hacia 1201-1205. No solo se inspira en Chrétien, sino también en la *Primera Continuación*, haciendo del grial un proveedor de alimentos según el motivo del cuento *Tischlein deck dich*, «¡Mesita, cúbrete de alimentos!»[11]

En el *Parzival* de Wolfram de Eschenbach (1926) hay una proliferación de personajes femeninos que sirven de acompañantes a la Reina del Grial llamada *Repanse de Joie*. Por primera y última vez la Portadora del Grial tiene un nombre. Se llama *Repanse de Joie*, sin duda 'Pensamiento de Alegría', según la hábil traducción de Jean Frappier (1977: 36)[12].

Repanse de Schoi si hiez,
die sich der Grâl tragen liez. (235, 25-26)

[Pensamiento de Alegría se llama/ aquella que tiene el permiso de llevar el Grial.]

Tras la llegada del paje con la lanza ensangrentada, que da la vuelta a la sala antes de marcharse, suscitando el llanto y los lamentos de los asistentes (*Parzival*, 1934, t. I: 202-203), todo un cortejo de nobles doncellas avanza en

---

11. Sobre los vínculos del *Parzival* y de la *Première Continuation*, véase Fourquet (1938: 155-169).

12. A decir verdad, el término *repense* es muy raro. Un solo ejemplo (sacado de una pastorela) se menciona en el *Dictionnaire* de Godefroy (1892, t. VII: 55).

el siguiente orden: dos doncellas con un candelabro de oro, luego dos más con sendos bastones de marfil y antorchas (*Parzival*, 1934, t. I: 203), a continuación, cuatro más con cirios, otras cuatro con una fuente de mesa tallada en un jacinto con reflejos de granate, dos más provistas de una faca. Todas ellas precedidas por cuatro damas que las iluminan con antorchas (*Parzival*, 1934, t. I: 205). Forman un conjunto considerable de oficiantes. Otras seis criaturas muy bellas vestidas con ropajes magníficos preceden a la reina. Llevan vasos transparentes en los que arde un aceite luminoso y odorífero. La reina, con corona, sujeta el grial que va a posar ante el señor del castillo (*Parzival*, 1934, t. I: 206). A continuación, la reina se coloca en medio de veinticuatro criaturas. Más tarde sabremos que este grial, que es una priedra preciosa llamada *lapsis exillis*, posee poderes extraordinarios.

Con la llegada de Parzival a casa de Amfortas, el *grâl* se manifiesta como proveedor de alimento. Colma de comida a todos los presentes en el banquete. «La augusta compañía recibía del Grial toda su substistencia» (*Parzival*, 1934, t. I: 209). Esta escena extraordinaria por su magnificencia y su carácter espectacular es única en la literatura artúrica; aquí, la Portadora del Grial pertenece a la más alta condición: es reina. Está rodeada de un séquito femenino suntuoso. Dejamos de lado el hecho de que el grial no pasa aquí varias veces, sino que viene una sola vez y que está situado delante del rey Tullido Amfortas. La Portadora del Grial es de origen real. Es virgen, condición necesaria para acercarse al grial: es necesaria una pureza absoluta. En su tesis complementaria, Jean Fourquet (1938: 159) habla justamente de la «misteriosa escenografía que el poeta ha construido con un arte consumado de números y colores». Y añade: «vemos cómo se forma poco a poco el 'cuadro viviente' de la reina sola entre dos grupos simétricos de doce vírgenes magníficamente vestidas» (Fourquet, 1938: 159). No ocurre lo mismo en el mundo de los autores franceses. Veamos rápidamente cómo los sucesores de Chrétien han compuesto la escena y lo que han hecho con la Portadora del Grial. La *Segunda Continuación* (1971, t. IV: v. 31213) no es demasiado locuaz sobre la Portadora del Grial. No la llama *damoisele* como Chrétien, sino simplemente *pucele* (v. 31213), lo que parece una regresión. Es presentada como *avenanz et belle* («elegante y bella»; v. 31214), *Et simple et coie de samblant* («y sencilla y agradable de aspecto», v. 31215), epítetos bastante neutros. El grial que lleva es rico (v. 31209). Está adornado con piedras preciosas que tienen virtudes, *vertual* (v. 31211); poseen, por tanto, un verdadero poder maravilloso. El séquito sorprendente evocado en el *Conte du Graal* ha desaparecido. Galván la ve *trespasser et venir* (v. 31223). Circula sola y va *d'une chambre an autre* («de habitación en habitación»; v. 31226). Pero el efecto poético del texto de Chrétien ha desaparecido.

En Gerbert de Montreuil se han aportado cambios. No hay candelabro excepcional. Los personajes son todos femeninos, no solo la Portadora del Grial, sino también el personaje que lleva la lanza. Perceval come en la misma *escuele* ('escudilla') que el rey (Motreuil, 1975, t. III: v. 17017). Muy pronto ven pasar dos doncellas:

> Quant une damoisele gente,
> Plus blanche que la flors en l'ente,
> Fors d'une chambre laiens vint ;
> Le saint Graal en ses mains tint.
> Par devant la table passa.
> Gaires aprés ne demora
> C'une autre pucele est venue,
> Ainc si bele ne fu veüe,
> Vestue d'un dyaspre blanc ;
> La lance porte, qui le sanc
> Par mi la pointe degoutoit ;
> Et uns vallés aprés venoit,
> Qui en ses mains porte une espee... (vv. 17021-17031).

[Cuando una doncella agradable,/ más blanca que la flor en brote,/ desde una cámara vino allí;/ el Santo Grial tenía en sus manos./ Pasó por delante de la mesa./ Apenas se había detenido /cuando otra doncella vino,/ nunca se había visto ninguna tan bella,/ vestida con un jamete blanco;/ lleva la lanza que la sangre/ goteaba por la punta;/ y un criado venía después,/ que en sus manos lleva una espada…]

Se ven las novedades. El Grial pasa primero. Se ha convertido en santo. Una segunda criatura, de estatus social más sencillo que en Chrétien, llamada *pucele* ('doncella') y no *damisele* ('muchacha'), lleva la lanza. Este atributo es singular en manos femeninas. Por fin, un personaje de sexo masculino lleva una espada, que servirá de prueba definitiva pues presenta una figura que hay que hacer desaparecer.

En la *Tercera Continuación* (1983), llamada de Manessier, en unos pocos versos rápidos el autor evoca, como Chrétien, el paso de la lanza del Grial y del *tailleor d'argent* (vv. 32618-32619). Se cita una sola *demoiselle* (v. 32621), la que lleva el *tailleor*. Dicho de otra forma, el autor sigue aquí el orden de paso primitivo, pero no se preocupa ya de evocar los personajes, de crear un clima poético, de suscitar enigmas. En seis versos se quita de encima el tema:

> Par devant les tables roiaux
> Passa la lance et li Graaux,
> Et un biau tailleor d'argent

Qui molt fu avenant et gent,
C'une damoiselle portoit
Qui gentement se deportoit. (vv. 32617-32622).

[Por delante de las mesas reales/ pasó la lanza y el Grial,/ y un bello tajador de plata,/ que era muy elegante y adecuado,/ llevado por una doncella/ que se comportaba con elegancia]

El cortejo no le interesa. Como se ve, el tajador ocupa más sitio que el Grial. Al final del texto el Grial es denominado *saint Graal* (v. 41545). Una extraña luz emana de él, pero es cierto que lo lleva un ángel que vuela en el cielo. Todo ello marca el carácter sobrenatural de la escena.

Al sobrevolar las *Continuaciones* se asiste a varias mutaciones. Emmanuèle Baumgartner señaló con acierto en su artículo «*Del Graal cui l'en en servoit*» (1990: 142-143) el deslizamiento de *cui*, transformado después en *de quoi*. La respuesta del ermitaño, que quita todo interés a la pregunta planteada, ha hecho que aglunos autores, a partir de la *Seconde Continuation*, reemplacen la pregunta sobre el destinatario (*cui*) por otra sobre el uso del Grial (*de quoi*). ¿Para qué sirve? Evidentemente, eso era deformar el texto de Chrétien.

Un fenómeno seguro de cristianización del Grial se manifiesta también en otras obras, ya en parte desde la *Primera Continuación*, pero el personaje de la Portadora escapa a este fenómeno.

Varios textos ofrecen cambios muy importantes. Robert de Boron suprime el cortejo. Ya no hay portadora del Grial en su *Estoire*. El Grial se aparece a José en la prisión y es llevado por Jesucristo en persona. Su intensa claridad atestigua su naturaleza divina. Inunda a José con la gracia del Espíritu Santo (vv. 717-734). Durante años el santo *vessel* ('vaso') permite que sobreviva el prisionero.

El autor del *Perceval en prose*, llamado también *Didot-Perceval*, está más cercano de Chrétien de Troyes, pero introduce variantes notables: a la cabeza del séquito aparece una *demisele* (1941, ms. *E*, v. 1217). Lleva un *touaille* ('velo') alrededor del cuello y dos copias *petis tailleors d'argent* (v. 1219), ('pequeños tajadores de plata'). El orden del séquito ha sido, pues, alterado. A continuación viene *uns vallés* ('un joven') con una lanza que sangra. Estos dos personajes atraviesan la habitación ante los ojos de Perceval y entran en otra estancia. En último lugar avanza *uns vallés* (otro joven) que lleva «*le vaissel que Nostre Sire donna a Joseph dans sa prison, et le porta hautement entre ses mains*» («el vaso que Nuestro Señor dio a José en la prisión, y que lleva elevado entre sus manos»; ms. *E*, v. 1223). Ocurre lo mismo en la segunda visita de Perceval al castillo. El narrador se libera del cortejo con una breve enumeración de una frase: «*si issi li lance d'une cambre, qui sannoit par le fer, et aprés vint li graaus, et li demisele qui portoit les petis tailleors*» («de una estancia salió la lanza, la que sangraba por la punta, y después vino el Grial y la doncella que llevaba los pequeños tajadores», ms. *E*, v. 1833). Roach señaló con razón la dependencia directa de este pasaje con el texto de Chrétien (*Didot-Perceval*, 1941: 82). El Grial, convertido en una reliquia insigne, *vaissel* de la Eucaristía y de la Crucifixión, ha hecho que el autor se vea obligado a que lo lleve un hombre. Se apreciará que ante la visión del Grial el Rey Pescador se incline y se golpee por sus culpas. ¡Signo notable de respeto!

En el *Perlesvaus* (1932, t. 1), texto que parece de los primeros años del siglo XIII y que es, según las palabras iniciales del relato «*li estoires du saintisme vessel que on apele Graal, o quel li precieus sans au Sauveeur fu receüz au jor qu'il fu crucefiez*» («la historia del santísimo vaso que se llama Grial, en el que la preciosa sangre del Salvador fue recibida el día en que fue crucificado»; 1-1), el séquito se ha modificado: dos doncellas salen de una capilla y se dirigen a otra capilla. Una de ellas «*tient entre ses mains le saintisme Graal, et l'autre la lance de quoi la pointe sainne dedenz, et vet l'une dejoste l'autre*» («tiene entre las manos el santísimo Grial, y la otra, la lanza cuya punta sangra, y va una junto a la otra»; 1932: 19). El autor ha querido colocar en el mismo plano los dos elementos en el seno de una procesión. Cuando el Grial pasa, un aroma suave se derrama por la habitación (v. 2428): es una novedad, un hallazgo que hace pensar en el perfume del Más Allá. La primera vez que pasa el Grial, Galván cree percibir una vela en el interior (v. 2430). Le parece que dos ángeles sujetan candelabros de oro con velas encendidas alrededor de la punta de la lanza. La segunda vez que pasa, entrevé a un niño dentro del Grial y tres ángeles al lado de la lanza. Tiene la impresión de ver caer tres gotas de sangre sobre la mesa. Quiere tocarlas, pero desaparecen de inmediato. La tercera vez que pasa el Grial, tiene el sentimiento de que tres doncellas avanzan, que el Grial se encuentra suspendido en el aire y que sobre él se expone un crucificado (vv. 2429-2450). En este texto llaman la atención muchas innovaciones. El autor de la *Queste* se inspirará en él sin duda. Pero dejaremos el texto a un lado, ya que presenta una liturgia del Grial y no un cortejo, ni una Portadora.

En el extenso *Lancelot en prose* la procesión se reduce a su expresión más simple.[13] Una sola doncella sale de una habitación que debe ser un lugar santo, pues es una *chambre* ('estancia') en la que ha entrado una paloma con un incensario en el pico. Buenos aromas se derraman en la sala. Ya no se habla de la lanza que sangra. El acento se sitúa sobre la belleza extraordinaria de la joven mujer, en su bellísima cabellera (*«elle estoit desliee, et estoit treciee en bende»*, «llevaba el pelo suelto y ceñido con trenzas»; *Lancelot*, 376, §11). En el Glosario de su edición, Micha traduce justamente *desliee* por «que no tiene cinta para sujetar los cabellos»

---

13. La escena se lee en el t. II (1978: 376-378), Galván en Corbenic, y en el t. IV (1979: 205-206), Lanzarote en Corbenic, de la edición de Micha.

(*Lancelot*, 1983, t. IX: 244). Los cabellos de la bella criatura están trenzados, pero son bien visibles. Elemento de seducción. Es tan bella que Galván está fascinado por su aspecto y se olvida de hacer como los demás asistentes, que se arrodillan y que ven a partir de ese momento la mesa llena de alimentos. Vuelve a pasar y Galván percibe entonces que su mesa sigue vacía. La hermosa criatura lleva en las manos un recipiente magnífico («*le plus riche veissel qui onques fust par homme terrien veüs*», «el más rico vaso que jamás fue visto por hombre terrenal»), hecho *en semblance de calice* («con aspecto de cáliz»; *Lancelot*, 1978, t. II: 377).

La escena en la que Lanzarote se encuentra en el Castillo del Rey Pelés (*Lancelot*, 1979, t. IV: 205-206) es idéntica en lo que se refiere al cortejo. Pero Lanzarote junta las manos y se inclina. La mesa se encuentra colmada entonces de buenos alimentos y el Palacio se llena de suaves olores. La hermosa criatura es la hija del Rey Pelés, como se sabe un poco después. Esta logra unirse a Lanzarote favorecida por la noche, gracias a una poción mágica que enturbia la cabeza del héroe (*Lancelot*, 1979, t. IV: 207-213). A partir de este momento, al haber perdido la virginidad, no sigue llevando el Grial. Es sustituida en esta función por una prima. Será madre de un niño cuando Boores llegue más tarde al Castillo del Rey Pelés (*Lancelot*, 1980, t. V: 253-54). La llegada del Grial es exactamente igual que la vez pasada, pero con otra Portadora (*Lancelot*, 1980, t. V: 255). La única nota nueva es que todo el mundo se calla al paso del Grial. Silencio religioso (*Lancelot*, 1980, t. V: 256). Detalle instructivo que marca claramente el carácter sobrenatural del Grial. No hay ningún signo de respeto semejante en Chrétien.

Estas escenas originales no pueden instruirnos sobre la Portadora del Grial en Chrétien. Es evidente que en él, el Rey Tullido no está casado ni tiene hijos. La Portadora del Grial en el *Conte du Graal* no es, pues, una descendiente del Huésped misterioso. ¿Sería una hija del Viejo Rey, una hermana del Rey Tullido? Ninguna prueba lo indica.

Ni en la *Queste*, ni en la *Estoire del Saint Graal* se alude al cortejo del Grial. A partir de aquí no hay Portadora.

## 4. LA PORTADORA, ¿PERSONAJE SECUNDARIO?

La bella Portadora del Grial ¿sería una ilusión? ¿Sería un personaje secundario en la economía del *roman*?

En verdad, el término de *damoisele* designa a una joven o a una mujer de condición noble. Es normal en la corte de un rey. ¿El término *damoisele* confiere alguna dignidad al servicio de mesa? Es verosímil. Pero el hecho de llevar un recipiente no es una tarea noble, aunque el receptáculo y el destinatario sean de alta cualidad. El portador de una copa magnífica sigue siendo un servidor en las grandes casas medievales. Es un auxiliar, un personaje en segundo plano. La función desempeñada por la Portadora le confiere el estatus de empleada de la casa. Sin duda sería necesario quitar la mayúscula que se le ha dado y restituirle una minúscula, como se merece. Ocurre lo mismo con la joven que la sigue: «*Aprés celi en revint une/ Qui tint .I. tailleoir d'argent*» («Después de ella viene una/ que lleva un tajador da plata»; *Conte du Graal*, 1993, vv. 3230-3321). Se notará que Chrétien dice *une*, sin emplear sustantivo que marque su condición social. Deja poco lugar para los personajes secundarios.

La Portadora del Grial parece un personaje completamente ajeno a la religión. A su paso nadie hace la señal de la cruz, nadie se pone de rodillas, nadie tiene un gesto de piedad y menos aún de adoración o de veneración. Entra sin que nadie se preocupe por ella, sin que se le hable. En varias ocasiones atraviesa la estancia. ¿Es necesario suponer que iría a alimentar al Viejo Rey cada vez que atraviesa la sala? Resulta difícil pronunciarse. En todo caso, la portadora forma parte del personal del castillo. No es más que una sirviente.

Un texto de inspiración arcaica, el *roman* galés de *Peredur*, quizás cercano a la fuente de Chrétien, nos ofrece un séquito bárbaro. Ni Grial, ni portadora. El cortejo es diferente. Un joven avanza llevando una enorme lanza de la que caen tres hilos de sangre que llegan al suelo (*Peredur*, 1993: 249). Ante su vista los asistentes lanzan gritos y gemidos. A continuación, dos jóvenes muchachas portan una gran fuente que contiene una cabeza de hombre ensangrentada. De nuevo se oyen gritos y gemidos. Estos elementos parecen reveladores. Los portadores de la lanza y de la fuente no cuentan: son servidores y se identifican por su función sin tener la menor personalidad. La atmósfera que colorea esta escena es cruel. La lanza que sangra y la cabeza cortada tienen relación con las desgracias que han golpeado a la familia del señor de la casa. Los lamentos y gemidos, que se encuentran también en el *Parzival* de Wolfram, lo indican con claridad. Necesariamente hay un vínculo entre la lanza que sangra y la cabeza del muerto. Todo este espectáculo está hecho para que surja un vengador. A pesar de las importantes diferencias y a pesar del paso de la barbarie a la civilización, el tema esencial del *Peredur* se encuentra, quizás, en el corazón del *Conte du Gral*.

## 5. Conclusiones

Algunas palabras de conclusión. No es posible aclarar todo y explicar todo en el *roman* de Chrétian. El grial, que sirve a un rey viejo, no parece relacionado con los grandes problemas de la historia. Este rey anciano, diáfano, acabado por los años, queda en segundo plano, confinado en una habitación oscura. A pesar de la hostia que contiene, el grial no puede ser tenido por un vaso sagrado. Si la hostia estuviera consagrada, sería una falta litúrgica que la llevara una mujer. Por otra parte, el grial desempeña un papel accesorio en el relato: nadie lo busca. La cuestión planteada sobre el mismo, «a quién se sirve con el grial», no concierne a la naturaleza del recipiente, sino al destinatario de este servicio de mesa. No hay búsqueda del grial en Chrétien. Esta idea es posterior al novelista de Champaña. El grial, por otra parte, es incapaz de sanar al Rey Tullido. A pesar del repetido paso del grial, el Rey *Mehaigné* sigue clavado en su sitio, siempre incapaz de caminar. El Grial no parece, pues, que constituya el corazón del relato. A pesar del título que se le da al *roman*, el lugar del grial sigue siendo menor en la obra. Chrétien habría podido titular su relato *Conte de la lance qui saigne* o bien *Conte du Roi Mehaigné*. Estas denominaciones habrían sido más acordes con la estructura de la historia. Habrían sido, sin lugar a dudas, títulos demasiado largos y quizás demasiado claros. El autor prefirió un título corto y enigmático, colocando de este modo una palabra rara en primer plano.

La lanza que sangra, sobre la que no se nos da ninguna información, parece el elemento esencial del cortejo. Ciertamente tiene una relación con la herida del rey. Vendrá un día, sin duda, en que Perceval vengará al Rey Tullido y ocupará su lugar. Si es cierto que el papel del grial es menor, la portadora no podría acceder a un rango de primer plano. Se mantiene como sirviente anónima. Como todos los personajes secundarios, pasa furtivamente en el relato y desaparece, a continuación, para siempre.

La ambigüedad del texto de Chrétien es innegable. Incluso si el grial no es ni una reliquia sagrada, ni un instrumento del culto, incluso si ningún signo de respeto es visible para la asamblea cuando atraviesa la estancia, en algunos momentos se sugiere una cierta atmósfera religiosa: el adjetivo *saint*, que califica al grial en la boca del ermitaño, la presencia de la hostia en el recipiente, la extraña luz que se difunde desde este sorprendente receptáculo… Nada está claro, ni es evidente en el *Conte du Graal*. Lo extraño de la evocación de los anuncios hechos deja al lector en un estado de incertidumbre. Flota entre interpretaciones contrarias.

Hay dificultades para todas las teorías propuestas. La difusión prodigiosa del grial parece una luz sobrenatural. ¿Es necesario hablar de «juego de la imaginación», de «libertad creadora», como hace Frappier (1972: 203) a propósito de la escenificación del grial en el *roman*? Parece dudoso. ¿Se puede invocar el deseo del autor de magnificar el cortejo, de darle fasto, misterios, poesía? Podría ser. Pero otras razones han debido contribuir. Esa extraña claridad, ¿no es sobre todo indicio de que la escena ocurre en un castillo sobrenatural?

La presencia de la hostia en el grial, como lo revela más tarde el ermitaño (v. 6422), plantea un problema delicado. Frappier (1956: 63-81) sostuvo con atrevimiento que el grial suscita la hostia, que la hace nacer, y que el recipiente es, pues, una escudilla de abundancia. Parece difícil de admitir. Maurice

Delbouille recordó que el sentido más razonable de la palabra *vient* es «se acerca, es traído» (Delbouille, 1967: 300-307). Teniendo en cuenta el decorado de la escena, estaríamos inclinados a creer que la hostia no está consagrada.

Otra dificultad más se refiere a la observación del ermitaño: «*tant sainte chose est li graaus*» («tan santa cosa es el grial»; v. 6425). ¿Es necesario comprender que el receptáculo está «santificado» por la presencia de una hostia, aunque no esté consagrada? ¿Basta para hacerlo venerable? No resulta fácil responder.

A decir verdad, la lanza que sangra parece constituir el elemento clave de los enigmas del castillo del Rey Pescador. La pregunta se refiere a ella «por qué sangra» va a lo esencial y marca su importancia. Es verosímil que Perceval deba castigar algún día al autor del Golpe Traidor y convertirse en sucesor del Rey Tullido. A partir de ese momento, el grial, a pesar de su incomparable resplandor, y la Portadora del Grial, a pesar de su belleza y su nobleza, no podrán elevarse al primer plano. Seguirán siendo, sin duda, elementos menores en la estructura y el desarrollo del *roman*.

## Bibliografía citada

### Bibliografía primaria

Chrétien de Troyes (1932). *Sämtliche erhaltene Werke nach allen bekannten Handschriften herausgegeben von Wendelin Foerster. 5. Band: Der Percevalroman (Li contes del Graal) von Christian von Troyes. Unter Benutzung des von Gottfried Baist nachgelassenen handschriftlichen Materials herausgegeben*, Alfons Hilka (ed.). Halle: Max Niemeyer Verlag.

— (1956). *Le roman de Perceval ou le Conte du Graal, publiée d'après le ms. fr. 12576 de la Bibliothèque nationale*, William Roach (ed.). Ginebra: Droz (Textes littéraires français, 71).

*Conte du Graal* = Chrétien de Troyes (1993). *Le Roman de Perceval ou Le Conte du Graal. Édition critique d'après tous les manuscrits*, Keith Busby (ed.). Tubinga: Max Niemeyer Verlag.

*Continuación de Perceval* = Gerbert de Montreuil (1975). La *Continuation de Perceval (vers 14079-fin)*, t. III, Marguerite Oswald (ed.). París: Champion (CFMA, 101).

*Didot-Perceval* = (1941). *The Didot Perceval according to the Manuscripts of Modena and Paris*, W. Roach (ed.). Filadelfia: University of Pennsylvania Press.

*Estoire dou Graal* = Robert de Boron (1927). *Roman de l'Estoire dou Graal*, William Albert Nitze (ed.). París: Champion (CFMA, 57).

*Lancelot* = (1979-1983). *Lancelot, roman en prose du XIIIᵉ siècle*, A. Micha (ed.). Ginebra: Droz, 9 vols. Tomos I y II, 1978; t. III y IV, 1979; t. V, VI y VII, 1979; t. VIII y IX, 1983.

*Primera Continuación* = (1949-1952). *The Continuations of the Old French 'Perceval' of Chrétien de Troyes*. Tomo I, 1949: *The First Continuation (Redaction of mss. TVB); t. II, 1950: (Redaction of mss. EMQV); t. III, 1952: The First Continuation (Redaction of mss ALPRS)*, William Roach (ed.). Filadelfia: University of Pennsylvania Press [reimp. 1971].

*Queste* = (1949). *La Queste del saint Graal, roman du xiii*, Albert Pauphilet (ed.). París: Champion (CFMA, 33) [1923].

*Parzival* = Wolfram von Eschenbach (1934). *Parzival*, Ernest Tonnelat (trad. fr.). París: Aubier, Montaigne.

*Perlesvaus* = (1932-1937). *Le haut livre du Graal: Perlesvaus*, William A. Nitze y T. Atkinson Jenkins (ed.). Chicago: The University of Chicago Press, 2 vols. [reimp. Nueva York: Phaeton Press, 1972].

*Peredur* = (1993). *L'histoire de Peredur fils d'Evrawc*. En *Les quatre branches du Mabinogi et autres contes gallois du Moyen Âge*, Pierre-Yves Lambert (trad. fr.). París: Gallimard, pp. 237-281.

*Segunda Continuación* = (1971). *The Continuations of the Old French 'Perceval' of Chrétien de Troyes. Vol. IV, 1971: The Second Continuation*, William Roach (ed.). Filadelfia: University of Pennsylvania Press.

*Tercera Continuación*, o Manessier = (1983). *The Continuations of the Old French 'Perceval' of Chrétien de Troyes*. Vol. V, 1983: *The Third Continuation by Manessier*, William Roach (ed.). Filadelfia: American Philosophical Society.

WOLFRAM DE ESCHENBACH (1926). *Parzival*, 6.ª edición, Karl Lachmann (ed.). Berlín: De Gruyter.

## Bibliografía secundaria

BAUMGARTNER, Emmanuèle (1990). «*Del Graal cui l'an en servoit*». En Phillip E. Bennett y Graham A. Runnalls (ed). *The Editor and the Text*. Edimburgo: Edinburgh University Press.

BRANDHORST, Hans (ed.) (1968-1976). *Lexicon der christlichen Ikonographie*, 8 vols. Tomo I, 1968. Roma/Friburgo/Basilea/Viena: Herder Verlag. URL: <https://dh.brill.com/lcio/>. Consulta: 18 febrero 2022.

BROWN, Arthur Charles Lewis (1943). *The Origin of the Grail Legend*. Cambridge: Harvard University Press [reimp. 1964].

CHRISTEN, Auguste (dir.) y Charles GIES (ed.) (1990). *Hortus deliciarum, Reconstitution du manuscrit du xii siècle de Herrade dite de Landsberg*. Estrasburgo: Coprur.

COMBES, Annie y Annie BERTIN (2001). *Ecritures du Graal*. París: Presses Universitaires de France.

*DEAF* = Kurt BALDINGER (dir.) (1974-). *Dictionnaire étymologique de l'ancien français*. Fasc. J3: *oër-jor*. Tubinga: Niemeyer, 2006. URL: <http://www.deaf-page.de/>. Consulta: 18 febrero 2022.

DELBOUILLE, Maurice (1967). «A propos de *l'oiste qui el graal vient*». *Revue de Linguistique romane*, 31, 1967: 300-307.

ENGELHARDT, Christian Moritz (1818). *Herrad von Landsberg, Aebtissin zu Hohenburg oder St. Odilien, im Elsaß, im zwölften Jahrhundert; und ihre Werk: Hortus deliciarum: ein Beitrag zur Geschichte der Wissenschaften, Literatur, Kunst, Kleidung, Waffen und Sitten des Mittelalters*. Stuttgart/Tubinga: J. G. Cotta Verlag.

FOULET, Lucien (1955). *The Continuations of the Old French Perceval of Chrétien de Troyes*, vol. III, Parte 2, *Glossary of the First Continuation*. Filadelfia: University of Pennsylvania Press.

FOURQUET, Jean (1938). *Wolfram d'Eschenbach et le Conte del Graal.* Estrasburgo/París: Publications de la Faculté des Lettres/Les Belles Lettres.

FOURRIER, Anthime (1955). «Remarques sur la date du *Conte du graal* de Chrétien de Troyes». *Bulletin Bibliographique de la Société Internationale Arthurienne*, 7: 89-101.

FRAPPIER, Jean (1951). «Le cortège du Graal». En *Lumière du Graal* [reed. en *Cahiers du Sud*, 1951: 175-221 y en *Autour du Graal*, 1977: 16-71].

— (1956). «Le Graal et l'hostie». En *Les romans du Graal dans la littérature des XIIᵉ et XIIIᵉ siècles.* París: CNRS, pp. 63-81 [reed. en *Autour du Graal*, 1977: 129-150].

— (1962). «Le *Conte du Graal* est-il une allégorie judéo-chrétienne?». *Romance Philology*, 16, 2: 179-213.

— (1962). «Le *Conte du Graal* est-il une allégorie judéo-chrétienne? (II)». *Romance Philology*, 20, 1: 1-31.

— (1972). *Chrétien de Troyes et le mythe du Graal.* París: SEDES.

— (1977). *Autour du Graal.* Ginebra: Droz.

GODEFROY, Frédéric (1880-1895). *Dictionnaire de l'ancienne langue française et de tous ses dialectes du IXᵉ au XVᵉ siècle.* París: Friedrich Vieweg, 8 vols.

GREEN, Rosalie (dir.) (1979). *Hortus Deliciarum*, M. Evans, C. Bischoff y M. Curschmann (ed.). Londres: The Warburg Institute, 2 vols.

HOLMES, Urban T. y Sor M. Amelia KLENKE (1959). *Chrétien, Troyes and the Grail.* Chapel Hill: University of North Carolina.

LOOMIS, Roger Sherman (1949). *Arthurian Tradition and Chrétien de Troyes.* Nueva York: Columbia University Press [reimp. 1961].

MARX, Jean (1952). *La Légende arthurienne et le Graal.* París: Presses Universitaires de France.

MÉNARD, Philippe (1979). «Note sur le texte du *Conte du Graal*». En *Mélanges de langue et littérature françaises du Moyen Âge offerts à Pierre Jonin.* Aix-en-Provence: Presses Universitaires de Provence, pp. 449-457. URL: <http://books.openedition.org/pup/3732>. Consulta: 4 febrero 2022.

OWEN, Douglas David Roy (1962). «The Radiance in the Grail Castle». *Romania*, 83: 108-117.

ROQUES, Mario (1955). «Le Graal de Chrétien et la Demoiselle au Graal». *Romania*, 76: 1-27. https://doi.org/10.3406/roma.1955.3442 [reimp. Ginebra: Droz, 1955].

SPITZER, Leo (1951). «Pucelle». *Romania*, 72: 100-107. https://doi.org/10.3406/roma.1951.3259

TYSSENS, Madeleine (1963). «*Une si granz clartez*». *Le Moyen Âge*, 69: 299-313.

*TLF* = Adolf TOBLER y Erhard LOMMATZSCH (1915-2018). *Altfranzösisches Wörterbuch.* Stuttgart: Franz Steiner Verlag, 12 vols. Tomo VI, 1978.

Inicial con la imagen de ¿María de Champaña? Comienzo del *Chevalier de la Charrette*. Manuscrito de Guiot de Provins, que contiene los *romans* de Chrétien de Troyes. París, BNF, fr. 794, f. 26r., mediados del s. XIII.

# OBSERVACIONES CRÍTICAS SOBRE MARIO ROQUES Y FÉLIX LECOY, EDITORES DE LOS *ROMANS* DE CHRÉTIEN DE TROYES

## 1. INTRODUCCIÓN

Mucho se ha escrito sobre la edición crítica de textos. Hay grandes libros que merecen un respeto permanente, a pesar de su venerable edad. Algunos de ellos se refieren sobre todo a textos antiguos como los de Paul Maas (1927) y Giorgio Pasquali (1934). Muchos eruditos han presentado objeciones a las ideas lanzadas con brillantez, pero con atrevimiento, por Bédier (1928), ardiente defensor de las lecturas del *codex optimus*, o considerado como tal. Citemos algunos nombres: Contini (1990), Delbouille (1976), Reid (1976 y 1984), Balduino (1979: 340-366), Avalle (1972: 28-29), Woledge (1984) y Segre (1998: 23-53 y 2014). La lista se podría alargar sin dificultad. Nos han recordado que los errores comunes atestiguados en varios manuscritos normalmente permitían clasificar los testimonios conservados en familias distintas, establecer un estema y, a partir de ahí, corregir el *codex* elegido como base para la publicación. Cesare Segre (2014: 361) afirmaba de forma bella: «Bédier era un eccezionale polemista e un elegantissimo fabulatore filologico».

En Francia, la autoridad de Mario Roques, erudito seco y severo, y luego la influencia de Félix Lecoy, espíritu brillante, a la vez más sabio y más escéptico, pero celoso continuador de la obra de Roques, han dado valor de dogma a las ideas de Bédier, que se han convertido en una especie de regla infranqueable para muchos investigadores. La mayor parte de los editores franceses se excusan por tener que corregir. Cuando Régnier (1967: 14) publica la versión *AB* de la *Prise d'Orange*, declara: «el manuscrito *A1* se ha reproducido con el mínimo de retoques». Casi todos hacen igual que él. Algunos, sin embargo, se han resistido. En su edición de la *Mort Artu*, Jean Frappier (1954: xxxvii) presentó ideas más razonables y más matizadas: «Algunos pasajes indican, no obstante, que el propio arquetipo no estaba exento de faltas; en ese caso me he arriesgado a modificar, con mucha prudencia y dando mis razones, la lectura de los manuscritos. No desconozco el peligro de las reconstrucciones personales, pero puede ocurrir también que respetar la letra de los copistas sea traicionar al autor». La primera edición del *roman* publicado por Jean Frappier data de 1936.

Entremos en el meollo del asunto presentando observaciones críticas a las ediciones de Chrétien de Troyes realizadas por Mario Roques de los *romans* de *Erec* (1955), del *Chevalier de la Charrette* (1958) y del *Chevalier au lion* (1960), y posteriormente a la de Félix Lecoy, que ha tomado el relevo para el *roman* del *Conte du Graal* (1972-1975). Añado a Alexandre Micha, editor del *Cligès* (1957) en la misma colección. Se podría escribir un extenso libro sobre estas ediciones. Nos limitaremos aquí a algunas observaciones. Roques y Lecoy anuncian con fuerza el rechazo a corregir el texto que editan, la voluntad de seguir el manuscrito considerado por ellos como un documento incontestable y respetable. Lo han repetido en numerosas ocasiones.

No soy el primero en criticar esta postura. Con mucha razón, Thomas B. W. Reid (1976) ha puesto de relieve los excesos del conservadurismo de Roques y afirma «el derecho a la enmienda» (Reid, 1984). Igualmente, Brian Woledge (1984) presenta útiles correcciones a la edición de *Yvain* realizada por Roques. Tony Hunt también presenta críticas: a su juicio, el interés de las ediciones de Roques es «limitado» (Hunt, 1979: 27).

## 2. Las ediciones de Chrétien de Troyes por Mario Roques

La edición de *Erec et Enide* es la primera y la menos descuidada de las que Roques realizó de los *romans* de Chrétien de Troyes. Se basa sobre el manuscrito de Guiot (BNF français 794), actualmente digitalizado en el portal de Gallica.

El editor declara que «el manuscrito de Guiot es una copia cuidada e inteligente» (1955: XLVIII). Fascinado por este copista, cuyo origen había descubierto (trabajaba en Provins), quiso seguir ciegamente esta copia champañesa. Afirma que resulta «rara vez incomprensible o inaceptable» (*ibid.*). Señala, ciertamente, algunos errores (XLVIII-LI). Pero se apresura a afirmar, refiriéndose en las notas críticas de su edición (1955: 214-233), que «estos casos difíciles podrían despertar dudas sin exigir correcciones» (XLVII). Dicho de otra manera, intenta reducir, lo más posible, el número y la importancia de los errores y justificar las malas lecturas de esta copia.

Las lecturas rechazadas por Roques son cincuenta y ocho y son de poca importancia. Muy pocas correcciones. Las Notas críticas, o pretendidas como tal, se dirigen sobre todo a defender las lecturas conservadas. Son un total de setenta y tres, si he contado bien. Se podría sostener que todos estos pasajes deberían ser corregidos.

Tomemos algunos ejemplos de errores mantenidos en la edición. En primer lugar, un fenómeno de repetición de la misma rima en el seno de un pareado. Signo habitual de corrección no pertinente. Así ocurre en *Erec* con el séquito que acompaña al rey Bilis de los Antípodas. El texto de Guiot dice de forma errónea:

Par richesce et par conpaignie
amena en sa conpaignie
Bylis deus rois qui nain estoient (*Erec et Enide*, 1955, vv. 1949-1950).

[Como signo de riqueza y por compañía/ llevaba en su séquito/ Bilis a dos reyes que eran enanos]

Esta lectura es a la vez única y errónea. Los demás manuscritos presentan todos un texto satisfactorio, que sigue Foerster en su edición:

Par richesce et par seignorie
Amena an sa conpaignie
Bilis deus rois qui nain estoient (*Erec*, 1890, vv. 2001-2003)

[Como signo de riqueza y señorío/ llevaba en su séquito/ Bilis a dos reyes que eran enanos]

Roques (1955: 220) acepta en sus Notas críticas que se podría suprimir la rima de igual a igual, pero intenta justificar el mantenimiento de *compagnie* ('séquito, compañía') argumentando que «*compagnie* tiene dos sentidos diferentes en los dos versos y la corrección es inútil». Observación débil. Se trata de la misma esfera semántica. El editor no indica, por lo demás, los dos sentidos diferentes que imagina. Para mantener las rimas de igual a igual presenta constantemente argucias de ese género. Cada una de ellas debe ser rectificada.

Un segundo ejemplo: la palabra *coude* ('codo') que aparece en los manuscritos bajo la forma *cote*, con una dental sorda. La *chainse* que lleva Enide está tan desgastada que las mangas tienen agujeros en los codos, *as cotes* como dice el verso 1549 de la edición de Roques. En los versos 407-408 de su edición, el texto impreso por el editor es diferente:

et tant estoit li chainses viez
que as costez estoit perciez. (*Erec et Enide*, 1955, vv. 407-408)

[y la camisa estaba tan vieja/ que por los lados estaba agujereada.]

El término *costez*, lectura única, tiene que ser corregido. Roques intenta jus-
tificarlo (214). Reconoce que «*costez* aparece como error por *cotes*». Acepta que
los demás manuscritos tienen *coutes* y *keutes*. Pero se obstina y pretende que se
trata quizás de una mala grafía: la adición de *s* delante de una consonante y el
empleo de *z* en lugar de *s* final (Introducción: xxxvi y xlvii). Todo esto parece
demasiado ingenioso. Vale más el texto publicado por Foerster:

Mes tant estoit li chainses viez
Que as cotes estoit perciez. (*Erec*, 1890, vv. 407-408)

[pero estaba tan vieja la camisa/ que por los codos estaba agujereada.]

Se podría hablar de numerosas lagunas, más o menos graves, más o menos
importantes, o incluso de las adiciones. A veces habría que utilizar el término
«interpolaciones». En su tesis sobre *La tradition manuscrite des romans de Chrétien
de Troyes*, Micha (1939: 280-284) señala en *Erec* diecisiete lagunas que afectan
a 64 versos. Hay que observar que en la mayor parte de los casos estos versos
eran indispensables. Señala en el mismo *roman* dos grandes interpolaciones, una
en la descripción de la cruz-relicario regalada por Erec, y la otra, la casulla maravillosa que Enide da a una iglesia. Indica alrededor de cuatrocientas variantes
de detalles importantes, además de una quincena de «faltas contra la lógica», sin
hablar de los numerosos desplazamientos de palabras en el interior de los versos
o de un verso a otro (90 casos), ni de las interversiones de versos (16 pasajes). Las
faltas más graves, que Micha llama «sinsentidos», son alrededor de una quincena.
Recuerdo que Micha sostuvo y publicó su tesis en 1939. Roques aún no había
emprendido la edición de Chrétien. Las reacciones de Micha eran espontáneas y
naturales. No se encontraban contaminadas por las ideas de Roques.

Tomemos uno o dos ejemplos en los que el texto está gravemente deformado.
En primer lugar, un pasaje que escapó a las justificaciones del editor y que no fue
mencionado en sus Notas, dedicadas a disculpar a Guiot. Antes de la ceremonia
de matrimonio entre Erec y Enide, se prepara y viste a la joven muchacha. Se la
viste con un brial bordado de oro, un espléndido manto y una cinta en los cabellos. Una doncella le pone alrededor del cuello joyas, dos elementos de adorno
de oro nielado fijados a una piedra de topacio. Roques se equivocó en su glosario
al traducir *fermaillez* ('agrafes, broches que forman colgantes'). No se trata aquí
exactamente de hebillas; el término *fermail* designa por extensión una joya que
llevan las mujeres alrededor del cuello o colgando sobre el pecho ('dije', en español). El texto publicado por Roques dice:

Deus fermaillez d'or neelez
an un topace enseelez

li mist au col une pucele,
qui fu tant avenanz et bele... (*Erec et Enide*, 1955, vv. 1645-1648).

[Dos broches de oro nielados/ en un topacio fijados/ le puso al cuello una doncella,/ que era muy elegante y bella...]

La propuesta de relativo utilizada por Guiot es desafortunada. No es la sirviente la que es bella, es Enide. El texto bueno se encuentra en todos los demás manuscritos y en la edición de Foerster. Un cambio de sujeto tiene lugar después de *pucele*. Los demás manuscritos dicen «*Or fu tant avenant et bele*» («Ahora estaba tan elegante y bella»). Es el comienzo de un elogio de la prodigiosa belleza de Enide. El texto de la edicion de Foerster edita:

Deus fermaillez d'or neelez
An une cople anseelez
Li mist au col une pucele.
Or fu tant avenanz et bele... (*Erec et Enide*, 1890, vv. 1665-1668)

[Dos broches de oro nielados/ unidos por una cinta/ le puso al cuello una doncella./ Ahora estaba tan elegante y hermosa...]

En su *Kristian von Troyes, Wörterbuch*, W. Foerster (1914, 90) recoge *cople*. Recuerda la etimología *copula* y traduce *'Band'* ('cinta').

Otro ejemplo. En los versos 1545-1547 de la edición de Roques, Erec habla a la reina de su futuro matrimonio. Indica que los padres de Enide son nobles, pero sin fortuna, y luego añade:

ne quier je pas le mariage
de la dameisele esposer (*Erec et Enide*, 1955, vv. 1545-1547)

[no deseo el matrimonio/ con la doncella justificar]

En una nota, Roques adelanta que el verbo *esposer* significaría aquí 'justificar' y que Erec encuentra superfluo justificar su matrimonio (1955: 218). Se equivoca. Micha (1939: 284) tenía razón al considerar el verso gravemente alterado. Se trata, en efecto, de una innovación absurda de Guiot. En su artículo «Chrétien de Troyes and the Scribe Guiot», Reid (1976: 10) puso de manifiesto, haciendo referencia al *Altfranzösisches Wörterbuch* de Tobler-Lommatzsch (III, 1245), que el verbo *esposer* no significa 'explicar, justificar', como pretende Roques. El texto bueno se encuentra en los demás manuscritos. La edición de Foerster lo ofrece:

Ne por biauté ne por lignage
Ne doi je pas le mariage
De la pucele refuser. (*Erec et Enide*, 1890: vv. 1565-1567).

[Ni por belleza ni por linaje/ debo el matrimonio/ de la doncella rechazar]

El verbo *refuser* en el sentido de 'rechazar, desdeñar' conviene perfectamente, tanto a la situación como a la sintaxis.

Añadamos que la edición de Roques aporta infinitamente menos informaciones que la de Foerster. Apenas da variantes. Roques se contenta con citar algunas variantes de un único manuscrito, el BNF fr. 1450, y nunca de ningún otro. Indica, de vez en cuando, en los pasajes corrompidos, que en su jerga él juzga «difíciles», algunas de las lecturas de este manuscrito. Había sabido por Micha (1934: 94) que estaba emparentado con el que él publica. Así que lo usó. En su edición no se cita ningún otro de los siete manuscritos del texto. Las observaciones filológicas son escasas. En el momento de la aparición del primer volumen de su edición, el *Altfranzösisches Wörterbuch* de Tobler-Lommatzsch había llegado a la letra *F*. En 1954 habían aparecido ya treinta y un fascículos. Roques nunca utilizó ninguno de ellos. Nunca se cita el diccionario de Godefroy. El glosario es superficial. En sus *Anmerkungen* Foerster (1890: 295-334) aportó un importante conjunto de observaciones sobre la historia y la comprensión del texto. Nada de eso encontramos en Roques. Da una edición casi en bruto del manuscrito, sin hacer los esfuerzos de comparación y de interpretación indispensables.

Se podrían plantear observaciones semejantes respecto de la edición del *Cligès* que publicó Micha (1957) en la misma colección de los «Classiques français du moyen âge». Tampoco ahí se ofrece ninguna variante. Micha conocía bien la tradición manuscrita del *Cligès*. Había redactado una tesis complementaria titulada *Prolégomènes à une édition de Cligès* (1938). Pero se impusieron los principios de Roques. El editor francés publica en sus Notas críticas y en cuerpo menor treinta y cuatro versos que faltan en su manuscrito. Deberían haber sido añadidos en el cuerpo mismo del texto en el verso 6462 de su edición. Evidentemente están presentes en la edición de Foerster, en los versos 6559-6582. Micha (1957: 216) declara que «sin ser indispensable, el pasaje ilumina las equivocaciones de Alis, lo que no deja de tener importancia para el sentido de la obra». De hecho, esos versos son esenciales, pues –en el debate que opone a Jean, siervo de Cligès, con el emperador Alis, que ha usurpado el trono– constituyen la réplica jurídica de Jean, que argumenta contra el emperador, furioso al conocer la huida de Cligès y de Fenice. Aquí el editor intenta otra vez convencer de que es necesario respetar el texto del manuscrito, aunque sea único e inferior al de las demás copias.

En su tesis, Micha (1939: 286) había señalado veintitrés lagunas en el *roman* de *Cligès*, supresiones de amplitud diversa, la mayor parte del tiempo de dos o cuatro versos, una vez de doce versos, quizás una columna del modelo, como supone Micha, y sobre todo, una gran laguna de treinta y cuatro versos, calificada anteriormente por el mismo (1939: 286) de «fragmento esperado». En su edición, publica el pasaje en nota (1957: 215-216).

La influencia ejercida por Roques fue desafortunada para él. Cambia, pues, de opinión. En su tesis señalaba dos adiciones inadecuadas en el texto del manuscrito 794 del *Cligès* (Micha, 1939: 287), debilidades, oscuridades (ocho referencias), tópicos (dieciéis referencias), una cuarentena de pasajes imposibles de conservar, una quincena de versos rehechos, dos reelaboraciones importantes. La edición publicada en 1957 olvida todas estas observaciones críticas. No realiza las abundantes correcciones indispensables. Las Notas críticas señalan sin comentarios treinta y seis lagunas. En dos ocasiones indica «probable muletilla», pero el editor se abstiene de corregirlas.

En la edición de Foerster (1884) se encuentra una *Einleitung* ('Introducción') de 76 páginas; en la de Micha, solamente 31 páginas. Las *Anmerkungen* ('Observaciones') de Foerster van de la página 176 a la página 192; Micha solo incluye ocho páginas de Notas, denominadas críticas (Micha, 1957: 208-216). Foerster da una importante *varia lectio* que a menudo se extiende a lo largo de quince líneas en cuerpo menor. Publica también la prosificación tardía. La inferioridad de la edición francesa es bien visible.

Cuanto más se avanza en el examen de la edición de Chrétien de Troyes presentada bajo el nombre de Mario Roques, mayor es el riesgo de decepción. ¿Fue el erudito mismo quien preparó la edición del *Chevalier au lion* publicada en 1960? Es posible plantearse la pregunta. En los años sesenta del siglo xx se oía decir que Roques había pedido a un archivista paleógrafo que le transcribiera el texto del manuscrito. ¿Se trataba del *Chevalier au lion* (1960) o del *Chevalier de la Charrette* (1958)? ¿O bien de los dos?

Observo que para el *Chevalier de la Charrette* solo hay 40 páginas de introducción y 4 páginas y un tercio de Notas críticas (Roques, 1958: 221-225). Las observaciones sobre la tradición manuscrita caben en unas líneas superficiales. El editor declara que las otras copias se encuentran «gravemente incompletas, poco cuidadas o contaminadas de diverso modo» y añade «tendremos pocas ocasiones de recurrir a su testimonio» (Roques, 1958: iii). ¡Condena expeditiva y demasiado fácil! Con estas audaces palabras se desembaraza de los testimonios que podrían estorbarle. Roques acepta, ciertamente, en una palabra el interés del fragmento de Annonay, pero señala, sin disgusto, que no ofrece ningún fragmento del *Chevalier de la Charrette*. Se entiende el porqué: cuando se desea publicar fielmente un manuscrito, ¿para qué complicarse mirando otros testimonios? ¿Por qué complicarse la vida?

En lo que respecta al *Chevalier au lion*, publicado solo dos años después del *Chevalier de la Charrette*, la situation se agrava más aún. Las notas «críticas» y variantes caben en tres cuartos de página. Son un total de ocho. Había 73 en la edición de *Erec et Enide*, hecha con menos rapidez. Casi todos los pasajes señalados por notas críticas habrían merecido una corrección. En todo caso, la exploración de la tradición manuscrita del *Yvain*, en los ocho manuscritos conservados, no le ha costado mucho esfuerzo al editor.

Llevemos a cabo un vistazo cronológico al conjunto de la edición de Chrétien de Troyes. El primer volumen de Roques ve la luz en 1955; el cuarto en 1960. ¡Qué rapidez! ¡Qué vuelo! Foerster necesitó bastante más tiempo para su amplio trabajo: el t. I (*Cligès*, 353 p.) aparece en 1884; el t. II (*Löwenritter*, 327 p.) en 1887; el t. III (*Erec et Enide*, 339 p.) se publica en 1890; y el t. IV (*Der Karrenritter*), mucho más grueso que los precedentes, pues contiene el *Guillaume d'Angleterre* (495 p.) se publica en 1899. Hay que añadir que el sabio editor de Bonn continuó trabajando sobre estos textos. Las ediciones más cortas, publicadas en su «Romanische Bibliothek», presentan cierto número de modificaciones. Me he limitado a la edición más desarrollada y fundamental, denominada *Sämtliche Werke*. Roques ha necesitado cinco años para editar cuatro *romans*; Foerster ha requerido quince años. La del primero es una labor de edición que cada vez resulta más ligera (en todos los sentidos de la palabra). A medida que el tiempo pasa, la del segundo gana peso y se amplifica.

Si se entrara en el detalle del texto, se podría presentar un número bastante importante de observaciones: se podrían encontrar evidentes torpezas, *obvious blunders*, como afirmó con razón Woledge (1984: 287). Reid ha puesto de relieve numerosos pasajes en los que resulta absolutamente necesario corregir. En los mil primeros versos del *Chevalier au lion*, señala una decena de pasajes en los que se impone alguna corrección. Se ha leído mal el manuscrito en dos casos: el editor ha cometido una confusión entre *s* y *f*. Hay que leer en el verso 790 de la edición de Roques *set*, y no *fet*, que no va bien en el pasaje. Yvain es acogido magníficamente por el valvasor que lo alberga. El narrador declara que es imposible describir todas las atenciones que un hombre honesto puede ofrecer a otro. La edición de Roques publica el texto siguiente:

> Ja n'iert tot dit ne tot conté
> que leingue ne puet pas retreire
> tant d'enor com prodon fet feire. (*Chevalier au lion*, 1960: vv. 788-790).

[No será dicho ni contado todo/ ya que la lengua no puede relatar/ tanto honor como un hombre honesto hace hacer.]

La edición de Foerster ofrece el texto correcto:

Ja n'iert tot dit ne tot conté,
Que langue ne porroit retreire
Tant d'enor con prodon set feire. (*Löwenritter*, 1890: vv. 788-790).

[No será dicho ni contado todo/ ya que la lengua no podría relatar/ tanto honor como un hombre honesto sabe hacer.]

Un poco más allá, un nuevo error de lectura: *solemant* en lugar *folement*. Yvain se lanza a la persecución de Esclados el Rojo con loca precipitación. La puerta levadiza de hierro del castillo parte en dos su caballo. Por suerte el héroe estaba agarrado al arzón de la silla de su adversario y así escapa de la muerte: Roques, sin notar que imprime un texto absurdo, publica lo siguiente:

et mes sire Yvains solemant
hurte grant aleüre aprés. (*Chevalier au lion*, 1960: vv. 934-935).

[Y mi señor Yvain solamente/ se lanza veloz tras él.]

La edición de Foerster lee correctamente:

Et mes sire Yvains folemant
Hurte grant aleüre aprés. (*Löwenritter*, 1890: vv. 934-935)

[Y mi señor Yvain alocadamente/ se lanza veloz tras él.]

Tomemos otro pasaje, también claro. Lunette ha intentado hacer que Laudine entienda que tiene que pensar en el futuro, pues existe un caballero superior a su difunto marido. La dama, primero, se ha ofuscado con las palabras de su allegada y la ha expulsado enérgicamente. Cuando Lunette regresa al día siguiente, Laudine lamenta las palabras demasiado enérgicas de la víspera. Agacha la cabeza en señal de excusa y desea tener informaciones más amplias sobre el caballero al que la dama se ha referido. El texto impreso por Roques es el siguiente:

Et cele revint par matin,
si recomança son latin,
la ou ele l'avoit leissié,
et cele tint le chief bessié,
qui a mesfete se santoit
de ce que leidie l'avoit.
Mes or li voldra comander
et del chevalier demander
le non et l'estre et le linage. (*Chevalier au lion*, 1960, vv. 1787-1795).

[Esta volvió por la mañana,/ retomó sus palabras,/ en donde las había dejado,/ y la otra estuvo cabizbaja,/ porque sentía que se había portado mal/ por lo que le había dicho./ Pero ahora quiere mandarle/ y preguntar del caballero/ el nombre y la condición y el linaje.]

El verbo *comander* ('mandar'), propio del manuscrito de Guiot, no va bien. Es aberrante. Laudine baja la cabeza. No tiene ninguna razón para ser autoritaria. Es al contrario. Solicita a su doncella de compañía y no tiene nada que mandarle. Foerster publicó el texto correcto:

Mes or li voudra amander
Et del chevalier demander
Le non et l'estre et le linage. (*Löwenritter*, 1890: vv. 1791-1793).

[Pero ahora quiere compensarla/ y preguntar del caballero/ el nombre, la condición y linaje.]

El verbo esperado es, en efecto, *amender* ('compensar'), que se encuentra en la gran mayoría de los manuscritos. En la edición de Roques, ninguna nota, ninguna observación. Pasa por encima. Corre alegremente su camino, sin retroceder ni señalar las faltas cometidas por el manuscrito.

No he procedido a un estudio sistemático de los errores cometidos por el copista y, en consecuencia, por el editor, que imprime el manuscrito tal cual. Woledge (1983: 258) señaló con razón que, en su tesis complementaria (por otra parte —añadiría yo— no citada en la bibliografía de la edición de Roques), *Prolégomènes à une édition d'Yvain,* Pierre Jonin (1958), poco inclinado a corregir el texto, de acuerdo con el espíritu de la época, estimaba sin embargo indispensable corregir en seis ocasiones al menos el manuscrito de Guiot, en los 350 versos que estudió. Si procediéramos a una extrapolación, se diría que, en un millar de versos, habría que corregir alrededor de tres veces más. El *roman* du *Chevalier au lion* se extiende a lo largo de 6806 versos en el manuscrito de Guiot (Roques contó por error 6808, pero se le excusará en este punto ya que lo señala en nota en la última página del texto).

Habría que corregir el manuscrito más de ochenta veces para presentar un texto satisfactorio.

Estas consideraciones estadísticas no son vanas. En su traducción del *Chevalier au lion* hecha a partir de la edición de Roques, Claude Buridant y Jean Trottin (1971: IX-XVIII) corrigieron 73 veces el texto. Lo que da idea del número de correcciones más indispensables. Habría que añadir que Micha (1939: 289) señaló, además, seis pequeñas omisiones y una adición de dos versos. Este erudito da informaciones estadísticas: 450 lecturas únicas para el conjunto del *roman*, 23 versos rehechos, 183 equivalentes (no estoy seguro de entender bien lo que quiere decir), 24 impropiedades, 23 oscuridades, 24 sinsentidos (es decir, versos inexplicables).

Las ediciones realizadas por Roques de los *romans* de Chrétien de Troyes no merecen el crédito del que gozan en ocasiones. Ocurre lo mismo desgraciadamente con la edición del *Conte du Graal* ofrecida por Félix Lecoy. Examinemos esta última publicación.

## 3. La edición del *Conte du Graal* de Félix Lecoy

La edición del *Perceval* de Félix Lecoy (1972-1975) se inserta en la misma tradición. Se publicó en dos volúmenes distintos: el tomo I en 1972, que ofrece solo el texto de los versos 1-6008, sin el menor comentario; el tomo II en 1975, que ofrece el final del texto, los versos 6009-8960, y además una breve introducción de cinco páginas y media. Afirma que el «texto de *A* se ha reproducido escrupulosamente: solo se han corregido las lecturas manifiestamente erróneas» (2: 101), lo que es inexacto, pues un gran número de ellas se han mantenido. Reconoce que «*A* (o su modelo) abrevia frecuentemente la redacción» (*ibid.*). De hecho, la edición de Hilka –señalaría yo– cuenta con 9234 versos. Los mismos que la edición crítica de Keith Busby (1993), basada sobre todos los manuscritos, y que sigue el manuscrito *T* (BNF fr. 12576). Esto quiere decir que en la copia de Guiot faltan 273 versos.

Micha (1939: 290-292) señala 23 lagunas, en 5 ocasiones alargamientos hechos por Guiot, un total de 500 variantes notables, entre las que hay 17 versos rehechos, 26 casos de impropiedades, numerosas rupturas en la sucesión de ideas, 14 sinsentidos, 4 pasajes mal entendidos.

Félix Lecoy era un gran filológo. Dominaba todas las lenguas románicas. Para el antiguo francés utilizaba constantemente los diccionarios de Godefroy, de Tobler-Lommatzsch, el *FEW*, los trabajos especializados antiguos y notables como los *Vermischte Beiträge zur französischen Grammatik* de Tobler (1886-1912). Sus glosarios son infinitamente superiores a los de sus precursores. Sus Notas aportan a veces reflexiones novedosas sobre pasajes delicados. Dicho esto, también él pecó por exceso de fidelidad al manuscrito de Guiot. Este maestro excepcional, del que guardo un recuerdo lleno de admiración y reconocimiento, cedió al demonio del conservadurismo.

En otra ocasión presenté las observaciones sobre esta edición del *Conte du Graal* (Ménard, 1979). A estas indicaciones querría añadir alguna precisión y nuevas reflexiones. Las correcciones a la edición de Félix Lecoy son de orden variado. A veces son pequeños matices en detalles. Así, el copista modifica erróneamente el tiempo de un verbo. En el prólogo del *roman*, Guiot transforma el pasado en un presente:

Ce est li contes del graal,
dont li cuens li baille le livre. (*Conte du Graal*, 1972: vv. 67-68).

[Este es el cuento del grial,/ cuyo libro le entrega el conde.]

Guiot es el único que emplea el presente y que dice *baille* ('entrega'). Todos los demás manuscritos emplean el pretérito indefinido. Este tiempo verbal resulta indispensable. Es desafortunado que el sabio editor no lo corrigiera. Observemos que no da ni variante, ni nota en esta ocasión. Como es obvio, la excelente edición de Alfons Hilka (1932, 67) da la lectura correcta *bailla* ('entregó'). Y lo mismo la edición de Keith Busby (1993: 67).

Una falta más grave: una palabra empleada de forma incorrecta en el texto. En el verso 1463 y siguientes de la edición de Lecoy, Gornemant de Gohort da lecciones al joven Perceval. Le dice que ejercitándose se puede aprender lo que no se sabe, y añade:

Il covient a toz les mestiers
et poinne et cuer et ialz avoir:
par ces .iii. puet an tot savoir. (*Conte du Graal*, 1972: vv. 1463-1465).

[Conviene en todos los oficios/ tener esfuerzo y corazón y ojos:/ con esos tres se puede saber todo.]

Basta con leer el texto para comprender que la palabra *ialz* ('ojos') no va bien. Guiot es el único que la emplea. El término apropiado se encuentra en los otros quince manuscritos y es *us* ('la práctica'). Véase el texto de la edición de la edición de Hilka:

Il covient a toz les mestiers
Et painne et cuer et us avoir:
Par cez trois peut an tot savoir. (*Der Percevalroman*, 1932: vv. 1466-1467).

[Conviene en todos los oficios/ tener esfuerzo y corazón y práctica:/ con esos tres se puede saber todo.]

Para progresar es necesario unir el esfuerzo, el interés y la experiencia. El mismo texto está en la edición de Busby (1993, v. 1467). Lecoy no hace ninguna observación de crítica textual, ni ninguna variante para este pasaje. Aquí lo esencial queda oculto. Sin embargo, Hilka (1932) ofrecía una buena nota, recordando para el verso 1467 de su edición el proverbio 1069 citado por Morawski (1925): *Li cuers fet l'oevre* («El corazón hace la obra»), y la máxima latina 98 de

la colección de J. Werner, *Lateinische Sprichwörter* (1912): *Usus et ars docuit, quod sapit omnis homo* («La práctica y el arte enseñan todo lo que sabe un hombre»).
Otro ejemplo:

Et cil qui avoit desreniee
vers lui la terre a la pucele
Belissant, s'amie la bele… (*Conte du Graal*, 1972: vv. 2908-2910).

[Y aquél que le había disputado/ la tierra tiene a la doncella/ Belissant, su amiga la bella…]

El texto adecuado figura en la edición de Hilka:

Et cil qui avoit desreisniee (*Erec et Enide*, 1890, vv. 407-408).

Vers lui la terre et la pucele,
Blancheflor, s'amie, la bele… (*Der Percevalroman,* 1932, vv. 2910-2912).

[Y aquél que le había disputado/ la tierra y la doncella/ Blancheflor, su amiga, la bella…]

El mismo texto se encuentra en la edición de Busby (1993, v. 2912). En todos los manuscritos la bella amiga de Perceval se llama Blancheflor. Y así ocurre en el manuscrito de Guiot en el verso 2415. Más adelante, en el verso 2910, el copista se ha equivocado: llama a la joven *Belissant*. Este nombre es conocido en nuestra literatura antigua. Aparece, por ejemplo, en *Ami et Amile* y también en el cantar de *Otinel.* Félix Lecoy registra este error en su texto y en el Índice de nombres. En este Índice, en la palabra *Belissant*, reconoce, sin embargo: «lapsus probable del copista por Blanchefleur» (2: 125). El adjetivo «probable» está fuera de lugar. Es un error manifiesto. Lecoy ha tenido la bondad de indicar, en las variantes, *Blancheflor* (2: 12) sin decir que esta lectura se encontraba en todos los demás manuscritos. Esto, en efecto, habría perjudicado a la copia de Guiot. En las Notas críticas (2: 104), contradice lo que afirma en la página 125 y declara: «Hemos guardado la lectura *Belisant* de *A* (por *Blancheflor*), pues posiblemente no es un simple lapsus» (*sic*). Así, este gran sabio, empujado por la ciega teoría del conservadurismo absoluto cree, primero, en una lectura adecuada; luego, en el Índice, cambia de idea y piensa que el copista se equivocó. De hecho, aquí nos encontramos ante un error manifiesto de Guiot, único entre todos los copistas que se equivoca de nombre para designar a la heroína.

Más adelante se lee una adición desafortunada de dos versos propios del manuscrito de Guiot (2293-2294). Perceval llega al castillo del Rey Pescador y ve en el río una barca con dos hombres a bordo. El pasaje es el siguiente:

Et il vit par l'eve avalant
une nef qui d'amont venoit;
.II. homes an la nef avoit.
Li uns des .ii. homes najoit,
Li altre a l'esmeçon peschoit. (*Conte du Graal*, 1972, vv. 2990-2994)

[Vio bajando por el agua/ una barca que venía de arriba;/ dos hombres había en la barca./ uno de los dos hombres remaba,/ el otro pescaba con anzuelo.]

La presencia de cuatro versos consecutivos con la misma rima indica una reelaboración, y, además, desafortunada. La indicación dada al final (uno de los dos rema, el otro pesca) es inútil. El manuscrito de Guiot es el único que da estos dos últimos versos. Hilka y Busby hicieron bien al suprimirlos. El texto de la edición es el siguiente:

Atant vit par l'eve avalant
Une nef qui d'amont venoit;
Deus homes en la nef avoit. (*Der Percevalroman*, 1932, vv. 2998-3000).

[Vio bajando por el agua/ una barca que venía de arriba;/ dos hombres había en la barca.]

El texto de la edición de Keith Busby (1993, vv. 2999-3000) es idéntico para las dos rimas en *–oit*.

Además del desorden de las rimas, hay que destacar una razón complementaria: este pareado se encuentra perfectamente en su lugar un poco más adelante, en los versos 3489-3490 de la edición de Lecoy. No hay ninguna razón para que figure en dos pasajes distintos. En las Notas críticas, Lecoy (2: 108) ha indicado la extraña presencia de los versos 2993-2994. Se guarda de mencionar el segundo pasaje en el que figuran. Se contenta con afirmar que «sin duda son apócrifos». Cuando el manuscrito se equivoca, según su costumbre, el editor utiliza eufemismos. Dice «sin duda». Emplea el término «apócrifos» que quiere decir «cuya autenticidad es dudosa». Se habla de *Evangelios* apócrifos, es decir, no reconocidos por la Iglesia en el canon bíblico. Deben emplearse aquí otros términos y hablar de interpolación, de error evidente. Sobre todo, hay que sacar una consecuencia y suprimir esos versos.

A veces, para justificar el texto de Guiot, a este gran erudito se le ocurre inventar un significado fantasma. Un ejemplo: para *eschames* se conoce el sentido de 'escabel, banco'. El término se encuentra en Guiot en los versos 3257 y 3263. Lecoy le da el sentido de '*tréteau*' ('caballete'), que es el de *eschace* en francés antiguo. Pero el término *eschame* no va bien en este pasaje. Se trata de soportes, de borriquetas sobre las que se apoya el tablero de la mesa. Por otra parte, la palabra esperada *eschaces* aparece en el verso 3255. Como consecuencia de un desafortunado error, aparece dos veces en lugar de *eschames*:

Atant dui autre vaslet vindrent
qui aporterent .ii. eschaces,
don li fuz a .ii. bones graces
don les eschames fetes furent,
que les pieces toz jorz an durent.
Don furent eles d'ebenus:
de celui fust ne dot ja nus
que il porrisse ne qu'il arde,
de ces.ii. choses n'a il garde.
Sor ces eschames fu asisse
la table, et la nape sus mise. (*Conte du Graal*, 1972, vv. 3254-3264)

[En esto llegaron otros dos servidores/ que trajeron dos borriquetas,/ hechas con dos grandes virtudes/ por los que los escabeles/ duran para siempre./ Eran de ébano:/ madera de la que nadie/ teme que se pudra/ ni que arda./ De estas dos cosas no hay que preocuparse./ Sobre estos escabeles se puso / la mesa, y el mantel se colocó encima.]

El texto de Hilka da naturalmente *eschaces* ('borriquetas') en los versos 3267, 3269 y 3275 de su edición:

Tant que dui autre vaslet vindrent,
Qui aporterent deus eschaces;
Li fus an ot deus bones graces
Dont les eschaces feites furent;
Que les pieces toz jorz andurent.
Don furent eles ? – D'ebenus.
– D'un fust a quoi ? – Ja n'i bet nus
Que il porrisse ne qu'il arde;
De cez deus choses n'a il garde.
Sor cez eschaces fu assise
La table, et la nape sus mise. (*Der Percevalroman*, 1932, vv. 3266-3276).

[Entonces llegaron dos criados/ que trajeron dos borriquetas;/ dos grandes virtudes tenía la madera/ con la que las borriquetas fueron hechas;/ por las que las piezas siempre duran./ ¿De qué eran? –De ébano./ ¿De qué madera? –De una madera que nadie espera/ que se pudra ni que arda./ De estas dos cosas no hay miedo./ Sobre estas borriquetas se montó/ el tablero, y el mantel se puso encima.]

El texto impreso por Keith Busby (1993, vv. 3266-3276) es idéntico en cuanto al empleo del término *eschace*. La puntuación del pasaje es distinta y mejor. Solo el manuscrito 794 se permitió cambiar de forma errónea *eschaces* por *eschames*. La edición de Lecoy no incluye ninguna variante ni nota crítica. El glosario es aquí muy hábil y, en consecuencia, engañoso: por *eschames* el editor traduce «*escabeaux*» ('escabeles') y añade entre paréntesis «(designa aquí los soportes sobre los que se coloca la tabla propiamente dicha), cf. *eschaces*» (2: 146). Nunca jamás, en ningún otro sitio, *eschames*, ni *eschamel* (del latín *scamnum, scamellum,* 'escaño, escabel'), si se cree a los diccionarios, se emplearon en este sentido.

Basta con mirar en los diccionarios de Godefroy (II, 362), de Tobler-Lommatzsch (III, 836, traducción *Schemel*), del *FEW* (XI, 277), del bajo latín *scamnum*, traducido por '*Bank*' en alemán, por von Wartburg, pero *eschame* está bien interpretado por él como '*escabeau*' ('escabel'). Si se mira el útil *Wörterbuch zu Kristian von Troyes sämtlichen Werken* de W. Foerster (1914: 124), se encuentran referencias a *eschames*, en el sentido de 'escabel, banco' (*Schemel*). Así, en *Erec* (Foerster, 1890, v. 3313), el conde de Limors se sienta junto a Enide «*sor un bas eschame*» ('en un escabel bajo', 'en un pequeño taburete'). En la edición de Foerster del *Löwenritter* (1887, v. 1145), la gente de Esclados el Rojo busca por todas partes al caballero que ha matado a su señor, sin encontrarlo, «*desoz liz et desoz eschames*» («bajo las camas y bajo los taburetes»). Todo ello concuerda. Hay que suprimir la acepción alegada por Lecoy. Es un significado fantasma.

Se podrían discutir otras lecturas del mismo pasaje. En el verso 3254 de la edición de Lecoy, solo el manuscrito de Guiot presenta *Atant* al comienzo del verso. Los demás testimonios unen la oración a la precedente (se ha traído una mesa de marfil, entendemos el tablero superior). Se coloca delante del señor de la casa y delante de su huésped. El verso siguiente comienza por *tant que,* 'hasta el momento en que'. En especial, el relativo *don* al comienzo del verso 3256 no existe más que en otro manuscrito, el *L*. El verso siguiente varía según los manuscritos, pero (dejando al margen los ya citados, *A* y *L*) la inicial es idéntica: *Li fuz*. A continuación se produce una dispersión de variantes: los manuscritos *M* y *U* leen *en a*, los manuscritos *FHT* leen *a deus molt*, el manuscrito *S* declara *avoit.II.* Los manuscritos *CR* incluyen *en ot molt*. Se comprende que los dos principales editores presenten un texto ligeramente diferente. Hilka imprime «*Li fuz an ot deus bones graces*» en el v. 3268 de su edición. Busby sigue la redacción del manuscrito *T* y publica «*Li fus a .II. molt bones graces*» en el verso 3268 de su edición. Quizá sea esta la lectura correcta. El presente parece preferible al pasado.

Último ejemplo: el Rey *Méhaigné* ('Tullido') portado por cuatro servidores al final de la comida. Estos agarran las cuatro uniones del edredón sobre el que reposa. El manuscrito de Guiot escribe:

.IIII. serjant delivre et fort
Lores d'une chambre s'an issent,
La coute as acors seisissent,
Qui el lit estandue estoit.
Sor quoi li prodom se gisoit,
Si l'an portent la ou il durent. (*Le Conte du Graal*, 1972, vv. 3330-3335).

[Cuatro servidores decididos y fuertes/ entonces salieron de una habitación/ agarraban por las esquinas el edredón,/ que estaba tendido sobre la cama./ Sobre el que yacía el noble/ y lo llevan a donde debían.]

Lecoy registra en su glosario la voz *acors* y la traduce sin comentarios por «*coins*» ('esquinas'). Este término no figura, naturalmente, ni en el diccionario de Godefroy, ni en el de Tobler-Lommatzsch, ni en el *FEW* de von Wartburg. Nunca se ha encontrado en ningún sitio. Temo que se trate, con este significado, de una palabra fantasma.

La edición de Hilka emplea el término *corz* en plural, bien atestiguado en el sentido de *'coins'* ('esquinas'):

Quatre serjant delivre et fort
Maintenant fors d'une chambre issent,
La coute as quatre corz seisissent,
Qui el lit estandue estoit,
Sor coi li prodon se gisoit,
Si l'an portent la ou il durent. (*Der Percevalroman*, 1932, vv. 3344-3349).

[Cuatro servidores decididos y fuertes/ al punto salieron de una habitación/ agarraban por las cuatro esquinas el edredón,/ que estaba tendido sobre la cama./ Sobre el que yacía el noble/ y lo llevan a donde debían.]

Texto idéntico para el empleo del término *cors* en la edición de Busby (1993, v. 3346), con algunas variantes de detalle. Para este pasaje doce manuscritos incluyen *as .IIII. cors*, uno *as .IIII. coins*, otro *as .IIII. bous*. Todos estos términos son sinónimos. Los dos últimos son, sin duda, restituciones. La lectura *cors* es seguramente la mejor. Los diccionarios conocen bien *corn, cor* en el sentido de 'esquina'. Godefroy (II, 304), y luego Tobler-Lommatzsch (I, 840) lo han recogido de forma correcta. Está mencionado en el *Wörterbuch zu Kristian von Troyes* de Foerster (1914: 69) con el sentido de *Ecke* ('esquina'). El texto original era verosímilmente *as .IIII. cors*. Así lo imprimen Hilka y Busby en el verso 3346 de sus ediciones. Se puede adivinar el itinerario del error del copista del manuscrito 794. Comienza olvidando el número .IIII. y se da cuenta de que su verso es erróneo. Intenta entonces corregirlo, cueste lo que cueste. El hiato sirve de primer remedio, pero aun así falta una sílaba. Nuestro hombre se acuerda entonces de que hay una palabra *acors* ('reunión, multitud'), o *acort* ('acuerdo'). Ignora si *acors* existe con el sentido de 'esquina'. No hay diccionario a su disposición para verificarlo. Pero la necesidad hace la ley. El cómputo de sílabas exige una sílaba más. Escribe pues *acors*. Importa poco que se trate de un relleno, poco afortunado, de un más o menos, de un sinsentido. El término *acors* propio de Guiot se manifiesta como una invención del copista. Hay que corregir.

## 4. Conclusiones

La tesis doctoral de Alexandre Micha aporta numerosas informaciones sobre las relaciones confusas, complicadas y a veces contradictorias que mantienen entre sí los manuscritos del novelista de Champaña. A su juicio, la clasificación resulta incierta. Al final de sus investigaciones escribe: «Nuestros esfuerzos han resultado ineficaces para establecer divisiones claras en familias absolutamente definidas: cada manuscrito 'oscila' más o menos, todo límite cede» (Micha, 1939: 195).

En el interior de este conjunto, la situación del manuscrito de Guiot no es sencilla. Micha (1939: 293) distingue para todos los *romans* modelos que varían de calidad según las obras. Los de *Erec* y el *Chevalier au lion* ya han sufrido retoques. Los intermediarios entre el arquetipo α y los manuscritos conservados forman una cadena más larga, y cada eslabón introduce modificaciones individuales. Las lagunas son más frecuentes en *Cligès* y en *Erec*. En otros *romans* aparecen incoherencias y oscuridades. Aun dando lugar a los textos menos retocados, el manuscrito 794 comete un gran número de errores.

En su tesis complementaria sobre la tradición manuscrita del *roman* de *Yvain* Pierre Jonin (1958: 95) argumenta de forma hipercrítica. Se basa en el estudio de Micha (1939), escéptico en cuanto a la clasificación de manuscritos, pero va mucho más lejos que él. Cree que la existencia de familias inestables conduce a una consecuencia fatal: sería imposible aplicar el método de Lachmann y corregir el manuscrito base recurriendo a manuscritos de familias opuestas. Y afirma: «De hecho, si las familias solo son ilusorias, el control mediante manuscritos de familias diferentes se convierte igualmente en ilusorio». Sin duda es una extrapolación engañosa, fuera de lugar, contraria a la práctica común. Se puede corregir incluso sin un estema seguro y rígido.

Basta con tener experiencia, con saber y con intuición, lo que antes se llamaba el gusto. Las empresas humanas exigen siempre intuición. Jonin se ciega con la realidad. Los principales errores del manuscrito de Guiot pueden corregirse gracias a la abundante *varia lectio* que poseemos. Cesare Segre (2014: 356) lo ha expresado bien: «La crítica textual es un lugar de lógica e intuición, de rigor y de utilidad».

El principio de conservadurismo casi ciego seguido por Roques le aportaba numerosas facilidades. No tenía que preocuparse de gran cosa. Imprimía lo que leía sin plantearse numerosas preguntas. Sin darse cuenta, vivía en lo aproximado y lo dudoso. Su edición, a la vez vacía de variantes y escasa de notas, no puede rivalizar con la edición del gran filólogo alemán.

En el pasado, grandes nombres de nuestra disciplina, cegados por su admiración a Bédier, han rehusado corregir los errores más evidentes del manuscrito que publicaban. Consideraban el códice como un testimonio infinitamente precioso y casi inalterable. Hay que mantener la cordura. La pasión es mala consejera. Los dogmas no concuerdan siempre con la complejidad de la realidad. Pueden equivocar a los mortales. A pesar de su vasto saber, estos eruditos publicaron ediciones imperfectas. Respetando a las personas y reconociendo el interés de sus trabajos, aceptemos que varias de sus publicaciones dejan que desear.

En verdad, Foerster no es absolutamente impecable. Se equivoca al atribuir siglas diferentes a los manuscritos en cada volumen de su edición. También se equivoca al uniformar las grafías según el manuscrito BNF fr. 794 (Hilka hizo más tarde lo mismo que él). Conviene respetar las formas medievales, que nos instruyen sobre los sistemas gráficos, las prácticas de los copistas y la historia de la lengua. A veces se olvida de algunas variantes. Pero el conjunto de variantes recogidas es considerable. Permite comprender profundamente la tradición manuscrita. Sus ediciones demuestran tener un valor muy grande.

Incluso si parece que el manuscrito de Guiot es el mejor de los testimonios conservados, no refleja verdaderamente el texto escrito por Chrétien. Es portador de un conjunto de correcciones y de errores. Micha (1939: 292) lo comprendió hace tiempo. Estimaba que el mejor manuscrito base, el 794, no debía mantenerse tal cual en sus desviaciones defectuosas, y que convenía corregirlo «gracias al control de copias dignas de fe». Al comienzo de su carrera, el erudito expresaba juicios moderados y se alejaba de las ideas defendidas por Roques.

Sin duda, hay que rechazar el adjetivo «mixta», dado de forma irónica por los bedieristas a las ediciones críticas modernas. Toda copia medieval fue fabricada por un copista más o menos fiel, más o menos atento, más o menos fantasioso. Está compuesta por estratos diversos. En sí misma es subjetiva; a la fuerza, mixta. Este último calificativo es un rasgo fundamental de toda obra medieval. Se equivoca quien piense lo contrario.

Como escribí hace tiempo a propósito de los *fabliaux*: «seguir ciegamente al copista se convertiría en imprimir lecturas aberrantes. Un respeto supersticioso al manuscrito medieval es quizá una solución fácil para el editor, pero es también un abandono del espíritu crítico y una renuncia a todo esfuerzo» (Ménard,

1984: 166). Expresé las mismas ideas a propósito de la edición de los poetas líricos (Ménard, 1970: 22-23; 1976: 774-775).

No defiendo que siempre sea fácil encontrar la lectura original y que deban corregirse inevitablemente todas las lecturas únicas del manuscrito base. Creo que el editor de textos medievales debe evitar a la vez el desencanto de un pesimismo excesivo y las ilusiones de un optimismo infantil. Cuando las divergencias son grandes entre los manuscritos es muy difícil encontrar la primera versión. No siempre se puede levantar un estema seguro de los manuscritos complejos y contaminados basándose en el método de las errores comunes. En mis ediciones de los poemas de Guillaume le Vinier (1970), y luego de los *fabliaux* (1979), me resultó desdichadamente imposible establecer un árbol genealógico de los manuscritos conservados por las razones diversas que expuse. Pero entre ciertos testimonios a la fuerza se manifiestan parentescos y se ve cómo se dibujan familias, más o menos claras, más o menos sólidas. A veces, algunas correcciones se imponen por sí mismas. A veces, en ciertos pasajes, el examen de variantes no conduce a nada: todo parece enrevesado. Pero no siempre estamos sumidos en unas tinieblas inextricables. Un poco de luz ilumina nuestro camino. Tenemos el poder y el deber de corregir las copias que han llegado hasta nosotros. Rechazando las audacias de los que querrían corregirlo todo, rechazando la timidez de los que no quieren modificar nada, una crítica más mesurada, más templada intentará con prudencia llevar a cabo las rectificaciones indispensables donde resultan visibles, donde es posible.

## Bibliografía citada

Avalle, D'Arco Silvio (1972). *Principi di critica testuale*. Padua: Antenore.

Balduino, Armando (1979). *Manuale di filologia italiana*. Florencia: Sansoni.

Bédier, Joseph (1928). «La tradition manuscrite du *Lai de l'Ombre*. Réflexions sur l'art d'éditer les anciens textes». *Romania*, 54: 161-196 y 321-356.

Buridant, Claude y Jean Trottin (1971). *Chrétien de Troyes, Le Chevalier au lion (Yvain), roman traduit de l'ancien français*. París: Champion.

Busby, Keith (ed.) (1993). *Chrétien de Troyes, Le Roman de Perceval ou le Conte du Graal*. Tubinga: Niemeyer.

Contini, Gianfranco (1990). *Breviario di ecdotica*. Turín: Einaudi.

Delbouille, Maurice (1976). «La philologie médiévale et la critique textuelle». En *Actes du XIIIᵉ congrès international de linguistique et de philologie romanes*, t. I. Quebec: Presses de l'université Laval, pp. 57-73.

Foerster, Wendelin (ed.) (1884). *Christian von Troyes, Sämtliche Werke, Erster Band, Cliges*. Halle: Max Niemeyer [reimp. Amsterdam: Rodopi, 1965].

— (ed.) (1887. *Christian von Troyes, Sämtliche Werke, Zweiter Band, Der Löwenritter*. Halle: Max Niemeyer [reimp. Amsterdam: Rodopi, 1965].

Foerster, Wendelin (ed.) (1890. *Christian von Troyes, Sämtliche Werke, Dritter Band, Erec und Enide*. Halle: Max Niemeyer [reimp. Amsterdam: Rodopi, 1965].

— (ed.) (1899. *Christian von Troyes, Sämtliche Werke, Vierter Band, Der Karrenritter (Lancelot) und Das Wilhelmsleben (Guillaume d'Angleterre)*. Halle: Max Niemeyer [reimp. Amsterdam: Rodopi, 1965].

— (1914). *Kristian von Troyes, Wörterbuch zu seinen sämtlichen Werken*. Halle: Max Niemeyer.

Frappier, Jean (ed.) (1954). *La Mort le roi Artu, roman du XIIIᵉ siècle*. Ginebra: Droz.

Godefroy, Frédéric (1881-1902). *Dictionnaire de l'ancienne langue française et de tous ses dialectes*. París: F. Vieweg, después Bouillon, 10 vols.

Hilka, Alfons (ed.) (1932). *Der Percevalroman von Christian von Troyes*. Halle: Max Niemeyer.

Hunt, Tony (1993 [1979]). «Chrestien de Troyes, The Textual Problem». En Keith Busby, Terry Nixon, Alison Stones y Lori Walters (ed.). *Les manuscrits de Chrétien de Troyes*, vol. 1. Amsterdam: Rodopi, pp. 27-40.

Jonin, Pierre (1958). *Prolégomènes à une édition d'Yvain*. Gap: Ophrys/Publications des Annales de la Faculté des Lettres d'Aix-en-Provence (nouvelle série, 19).

Lecoy, Félix (ed.) (1972-1975). *Les romans de Chrétien de Troyes d'après le manuscrit de Guiot (Bibl. nat., fr. 794)*, t. v, *Le Conte du Graal (Perceval)*. París: Champion (cfma, 100).

Maas, Paul (1950). *Textkritik*, 2.ª ed. Leipzig: Teubner.

Ménard, Philippe (ed.) (1970). *Les Poésies de Guillaume le Vinier*. Ginebra: Droz [2.ª éd., 1983].

— (1976). «L'édition des textes lyriques du Moyen Âge. Réflexions sur la tradition manuscrite de Guillaume le Vinier». En *Actes du XIIIᵉ Congrès international de linguistique et de philologie romanes*, t. 2. Quebec: Presses de l'université Laval, pp. 763-775.

— (1984). «Tradition manuscrite et édition de textes: le cas des fabliaux». En *Medieval French Textual Studies in Memory of T. B. W. Reid*. Londres: Anglo-Norman Text Society, pp. 149-166.

Micha, Alexandre (1938). *Prolégomènes à une édition de Cligès*. París: Belles Lettres.

— (1939). *La tradition manuscrite des romans de Chrétien de Troyes*. Ginebra: Droz.

— (ed.) (1957). *Les romans de Chrétien de Troyes d'après le manuscrit de Guiot (Bibl. nat., fr. 794)*, t. ii, *Cligés*. París: Champion (cfma, 84).

Morawski, Joseph (1925). *Proverbes français antérieurs au XVᵉ siècle*. París: Champion.

Pasquali, Giorgio (1934). *Storia della tradizione e critica del testo*. Florencia: Le Monnier.

Régnier, Claude (ed.) (1967). *La Prise d'Orange, chanson de geste de la fin du XIIᵉ siècle*. París: Klincksieck.

Reid, Thomas Bertram Wallace (1976). «Chrétien de Troyes and the Scribe Guiot». *Medium Aevum*, 45: 1-18.

— (1984). «The Right to Emend». En *Medieval French Textual Studies in Memory of T. B. W. Reid*. Londres: Anglo-Norman Text Society, pp. 1-32.

Roques, Mario (ed.) (1955). *Les romans de Chrétien de Troyes d'après le manuscrit de Guiot (Bibl. nat., fr. 794)*, t. i, *Erec et Enide*. París: Champion (cfma, 80).

— (ed.) (1958). *Les romans de Chrétien de Troyes d'après le manuscrit de Guiot (Bibl.nat., fr. 794)*, t. iii, *Le Chevalier de la Charrette*. París: Champion (cfma, 86).

— (ed.) (1960). *Les romans de Chrétien de Troyes d'après le manuscrit de Guiot (Bibl. nat., fr. 794)*, t. iv, *Le Chevalier au lion*. París: Champion (cfma, 89).

SEGRE, Cesare (1998). *Ecdotica e comparatistica romanze.* Milán/Nápoles: Riccardo Ricciardi.

— (2014). «Problemi teorici e pratici della critica testuale». En Alberto Conte y Andrea Mirabile (ed.). *Cesare Segre.* "*Opera critica*". Milán: Mondadori, pp. 357-373.

TOBLER, Adolf (1886-1912). *Vermischte Beiträge zur französischen Grammatik,* Leipzig, Hirzel, 5 vols.

*TLF* = Adolf TOBLER y Erhard LOMMATZSCH (1915-2018). *Altfranzösisches Wörterbuch.* Stuttgart: Franz Steiner Verlag, 12 vols.

WARTBURG, Walther von (1928-2002). *Französisches Etymologisches Wörterbuch.* Bonn/Basilea: Klopp/Zbinden, 25 vols.

WERNER, Jacob (1912). *Lateinische Sprichwörter.* Heidelberg: Winter.

WOLEDGE, Brian (1984). «The Problem of Editing *Yvain*». En *Medieval French Textual Studies in Memory of T. B. W. Reid.* Londres: Anglo-Norman Text Society, pp. 254-267.

# OBSERVACIONES CRÍTICAS SOBRE LA RECONSTRUCCIÓN DE LA *QUESTE* DE LA POST-VULGATA

Una nueva *Queste du Saint Graal* aparece parcialmente en varios textos de la Edad Media: los manuscritos de la versión vulgata del *Tristan en prose*[1], el manuscrito BNF fr. 343[2], el BNF fr. 340, que es una variada recopilación de Rusticiano de Pisa, la vasta compilación del manuscrito BNF fr. 112, en fin, en mayor medida en las *Demandas* portuguesa y castellana. La reconstitución de esta obra plantea aún muchos problemas. Querríamos volver aquí

1. Véanse especialmente dos de los volúmenes de nuestra edición del *Tristan en prose*: el tomo vi (1993), editado por Baumgartner y Szkilnik –donde también aparecen páginas del *Tristan en prose* tomadas de la *Queste* (1922) clásica de la Vulgata editada por Albert Pauphilet–, y el tomo ix (1997), editado por Harf-Lancner, donde las supervivencias de la *Queste* clásica son visibles y están bien documentadas por Harf-Lancner (*Tristan en prose*, 1997, t. ix: 26), así como las notables innovaciones que podrían denominarse *Queste* de la Post-Vulgata bien destacadas por su editora (Bogdanow, 1966: 32-36). En el t. viii (*Tristan en prose*, 1995) son raros los episodios de esta nueva *Queste*. Predomina una larga reproducción de la *Queste* clásica (1923), editada por Pauphilet. El resumen de la obra hecho por los editores Guidot y Subrenat (1995, t. viii: 37-43) dispone acertadamente en cursiva los largos desarrollos tomados de la *Queste* clásica (1923: 56-246). Falta por realizar un estudio sobre la nueva *Queste* presente en el *Tristan en prose*.

2. Albert Pauphilet realizó en su momento un buen estudio de este manuscrito de la *Queste* atribuida a Robert de Boron en su artículo «La *Queste du Saint Graal* du ms. Bibl. nat. fr. 343» (Pauphilet, 1907). François Avril y Marie-Thérèse Gousset (2005: 66-73) realizaron una notable descripción y análisis de las ilustraciones de este manuscrito italiano. Los autores sugieren que este manuscrito incompleto puede datarse en la época de Bernabo Visconti y que su confección pudo haberse interrumpido debido a la muerte de este príncipe en la primavera de 1385.

sobre la reconstrucción presentada por Fanni Bogdanow, primero en su tesis de 1966 (Bogdanow, 1966), después en numerosos artículos cuyo contenido no se discutirá aquí[3], por último en su voluminosa edición *La version Post-Vulgate de la Queste del Saint Graal et de la Mort Artu, troisième partie du Roman du Graal* publicada en numerosos volúmenes[4].

Reconozco de buen grado la gran erudición de Fanni Bogdanow y su inigualable capacidad para encontrar los múltiples materiales de una nueva *Queste*. Su trabajo merece consideración y respeto[5]. Sin embargo, el uso que hace de estos elementos exige una discusión y una contestación.

Presentamos aquí algunas observaciones críticas sobre esta muy erudita pero incierta reconstrucción. Continúo aquí la reflexión iniciada en enero de 2017 en el Coloquio celebrado en Rennes sobre *La tradition manuscrite du Tristan en prose, Bilan et Perspectives* (Ménard, 2021). Otros estudios también expresan reservas sobre las ideas de Bogdanow[6], incluyendo en Portugal el de José Carlos Ribeiro Miranda (1998a)[7]. Intentaré presentar en esta ocasión algunas

---

3. Los principales sobre el tema que nos ocupa son los siguientes: Bogdanow (1975: 13-32) –que cita numerosos ejemplos extraídos de las *Demandas* y de tres manuscritos franceses de la Biblioteca Nacional de Francia: el BNF fr. 112, que contiene muchos episodios de la Post-Vulgata; el BNF fr. 116, que solo incluye un episodio del mismo texto; y finalmente el BNF fr. 343, que conserva la mayor parte del último tercio de la Post-Vulgata–; Bogdanow (1990: 121-140; 2000: 1-32). Ninguno de estos artículos parece ser definitivo. La clasificación de los manuscritos del *Tristan en prose* no se funda en criterios pertinentes.

4. Se publicaron en 1991 el tomo I, Introducción, y el t. II, edición de los 393 primeros párrafos; después, el t. III en el año 2000, que ofrece el texto de los párrafos 394 a 718. El t. IV.1, publicado en 1991, proporciona las Notas de los párrafos 1 a 392; después, el t. IV.2, de 2001, presenta las Notas de los párrafos 394 a 718, pero también añade Nuevos Fragmentos (2001: 503-761) y el volumen finaliza con las Adiciones y Correcciones (2001: 752-811). El tema al que ha dedicado casi toda su vida Fanni Bogdanow resulta inagotable.

5. En 1999 entregué el Premio Excalibur a Fanni Bogdanow por el conjunto de su obra en nombre de la Sección Francesa de la Sociedad Artúrica Internacional.

6. Nicola Morato (2021) en un trabajo reciente no acepta la reconstrucción de Bogdanow. Igualmente, Patrick Moran (2014) muestra reservas sobre el denominado ciclo de la Post-Vulgata. Sobre los ciclos, véase además Michelle Szkilnik (2002: 9-27; 2002: 21-50).

7. En esta tesis, *A Demanda do Santo Graal e o Ciclo Arturiano da Vulgata*, defendida en 1993 en la Universidad de Oporto, J. C. Ribeiro Miranda presenta muchas ideas nuevas sobre la génesis de la *Demanda*, pero también sobre la *Queste* de la Vulgata (los dos textos descenderían de un original común que ha desaparecido y de la *Queste* del Pseudo Robert de Boron, igualmente desaparecida). Este último *roman* retomaría los materiales del *Tristan en prose* y de la *Suite du Merlin*, pero también de la *Estoire del Saint Graal* (piensa como J. P. Ponceau, el editor de la *Estoire*, que la *Queste* de la Vulgata es posterior a la *Estoire del Saint Graal*). Advierte en la *Demanda* portuguesa «una intención de expandir el ciclo en prosa y no solo de concentrar y reducir el material previamente existente, que es la única que Fanni

objeciones metodológicas bastante extensas (lo que constituirá la primera parte del trabajo); después, examinaré las ideas de Cedric E. Pickford (1960), expuestas en un importante libro sobre el manuscrito BNF fr. 112 y completamente contrarias a las hipótesis que Bogdanow planteó más tarde (esto constituirá la segunda parte); y, finalmente, estudiaré la *Demanda* portuguesa y castellana en varios puntos, ya que Bogdanow hace uso de los textos ibéricos, más precisamente de la redacción portuguesa, en su reconstrucción (lo que abarcará la tercera parte del presente trabajo).

## 1. Errores de método

### 1.1. Creación de un texto compuesto

Resulta metodológicamente inadmisible mezclar piezas de diferente contenido, época, lengua y estilo, ya que crea una amalgama incoherente. De todas las observaciones críticas, esta es la más importante y resulta obvia desde el principio. Un reproche similar hice a la reconstrucción del texto de Marco Polo realizada por Moule y Pelliot en 1938[8], lo que convenció incluso a los numerosos admiradores de Pelliot.

La reconstrucción de Fanni Bogdanow se abre con el comienzo del texto en portugués, «*Vespera de Pinticoste foy grande gente asũada em Camaaloc*» (*Queste Post-Vulgata*, 1991, t. II: 11), aportado por el manuscrito 2594 de la Österreichische Nationalbibliothek de Viena. En su edición, este préstamo de la *Demanda* se extiende a lo largo de un centenar de páginas, lo que supone una enorme inserción de un texto ajeno al francés antiguo. Publica esta larga sección (*Queste Post-Vulgata*, 1991, t. II: 11-109, cap. 1-81) con muy escasas correcciones —deberíamos decir demasiado escasas—, entonces, a mitad del capítulo 81 pasa al ms. *S* —es decir, al BNF fr. 112 (f. 84v)—, tercera parte conservada[9] y cuarta parte del original. Estamos en dos mundos completamente diferentes.

El fragmento extraído del BNF fr. 112 va desde la página 109 hasta la 163. Se extiende pues a lo largo de unas cincuenta páginas. Desde el estudio

---

Bogdanow detecta en la elaboración de su *Roman du Graal*» (Miranda, 1998: 22). Señala hábilmente que la supresión de ciertos episodios (por ejemplo, las campañas militares en el continente, la guerra contra Claudás o contra el emperador de Roma) se haría para contrarrestar la adición de nuevo material. Agradezco al autor que me haya enviado una versión digital de esta obra. El libro está agotado, pero se puede solicitar una versión digital a la Biblioteca Nacional de Portugal. También hay un buen resumen de las observaciones de J. C. Ribeiro Miranda en la tesis doctoral de A. S. Laranjinha (2012a: 18-23).

8.  Véanse Polo (1938, t. I) y Philippe Ménard (2013: 493-525).

9.  En su análisis, Pickford (1960: 412) lo denomina Libro IV. Bogdanow hace lo mismo. La BNF lo denomina Libro III puesto que el Libro I no se ha conservado. Sigo esta última práctica.

en profundidad realizado por Pickford, se sabe que este manuscrito es el que presenta la versión más extensa de la *Queste* de la Post-Vulgata[10], pero es muy tardío (1470) y se encuentra profundamente refundido. A pesar del aspecto muy reciente de esta redacción, Fanni Bogdanow no dudó en convertirlo en una parte importante de su demostración, olvidando que todo texto tardío se convierte inevitablemente en un texto más o menos deformado.

En la página 163, en el breve episodio de la *Besta Ladradora*, volvemos a la versión portuguesa porque el manuscrito BNF fr. 112 resume la escena. A continuación, se vuelve al BNF fr. 112 de la página 169 a la 190. Luego, del capítulo 145 al 179 (*Queste* Post-Vulgata, 1991, t. II: 191-247) la edición Bogdanow regresa a la *Demanda* portuguesa durante unas cincuenta páginas. Lo siguiente se extrae de algunos folios tomados del manuscrito BNF fr. 112; luego, vuelve al manuscrito portugués desde la mitad del capítulo 183 hasta la mitad del 201 (*Queste* Post-Vulgata, 1991, t. II: 276), donde nos reencontramos con el manuscrito BNF fr. 112. Esto dura hasta el final del capítulo 207, ya que en el capítulo 208 se vuelve a utilizar el texto portugués hasta el final del capítulo 276. A continuación, se emplea el BNF fr. 112 para una larga serie de aventuras hasta el final del capítulo 363 (483).

En el capítulo 364, interviene un nuevo manuscrito, el manuscrito *O* –es decir, el manuscrito Rawlinson D 874, de la Bodleian Library, Oxford–, que afirma que es de finales del siglo XIV, pero podría ser de principios del siglo XV[11]. También es un manuscrito compuesto, ya que presenta el texto de la *Queste* y de la *Mort Artu* de la Vulgata y después cerca de un centenar de folios de la Post-Vulgata, los folios 136-233, que podrían llamarse más bien «tristanianos», puesto que comienzan con la guerra del rey Marc contra el rey Artur, que es un gran episodio del *Tristan en prose*. Este manuscrito *O* se utiliza hasta el capítulo 393 al final del volumen II de su edición. Pero al principio del volumen III, en el capítulo 394, se retoma el fr. 112, aunque por poco tiempo.

En efecto, en el capítulo 409 un nuevo manuscrito entra en escena, es el *T* –es decir, el BNF fr. 772–, único manuscrito antiguo de toda la edición, redactado

---

10. Cedric E. Pickford (1960: 108; Apéndice I: 312-319). Antes que él, Eduard Wechssler en su disertación *Über die verschiedenen Redaktionen des Robert von Borron zugeschriebenen Graal-Lancelot-Cyklus* señaló los diversos pasajes del ms. BNF fr. 112 que contienen fragmentos de la *Queste* de Robert de Boron y publicó extractos de este manuscrito en el Apéndice (Wechssler, 1895: 57-64).

11. Para este manuscrito, véase Ceridwen Lloyd-Morgan (1985: 292-298). Lo juzga «de la segunda mitad del siglo XV» (1985: 292). Prefiero creer que es de la primera mitad del siglo. Demuestra con precisión que está próximo al manuscrito BNF fr. 343 y que inserta en su texto pasajes tanto de la *Queste* clásica, como luego de la Post-Vulgata y finalmente numerosos trozos tomados del *Tristan en prose*.

Arriba, izq.: «Cy commence l'estoire del S. Graal». *Tristan en prose*, final del s. XIII. París, BNF, fr. 772 f.190.

Arriba, der.: Marc de Cornualles prepara la invasión del reino de Logres. *Lancelot-Graal*, rama 4, final del s. XIV. Oxford, Bodleian Library, Rawlinson ms. D874, f.136.

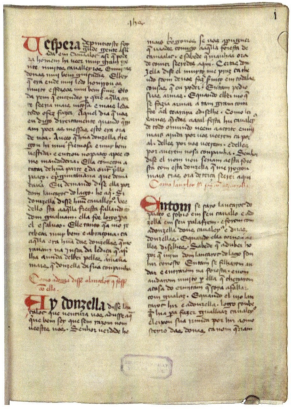

Derecha: Comienzo de la Búsqueda del santo Grial. *A Demanda do santo Graal*, c. 1425-1450. Viena, Österreichische Nationalbibliothek, ms. 2594, f. 1r.

a finales del siglo xiii, cuyo contenido como veremos no es impecable. Es un manuscrito compuesto. Se trata de un códice muy fragmentario que, de hecho, pertenece al *Tristan en prose*. Comienza en el capítulo 282 del análisis de Löseth (1891: 185), es decir, al principio del volumen v de nuestra edición. Su lengua es la del francés clásico antiguo. En el capítulo 409 se aprovecha el folio 357v de *T*; y luego en el capítulo 413 (39) emplea un breve pasaje de la versión portuguesa, antes de volver al manuscrito *T*, f. 364, hasta el final del capítulo 444. Luego, en el capítulo 445, vuelve al primer plano el manuscrito *O*. Se utiliza durante mucho tiempo hasta el final del capítulo 484. En el capítulo 485 se muestra ante nuestros ojos el manuscrito *T* hasta el final del capítulo 509.

Nueva alternancia en el capítulo 510: el ms. *O* vuelve a escena durante mucho tiempo hasta el final del capítulo 617, ya que en el capítulo 618 vuelve a aparecer el ms. *T*. De todos modos, se trata de una breve aparición porque al principio del capítulo 626 sale a la luz la versión portuguesa por muy poco tiempo. En efecto, al principio del capítulo 632, página 395 el minúsculo fragmento *S2* toma su lugar, aunque la versión portuguesa retorna en la página 400 en mitad del capítulo 633 para una sección bastante larga que termina al principio del capítulo 682.

Luego, en este capítulo 682 interviene repentinamente un nuevo manuscrito, con la sigla *B*, manuscrito 205 de la Fundación Bodmer de Ginebra –de nuevo un manuscrito tardío del siglo xv–, sin usar hasta ahora, lo que nos llevará al final del texto, concretamente al capítulo 718 de la edición de Bogdanow.

Sin entrar en más detalles, este rápido resumen muestra el carácter enormemente compuesto de la edición realizada por Bogdanow. El texto publicado está hecho de una amalgama de textos dispares, a menudo redactados en fechas tardías y en diferentes idiomas. Además, esta amalgama reúne piezas con estilos disímiles y una inspiración que realmente no es idéntica. Esto es suficiente para mostrar el aspecto heterogéneo y, por tanto, ilegítimo de la edición realizada por Bogdanow. ¿Debemos llamar a este aglomerado una falsa imitación? ¿Una creación subjetiva? ¿Un sustituto de la verdadera Post-Vulgata, que es imposible de localizar? ¿Una Post-Vulgata imaginaria? No nos pronunciemos prematuramente. Las observaciones que siguen a continuación mostrarán lo endeble de las ideas que Bogdanow sostiene y de los argumentos que esgrime. Es de temer que si se destruye uno solo de los principales argumentos expuestos por nuestra colega, el resto se derrumbará como un castillo de naipes.

## 1.2. Ausencia de justificación de las piezas seleccionadas

El conjunto de manuscritos identificados por la editora es significativo: se mencionan 45 en el capítulo de la edición dedicado a la Descripción de los manuscritos (*Queste* Post-Vulgata, 1991, t. I: 98-228), mientras que solo se mencionaban

33 en su tesis de 1966 (271-287). A lo largo de los años ha añadido numerosos y, en ocasiones, diminutos fragmentos[12].

Son solo cinco los principales manuscritos seleccionados para la edición. Mencionémoslos por orden de importancia: primero, la *Demanda* portuguesa (alrededor de 346 páginas); después viene el manuscrito Oxford (309 páginas); después, el BNF fr. 112 (221 páginas); en cuarto lugar aparece el BNF fr. 772 (94 páginas); en fin, cierra la serie el manuscrito 105 de la Fundación Bodmer de Ginebra (62 páginas)[13]. No se tienen en cuenta aquí otros pequeños fragmentos empleados.

Se nos escapa el orden en que fueron elegidos estos testimonios diversos, las razones de su selección y la elección de los pasajes. Casi nunca se justifican las alternancias entre los manuscritos. Podrían sorprender los frecuentes cambios de manuscritos y los cambios realizados para incluir un número muy reducido de folios, a veces entre uno y cuatro. He contado que esto ocurre en doce ocasiones. Algunos ejemplos: en el capítulo 123 de la edición, el manuscrito *D* se emplea como base para dos folios. Le sigue el manuscrito *S* para tres folios. Un poco más adelante, en el capítulo 169, la editora utiliza el diminuto fragmento *S2*, pequeño bifolio conservado en el Archivio di Stato di Bologna, que se emplea para un solo folio. Le sigue el manuscrito *D* para tres folios, y luego reaparece de nuevo el fragmento *S2* para un solo folio. Esta fragmentación es un signo de dispersión. ¿Cómo se explica esta inestabilidad? ¿Cuál es el principio que ordena esta guirnalda de ramificaciones? Nadie nos lo explica. La editora se cuida bien de no justificar todos estos cambios. Si se entrara en detalles, muchas otras preguntas quedarían sin respuesta. Así, con respecto al manuscrito Rawlinson D 874 de la Bodleian Library, Oxford (sigla *O* en su texto), del que publica los folios 136-233, constatamos que los divide en tres partes, emplazadas en tres lugares diferentes de su edición[14]. ¿Por qué este fraccionamiento? No nos proporciona ninguna información.

Una explicación aparece en el capítulo 145 cuando se pasa del manuscrito BNF fr. 112 al manuscrito portugués. En una nota, la editora señala que el ms. 112 solo ofrece un resumen muy breve de la muerte del rey Baudemagu. Habría sido necesario justificar continuamente las elecciones realizadas y también explicar el orden seguido. Quizá podemos adivinar por qué no lo hizo: sin duda habría sido necesario admitir que sigue en su mayor parte la línea argumental de la *Demanda* portuguesa. Prefirió ocultar este sesgo. Se habría expuesto

---

12. Sobre los fragmentos descubiertos en Italia véase la muy buena síntesis de Monica Longobardi (2012: 67-118) con interesantes ilustraciones.
13. Las cifras son algo aproximadas debido a cambios en el manuscrito en mitad de numerosas páginas.
14. Véanse los siguientes capítulos de su edición: 364-393, 445-484 y, finalmente, 510-617.

a posibles contestaciones. Deberían haberse justificado continuamente las deci-
siones adoptadas y el orden seguido. Un ejemplo entre otros muchos: Bogdanow
estima que las partes de la *Queste* presentes en el ms. *T* (BNF fr. 772) se han
tomado prestadas de la Post-Vulgata. Afirma que este es el caso de los ff. 190-
201 y añade *passim* (*sic*), después los ff. 345-390, 405-416 y finalmente el último
f. 417. ¿Con qué pruebas? ¿Por qué en su edición emplea los ff. 357v-358v para
los capítulos 409-442, y después los ff. 364v-370v? No se aporta ninguna razón.
Más adelante, en los capítulos 485-509 recurre a los ff. 382r-388v. La misma
cuestión. Nadamos en un mar de incertidumbres. Al final de su texto, para los ff.
324-352 utiliza el ms. 105 Bodmer de Ginebra. Este también data del siglo xv[15].
Incluye el *Lancelot*, la *Queste* y la *Mort Artu* de la Vulgata y finaliza con la *Mort
Artu* de la Post-Vulgata, con la muerte de Ginebra, la escena de los compañeros
ermitaños, y después con la muerte del rey Marc y la destrucción de la Mesa Redonda. ¿Qué justifica esta elección? No se aporta ninguna razón. Por supuesto,
como ha dicho Michelle Szkilnik, «los *romans* y los ciclos en prosa se construyen
agregando materiales tan diversos que a veces resulta difícil mantenerlos unidos»
(Szkilnik, 2002: 2).

Es especialmente preocupante la extrema fragmentación de la narración a
partir de un gran número de pequeños fragmentos de textos variados. Lo que se
nos ofrece es dispersión y un conjunto hecho de remiendos.

## 1.3. Alternancia injustificada de manuscritos en la edición Bogdanow

Observemos una primera sección de su edición, donde alterna textos tomados de
dos manuscritos: la versión portuguesa, conservada en el ms. 2594 de la Biblioteca Nacional de Austria (Viena), del siglo xv (sigla *D* en su edición), y la compilación muy tardía del manuscrito BNF fr. 112 (sigla *S* en la edición Bogdanow),
estudiado por C. Pickford en 1960. Esta sección se extiende entre el capítulo
1 y el 363 de su tomo II, es decir, de la página 11 a la 483, o sea, un bloque de
473 páginas. Incluye una muchedumbre de personajes, situaciones y aventuras
que resulta imposible resumir aquí. Esta alternancia entre *D* y *S* se detiene a
continuación y se produce otra alternancia compuesta por tres manuscritos: *O*

---

15. Véase la descripción del manuscrito realizada en el libro de Françoise Vielliard, *Manuscrits
français du Moyen Âge* (1975: 67-71) y por Bogdanow (*Queste* Post-Vulgata, 1991, t. I: 203-
207). La filigrana del papel se localiza en el Repertorio de C. M. Briquet (1907: n.º 13.040).
Bogdanow no indica los periodos del siglo xv en los que se atestigua esta filigrana, quizá
para no señalar la fecha tan tardía del manuscrito redactado en letra cursiva. He comproba-
do el trabajo de Briquet publicado en línea por la Österreichische Akademie der Wissenschaften. Propone 1430-1503 como fechas de empleo de esta marca de agua «Raisin à fine
tige», e indica que hay 48 volúmenes con esta marca de agua. Digamos que sigue siendo un
manuscrito del siglo xv.

(el Rawlinson D 874 de la Bodleian Library, en el f. 174), *T* (el BNF fr. 772 del *Tristan en prose,* de fines del siglo xiii, en el f. 190) y *S* (el BNF fr. 112). Este último, así como pequeños fragmentos relacionados, denominados *S2, S3, S4,* intervienen bastante deficientemente en un número muy pequeño de folios. ¿Cómo es posible que la editora no se sienta obstaculizada a la hora de emplear un estado de la lengua del siglo xv (el del ms. *S*) junto con un estado lingüístico del siglo xiii (el del ms. *T*)?

El ms. *O* (Oxford, Rawlinson D 874, f. 174) aparece en el capítulo 364, en la página 484 del tomo ii de la edición y, en alternancia, se emplea hasta el capítulo 617, en el t. iii de la edición, página 376. ¿Por qué el manuscrito *T* entra en escena en el capítulo 409? ¿Por qué se emplea con alternancias hasta el final del capítulo 509? ¿Por qué reaparece el texto portugués en el capítulo 626? ¿Por qué el final del texto, desde el capítulo 682 hasta el 718, se apoya en el manuscrito *B* (Ginebra, Bodmer 105), recién aparecido, aunque sea un manuscrito de finales del siglo xv? ¿Por qué a lo largo del relato no se emplean otros manuscritos? Por ejemplo, ¿el ms. BNF fr. 343, un buen manuscrito italiano de finales del siglo xiv que perteneció a la biblioteca de los duques de Milán? Nadie puede responder a estas preguntas. La extrema fragmentación del relato, extraído de un gran número de pequeñas fracciones de textos variados, causa una mala impresión. Desearíamos disponer de un conjunto que ofrezca unidad. En cambio, se nos ofrece dispersión y un conjunto heterogéneo.

## 1.4. Inestabilidad textual de manuscritos diversos que impiden toda reconstrucción

Otra razón impide reconstruir el texto perdido: los desplazamientos de episodios y las variaciones de contenido en las escenas del Grial. En la *Queste du Graal* presente al final del *Tristan en prose,* numerosos manuscritos muestran variaciones en el emplazamiento de varios episodios. Este es el caso del manuscrito *B* (BNF fr. 336, manuscrito fechado el 17 de abril de 1399), del manuscrito *C* (Viena 2537, manuscrito redactado hacia 1410), y del manuscrito *D* (Viena 2540, manuscrito fechado en 1466), que sitúan la despedida de Lanzarote y Galaz antes del encuentro con Mordrain. Las diversas transformaciones operadas no son específicas de los manuscritos tardíos, ya que un manuscrito más antiguo, el British Library Royal 20 D II, de comienzos del siglo xiv, presenta notables modificaciones. Por ejemplo, suprime el episodio de la nave tras el bautismo de Palamedes y sitúa en este punto la curación de Mordrain. Se narra el episodio de Corbenic, no con los cambios introducidos por la nueva *Queste* del *Tristan,* sino exactamente según el relato de la *Queste* clásica de la Vulgata.

En nuestra edición del *Tristan en prose,* realizada a partir del ms. 2542 de Viena, que es el manuscrito completo más antiguo de la Vulgata, denominada

*V.II.*, la nueva *Queste* comienza en el tomo vi, volumen publicado por Emmanuèle Baumgartner y Michèle Szkilnik (*Tristan*, 1993, t. vi: 237, cap. 90) con la escena de la alegría general de los invitados a la suntuosa corte celebrada por el rey Arturo en la víspera de Pentecostés. Pronto vemos a un caballero desconocido que trae una carta para el rey Arturo en la que se le anuncian las desgracias que se avecinan; luego el caballero canta un triste *lai* de amor, cuyo primer verso es *Riens n'est qui ne viegne a sa fin* («No hay nada que no llegue a su fin»; 1993, t. vi: 250, cap. 99). Acompañándose del sonido de su arpa, canta que su desgraciado amor lo empuja a la muerte. Entonces pasa a la acción: se atraviesa el cuerpo con su propia espada. Esta terrible escena constituye la apertura de la Post-Vulgata. Es sorprendente en comparación con la *Queste* clásica. El episodio pertenece plenamente al *Tristan en prose*.

En el *Tristan en prose* la *Queste* continúa hasta el capítulo 137 de nuestra edición. Luego desaparece durante todo el t. vii de nuestra edición, titulado *De l'appel d'Yseut jusqu'au départ de Tristan de la Joyeuse Garde*, donde solo se narran aventuras profanas relacionadas con Tristán. En cambio, en el t. viii de nuestra edición, editado por Bernard Guidot y Jean Subrenat, vuelve la *Queste*, pero en esta ocasión la *Queste* clásica editada por Pauphilet, que se reproduce minuciosamente durante casi doscientas páginas. El análisis del texto realizado por los dos editores destaca en cursiva la parte tomada de esta *Queste* clásica, donde Galaz se encuentra en primer plano (*Tristan*, 1995, t. viii: 37-39, cap. 11-127; 41-43, cap. 180-208; cap. 211-226). Muy pocas páginas pertenecen a una nueva *Queste*.

En el t. ix de nuestra edición, publicado por Laurence Harf-Lancner, la editora ha señalado con mucha precisión los importantes préstamos tomados por el autor del *Tristan* de la *Queste* clásica (*Tristan en prose*, 1997: 26). Se trata de los episodios narrados durante una treintena de páginas, más precisamente en las páginas 246-279 de la edición de Pauphilet. Pero una nueva *Queste* también está muy presente. Harf-Lancner ha señalado las discrepancias entre los testimonios conservados: texto más corto en el manuscrito editado, más desarrollado en otros lugares, resumen del texto y final anticipado en el manuscrito *G* (Aberystwyth 5667), supresiones e innovaciones en el manuscrito *L* (B. L. Royal 20 D II), muchas escenas nuevas comunes al *Tristan* y a la Post-Vulgata, nuevos pasajes específicos del *Tristan*, como la tentativa que lleva a cabo el rey Marc de envenenar a Galaz o bien el regreso de Marc a su reino y las últimas aventuras de Tristán en el reino de Logres, y luego su muerte perpetrada por el propio Marc. La editora ha señalado con gran perspicacia las interpolaciones de la *Queste* clásica, las escenas de la nueva *Queste* de la Post-Vulgata, las divergencias entre los manuscritos o los grupos de manuscritos (*Tristan en prose*, 1997, t. ix: 15-17 y 30-38).

Las divergencias aparecen en el *Tristan en prose* en relación con la *Queste* de la Vulgata. El contenido de algunos episodios es diferente. Por ejemplo, el relato de la recuperación de Mordrain o el de Lanzarote en Corbenic. En el *Tristan*, Lanzarote ya no asiste a una misa del Grial como vemos que sucede en la *Queste* clásica. En la mayoría de los manuscritos del *Tristan en prose* solo Galaz entra en Corbenic. Cura al *Roi Mehaigné*, restaura la espada y realiza dos maravillas –libera a Mannibel, el hombre rodeado de serpientes, y luego a las doce doncellas torturadas– antes de unirse a Perceval y Boors en la nave maravillosa. Hay pues novedades incluso dentro de los episodios comunes.

Asimismo, en las propias escenas de la *Queste*, varios manuscritos del *Tristan* presentan diversas variaciones. Por poner un ejemplo, es el caso de la escena final de Corbenic. En la versión *V.II.* del *Tristan en prose* Sólo Galaz entra en el Palacio Aventuroso y es testigo de las maravillas del Grial. En cambio, en la Post-Vulgata (*Queste* Post-Vulgata, 2000, t. III: 314-329), en donde la escena proviene del ms. *O*, Galaz se encuentra acompañado por Palamedes y Perceval (308, cap. 582). Los tres compañeros encuentran a nueve caballeros de la Mesa Redonda que han llegado allí antes que ellos. El autor cita sus nombres (*Queste* Post-Vulgata, 2000, t. III: 317-318, cap. 587): Boors, Melián de Dinamarca, Heláin el Blanco, Arturo el Pequeño, Meraugis de Portlesguez, cuyo nombre está un poco deformado, Claudín el hijo del rey Claudás, Lambègue, Pinabel y Persidés. En la *Demanda* portuguesa, la escena de Corbenic tiene lugar en el capítulo 592. La misma docena de personajes se encuentran en el Palacio Aventuroso. El mismo número y los mismos nombres aparecen en la *Demanda* castellana (cap. 358). Todo este grupo heterogéneo causa una mala impresión. Esta lista de nombres podría ser el resultado de una refundición. Estos personajes menores no tienen cabida en una escena reservada exclusivamente a los héroes. Tenemos la impresión de que la aventura de Corbenic impresa por Bogdanow a partir del manuscrito Oxford, Rawlinson D 874, podría ser en algunos aspectos una escena reelaborada y tardía. Si bien es cierto que hay que recordar que en la *Queste* clásica editada por Pauphilet (1923: 267), además de Galaz, Perceval y Boors, en la escena final de Corbenic se menciona la llegada de nueve caballeros a Corbenic –tres de la Galia, tres de Irlanda y tres de Dinamarca–, solo se nombra a uno, concretamente a Claudin (*Queste*, 1923: 372). Hay que decir que ninguno de ellos desempeña un papel esencial, excepto Galaz. El número total de doce pretende evidentemente recordar el número de apóstoles que rodeaban a Cristo. El texto de la Post-Vulgata lo indica justamente (326, cap. 593).

Para la máxima aventura en Corbenic, el *Tristan en prose* no concuerda exactamente con la *Queste* de la Vulgata (1923: 268-270) ni con la Post-Vulgata, qu presenta una narración muy desarrollada (314-329, cap. 585-594). No hay ninguna ceremonia sobrenatural o aparición de Cristo en la *V.II.* del *Tristan*. Apenas se habla de una claridad sublime y de olores maravillosos (254, cap. 122), y además muy brevemente. El narrador del *Tristan* permanece muy lejos de la extraordinaria atmósfera de los otros dos textos. Está desprovisto de todo espíritu místico. Si fuera posterior a la Post-Vulgata, como pretende Bogdanow, sería difícil entender su extrema reserva con respecto a lo sobrenatural que llena la Post-Vulgata. Sería difícil de explicar. Si su relato es anterior, su discreción es más natural, más comprensible.

El ensamblaje de piezas más o menos largas, de fragmentos tomados aquí y allá, no puede considerarse una reconstrucción segura. ¿Es lícito el método de insertar trozos pequeños?

Me temo que revela lo contrario de lo que querría demostrar, es decir, que no hay una única *Queste* de la Post-Vulgata asegurada, sino una pluralidad de pequeñas innovaciones en comparación con las *Questes* conservadas: por una parte, la *Queste* clásica editada por Pauphilet; por otra, la *Queste* parcialmente modificada y renovada a veces en la versión *V.II.* del *Tristan* en prose; por último, las principales refundiciones que presentan las *Demandas*.

Dicho de otro modo, en muchos manuscritos el texto no parece estable. Se convierte en algo flotante, al antojo de cada escritor. No hay ninguna nueva *Queste* inmutable, sino más bien *Questes* diversas, donde se mezclan más o menos los pasajes de la *Queste* clásica y las piezas de una nueva *Queste*. La reconstrucción de una *Queste* perdida se vuelve aún más problemática.

## 1.5. Variaciones entre las versiones en el comienzo de la *Queste*

Para demostrar que no hay una única redacción del relato de la *Queste* de la Post-Vulgata y, por tanto, que no hay un texto seguro que reconstruir, continuemos la investigación y examinemos brevemente el comienzo de las principales versiones francesas: la *Queste* clásica de la Vulgata (1923), la versión *V.I.* del *Tristan en prose*, singularmente abreviada y modificada, la versión *V.II.* del *Tristan en prose* notablemente enriquecido, finalmente el manuscrito BNF fr. 112, que aporta modificaciones notables. Veremos que cada una presenta sus propias características. Más adelante examinaremos el texto de la *Demandas*.

Punto de partida: la *Queste* de la Vulgata (1923). En la víspera de Pentecostés, Lanzarote se ve obligado a abandonar la corte para obedecer a una misteriosa doncella enviada por el rey Pellés —pronto descubriremos que es para investir caballero a Galaz—; después, tiene lugar la llegada de Galaz acompañado de un misterioso hombre vestido de blanco que parece ser un personaje sobrenatural; el episodio del padrón en el que se encuentra inserta una espada destinada a este héroe —para él resulta un juego de niños extraerla del bloque de piedra—; la aventura del Asiento Peligroso, que le es asignada; luego, la culminación de la fiesta, es decir, la aparición del Grial después de las vísperas —un trueno, un prodigioso rayo de sol que ilumina el interior del palacio, el mutismo de todos los presentes, la sobrenatural llegada del «*Sainz Graal covers d'un blanc samit*»

(«Santo Grial cubierto con un jamete blanco»; *Queste*, 1923: 15) sin que nadie vea quién lo lleva, olores dulces en el palacio, mesas cumplidas de comida según los deseos de cada cual, desaparición sobrenatural del Grial sin que nadie vea quién lo porta–; gratitud a Dios de los presentes, que entienden que los ha nutrido de *sa grace* (*Queste*, 1923: 16); juramento de Galván de partir un año y un día en busca del Grial. Todos los caballeros de la Mesa Redonda siguen su ejemplo. Duelo del rey Arturo. Un viejo ermitaño llamado Nascién prohíbe a los caballeros partir acompañados de una mujer. Aclaración realizada por el mismo de que la Búsqueda no pertenece a las *«terrienes choses»*, que exige pureza y ausencia de pecados mortales, que es la búsqueda del *«grans secrez et des privetez Nostre Seignor»* («grandes secretos y cosas ocultas de Nuestro Señor»; *Queste*, 1923: 19).

No cabe duda de que la inspiración de esta escena es profundamente religiosa, incluso hasta llegar al misticismo, a pesar de su apariencia caballeresca. En la *Queste* de la Vulgata no se mencionan los nombres de los caballeros que parten en busca del Grial. La evocación del inicio de la búsqueda en la versión *V.I.*, que se encuentra en el volumen IV de nuestra edición del *Tristan en prose* (*Tristan ms. fr. 757*, 2003, t. IV: 76, cap. 91), es muy diferente de la Vulgata editada por Pauphilet.

No hay ninguna escena que prepare la llegada de Galaz, ningún episodio con la espada clavada en el padrón, ningún relato que muestre la llegada del héroe, ninguna descripción de Galaz sentado en el Asiento Peligroso, ninguna aparición del Grial. La esencia de la Vulgata ha desaparecido por completo. La versión *V.I.* se limita a subrayar la alegría general de la asamblea de los caballeros de la Mesa Redonda y del rey Arturo en la víspera de Pentecostés. Pero el rey Baudemagu alza una voz disonante (*Tristan ms. fr. 757*, 2003, t. IV: 77, cap. 92, 44-60) para recordar al rey Arturo que deben acaecer desgracias. No hacía acto de presencia en la *Queste* de la Vulgata. El rey Arturo está de acuerdo en que la fiesta no está completa porque aún faltan Tristán e Iseo (*Tristan ms. fr. 757*, 2003, t. IV: 80, §95), lo que también es una novedad. La llegada de Galaz no da lugar a ninguna evocación particular. No se nos dice cómo llega. Una sola frase nos informa de que se sienta en el Asiento Peligroso (89, cap. 104, 2). El narrador tampoco menciona el padrón flotante ni que Galaz extraiga de él una espada. El día de Pentecostés, según la costumbre, el rey Arturo no se sienta a la mesa hasta que no ha tenido lugar una aventura extraordinaria. Entonces aparece un nuevo episodio que se encuentra ausente en la *Queste* clásica.

Aparece un desconocido mal vestido (*Tristan ms. fr. 757*, 2003: 83, cap. 98). Entrega al rey una carta que contiene un breve *lai* de seis estrofas de cuartetos octosilábicos monorrimos que anuncian grandes desgracias. Arturo se muestra incrédulo, pero el desconocido toma un arpa y canta un *lai* (*Tristan ms. fr. 757*, 2003, t. IV: 86, cap. 101) sobre sí mismo, donde afirma que el amor lo empuja a la muerte (*«N'est joie qi ne viengne a fin»*). En ese momento llega un caballero armado y el caballero doliente le dice que conoce la razón de su venida y que prefiere morir por su propia mano. Toma su propia espada, se la clava en el pecho y cae muerto (88, cap. 102-103). No se da ninguna explicación para este singular suicidio. Esta nueva escena se prolonga en el tiempo y ocupa el primer plano en el inicio de la versión *V.I.* del *Tristan en prose*.

Por la noche, después de la cena, todos los caballeros deciden ir a la *Queste haute du Saint Graal* (t. IV, p. 92, cap. 108) y cada uno se compromete solemnemente (hace un *veu*, un 'voto'), que le impide permanecer en la corte (*Tristan ms. fr. 757*, 2003, t. IV: cap. 108, 7). El texto anuncia la muerte inminente de muchos caballeros y, por tanto, el hundimiento de la corte de Arturo. No menciona los nombres de los caballeros que juraron ir en busca del Grial porque *monseignor Robert de Borron le devise tout apertement* (*Tristan ms. fr. 757*, 2003, t. IV: 93, cap. 109, 8-9). El autor revela que conoce una versión más completa de la historia. Anteriormente había mencionado de un golpe tres aventuras extraordinarias que habían tenido lugar ese día, la del *perron Merlin*, es decir, el bloque de piedra en el que está incrustada la espada, destinada al mejor caballero para acabar con las aventuras del Grial (la escena está presente en la *Queste* de la Vulgata), la del Caballero en llamas por voluntad divina, desconocida en las versiones francesas, pero narrada en ambas *Demandas* portuguesa y castellana, como veremos, y finalmente la de la espada que sangra cuando Galván la toma en sus manos (versión *V.I.*, *Tristan ms. fr. 757*, 2003, t. IV: p. 82, cap. 96, 39-42). La versión *V.II.* del *Tristan en prose* dedica un capítulo entero a esta última aventura (275-276, cap. 114). La versión *V.I.* apenas alude al Caballero en llamas y a la espada que sangra y se remite al libro de *monseigneur Robert de Borron* (t. IV, p. 82 cap. 96, 44-45). Estas tres aventuras pertenecen, por tanto, a una versión anterior de la *Queste*. Una señal evidente de que un texto más antiguo precedió a la versión *V.I.* del *Tristan en prose*.

La principal característica de esta versión *V.I.* del *Tristan en prose* es ante todo el gusto por abreviar. Omite las escenas del padrón, el Asiento Peligroso, la llegada de Galaz y también la aparición milagrosa del Santo Grial. Evidentemente, al autor no le interesan lo maravilloso y lo sobrenatural. El espíritu de la obra sigue siendo profano. La inspiración cristiana se ha debilitado considerablemente; el comienzo místico ha sido totalmente suprimido. Se hace hincapié en las diversas desgracias que ocurren ese día y en las que ocurrirán igualmente más adelante. Básicamente, ese día extraordinario es el último de alegría para la corte, pero se encuentra marcado por un profundo pesimismo.

La *Queste* de la versión *V.II.* del *Tristan en prose* (*Tristan*, 1993, t. VI: 237, cap. 90-115) recoge en parte en la versión *V.II.* en lo que concierne a la siniestra intervención del rey Baudemagu (*Tristan*, 1993, t. VI: 237-242)[16], desconocido

---

16. Bogdanow omite este episodio en su análisis (*Queste* Post-Vulgata, 1991, t. I: 62-64).

hasta entonces, pero que sigue muy claramente el relato de la *Queste* de la Vulgata en cuanto atañe a Galaz: una doncella pide a Lanzarote que deje la corte por un día (*Tristan*, 1993, t. VI: 241, cap. 92), lo conduce a una abadía de monjas donde arma caballero a un joven desconocido sin saber que es su hijo (*Tristan*, 1993, t. VI: 243, cap. 93), después Lanzarote regresa a la corte de Arturo. El narrador da bastante espacio a la escena del Asiento Peligroso. Como en la Vulgata, reaparece la inscripción en el asiento (*Tristan*, 1993, t. VI: 244, cap. 93). La llegada de Galaz, sin espada y sin escudo, acompañado de un hombre vestido de blanco, da lugar a un episodio bastante largo (*Tristan*, 1993, t. VI: 253-255, cap. 101). Un desarrollo nuevo está dedicado a Tristán, el único que falta entre los caballeros de la Mesa Redonda (*Tristan*, 1993, t. VI: 255-256, cap. 102). El episodio de la espada clavada en el padrón que Galaz extrae fácilmente acrecienta la gloria de este héroe. La versión *V.II.* narra la aventura del desafortunado caballero que advierte a Arturo de que le ocurrirán desgracias y que se suicida en medio de su corte de la misma manera y con la misma amplitud que lo hace la versión *V.I.* Ocupa un lugar central en ambas redacciones, y no se encuentra en ninguna otra parte, ni en el manuscrito BNF fr. 112 ni en las dos *Demandas*.

La versión *V.II.* se diferencia claramente de la versión *V.I.* en varios puntos: por una parte, presenta la aparición milagrosa del Grial (*Tristan*, 1993, t. VI: 264, cap. 107, 23-57) en los mismos términos que lo hace la Vulgata, y lo hace con un innegable acento religioso. Insiste con amplitud en el sufrimiento del rey Arturo, que teme la desaparición de todos los caballeros de su corte (*Tristan*, 1993, t. VI: 266-268). Este aspecto había sido minimizado en la versión *V.I.*, pero se encuentra ampliamente desarrollado en el manuscrito BNF fr. 112. En la versión *V.II.* se encuentra la intervención del religioso que prohíbe a los caballeros partir en compañía de una mujer (*Tristan*, 1993, t. VI: 268-269, cap. 109) exactamente igual que en la Vulgata (*Queste*, 1923: 19), mientras que está ausente en la versión *V.I.* El encuentro entre Galaz y la reina Ginebra y el interrogatorio al que somete la reina al joven sobre su identidad están tratados con finura (*Tristan*, 1993, t. VI: 269-270, cap. 110), exactamente como en la Vulgata. Una novedad: los nombres de los caballeros que juran irse se enumeran uno por uno: hay 104 (*Tristan*, 1993, t. VI: 273-274; 373, cap. 112). Se trata de una innovación importante. La *Queste* clásica no citaba más que a los primeros de ellos y afirmaba que había 150 en total (1923: 23).

Otra novedad en la versión *V.II.* es el episodio en que una doncella trae una espada y la presenta a cada uno de los caballeros, que de repente empieza a sangrar en las manos de Galván (*Tristan*, 1993, t. VI: 275-276, cap. 114). La escena se encuentra citada en la versión *V.I.* (*Tristan ms. fr. 757*, 2003, t. IV: 82, cap. 96, 4142), pero no se describe. El autor de la versión *V.I.* afirma que no lo menciona porque ya se ha contado en el libro de Robert de Boron. El espíritu del texto de la versión *V.II.*, sin ser profano como el de *V.I.*, es menos religioso que la Vulgata. En él no encontramos inspiración alegórica o mística. No hay una ética rigurosa como en la *Queste* de la Vulgata. No menciona la pureza indispensable en la búsqueda, ni la necesidad de la ausencia de cualquier pecado mortal para los caballeros que parten a la aventura. La versión *V.II.* no hace referencia a Robert de Boron como sí lo hace repetidamente en la *V.I.* (*Tristan ms. fr. 757*, 2003, t. VI: cap. 103, 109 y 111). El inicio del texto es más breve en la versión *V.I.*: va de la página 77 a la 93, es decir, 16 páginas. La redacción *V.II.* se extiende de la página 237 a la 278, es decir, 41 páginas. Es a la vez más amplia y compleja.

La compilación del manuscrito BNF fr. 112 es igualmente extensa: el comienzo de la primera escena del Grial va desde el f. 1v hasta el f. 5v. Cuando el texto no está decorado con iluminaciones o adornos vegetales, se extiende a dos columnas y cuenta con 50 líneas por columna. Está marcado por un prólogo muy especial inventado por el refundidor. Lo imprimimos aquí a partir del manuscrito (BNF fr. 112, f. 1r):

> Cy commence le Prologue du dernier livre de messire Lancelot du Lac qui parle de la grant Queste du Saint Graal et des vaillans chevaliers qui y furent et des grans proesses qu'ilz firent.
>
> O glorieuse Trinité, le Pere, le Filz et le benoist Sainct Esperit, et toy glorieuse Vierge Marie, tres excellente mere et fille de Dieu, createur de toutes creatures, et vous tous Sains et Sainctes de Paradis, de tres benigne et humble cueur vous supplie que me soiés aidables a acomplir ceste mienne derniere petite oeuvre, car je n'ay entencion de y mectre riens ne adjouster qui ne soit veritable et que je n'aye leu et visité en pluseurs livres anciens. Et pour ce que ce dernier livre se nomme du Sang (*sic*) Graal, vous ay je tant racompté que suis venu atant pour vous racompter la fin de la grant queste du Sang (*sic*) Graal et les grans et merveilleus faiz que furent faitz en icelle queste par les tres vaillans chevaliers de la Table Ronde. Et mesmement vous racompteray la mort de ceulx chevaliers dont ce fu dommaiges, Mais selon l'ordre et cours de Nature, c'est une chose dont nul ne peut eschapper.
>
> Mais ainsi que dit ung philosophe, il ne fait riens qui commence et ne fine, et pour ce est il necessité de finer l'euvre par moy commencee. Maiz aux bons et vrais hystoriens prie de bon cueur que s'ilz y treuvent faulte ne prolixité de langaige, leur plaise que par doulces et amyable (*sic*) paroles le veullent amender et corriger, car selon mon petit entendement, les jeunes chevaliers et escuiers y pourront aprendre moult de beaux faitz d'armes, et quant ils trouveront chose villaine ne de reprouche, je leur conseille qu'ilz ne le facent mye, car les choses malfaictes sont escriptes aux livres pour les fouir et eviter, et les bonnes pour les ensuyvre et les acomplir chascun de bon voloir. Si commencerons desoresmais nostre euvre ainsi.

[Aquí comienza el Prólogo del último libro de mi señor Lanzarote del Lago, que habla de la gran Búsqueda del Santo Grial y de los valientes caballeros que ahí fueron, y de las grandes proezas que realizaron.

¡Oh, gloriosa Trinidad, el Padre, el Hijo y el bendito Espíritu Santo, y tú, gloriosa Virgen María, excelentísima madre e hija de Dios, creadora de todas las criaturas, y todos vosotros, Santos del Paraíso! Os ruego con un corazón muy benigno y humilde que me ayudéis a completar esta última obrita mía, pues no tengo intención de añadir nada que no sea cierto y que no haya leído y visitado en varios libros antiguos. Y porque este último libro se llama del Sang (*sic*) Grial, os he contado tanto que vengo ahora a contaros el fin de la gran búsqueda del Sang (*sic*) Grial y las grandes y maravillosas hazañas que hicieron en esta búsqueda los muy valientes caballeros de la Mesa Redonda. Y de igual modo os contaré la muerte de aquellos caballeros, lo que es un gran pesar pero del que, según el orden y el curso de la Naturaleza, es algo de lo que nadie puede escapar.

Pero así como dijo un filósofo, no hay nada que comience y no termine, por eso es necesario terminar la obra que he empezado. Pero a los buenos y verdaderos historiadores les ruego de buen corazón que si encuentran faltas o prolijidad en el lenguaje, tengan a bien enmendarlo y corregirlo con palabras gentiles y amables, pues según mi pobre entendimiento, los jóvenes caballeros y escuderos podrán aquí aprender muchas bellas hazañas de armas, y cuando encuentren algo villano o censurable, les aconsejo que no lo hagan, pues las cosas malas están escritas en los libros para ser evitadas, y las buenas para seguirlas y realizarlas cada uno de nosotros con buena voluntad. De esta forma comenzaremos así nuestra obra.]

En la rúbrica que sigue, el texto anuncia el comienzo de la Búsqueda: «*Comment le Roy Artus commanda tous ses barons et chevaliers pour venir tenir la feste de Penthecoste*» («Cómo el rey Arturo ordenó a todos sus barones y caballeros que vinieran a celebrar la fiesta de Pentecostés»).

Carol Chase (2005: 538-541) comentó acertadamente el contenido de este prólogo inventado por el compilador, al señalar la voluntad de dar al relato la apariencia de veracidad de una crónica, la presencia de una voz enunciadora en primera persona, luego el uso del plural al final del prólogo (sin duda, añadiría yo, para darle mayor majestuosidad al texto), el tono moralizante de muchas frases, el recurso a un adagio para justificar la última parte de su obra (en ese momento una referencia autorizada), la fingida modestia de ciertos pasajes (*petite oeuvre, mon petit entendement*), la aceptación de que eventualmente corrijamos su estilo, el consejo de evitar las malas acciones cometidas por algunos en la historia y de imitar las acciones virtuosas. Añadamos que resulta muy visible el estilo particular, lento y ampuloso del escritor: estilo formulario (uso de expresiones tradicionales, como *glorieuse Trinité, le Pere, le Filz et le benoist Sainct Esperit, o bien, mere et fille de Dieu*), repetición de los mismos términos (se emplea tres veces el verbo *raconter;* dos *finer*), gusto permanente por la repetición de sinónimos o términos con significados similares (*ordre et cours de nature, bons et vrais hystoriens, doulces et amiables paroles, amender et corriger, fouir et eviter, les ensuyvre et les acomplir*). Un énfasis similar es una característica común en el estilo de los escritores de prosa del siglo xv (Buridant, 1980, t. 4: 5-79).

Con seguridad, el principal rasgo de este manuscrito es una cierta redundancia y prolijidad. Es muy diferente del estilo de los otros inicios de la *Queste.* Continuemos nuestra investigación con el ms. BNF fr. 112.

Además de añadir un largo prólogo, como hemos visto, el narrador se extiende en el anuncio de la corte artúrica que se celebrará en Pentecostés. No olvida la llegada de la *Damoiselle* (utiliza esta palabra y no *pucele*) que vino a buscar a Lanzarote, la partida de Lanzarote hacia la abadía, el encuentro con Boors y Lionel, la investidura de caballero del joven Galaz con la ayuda de Boors, que le calza una de las dos espuelas al joven (esto ya estaba presente en la Vulgata), mientras Lanzarote le calza la otra espuela y le da la espada y el espaldarazo; el regreso de Lanzarote y sus dos primos a la corte; los nombres escritos en los asientos; el fracaso de los caballeros a la hora de extraer la espada del padrón y, justo antes de la llegada de Galaz, la aventura maravillosa de las puertas y ventanas que se cierran espontáneamente sin que la luz se apague en el interior (esto ya era una invención de la *Queste* clásica, pero estaba ausente en el *Tristan en prose*); luego el episodio de la Asiento Peligroso (el honorable anciano que acompaña a Galaz interviene, levanta el paño que cubre el asiento y pronuncia en voz alta el nombre de Galaz escrito allí recientemente); luego, el episodio del padrón flotante y la espada, una prueba superada por el joven.

El manuscrito BNF fr. 112 utiliza su propio vocabulario en determinados momentos. La *Queste* clásica relata que al llegar el joven Galaz, una vez desarmado, se encuentra con una *cote de cendal vermeil* ('un paño de cendal bermejo'), y que sobre él se le entrega un *mantel vermeil en samit fourré d'hermine* ('un manto bermejo de jamete forrado de armiño'; *Queste*, 1923: 8). La escena del Asiento Peligroso no transcurre en silencio (f. 3v) y el rey Arturo presenta sus saludos a Galaz. La escena del padrón y la facilidad con que Galaz extrae su espada está bien contada (f. 4v). Igualmente, el BNF fr. 112 narra la llegada de una doncella que viene a anunciar a Lanzarote que ya no es el mejor caballero del mundo y a anunciarle a Arturo en nombre de Nascién el ermitaño que el Santo Grial aparecerá pronto en su morada (f. 3v), como en la versión *V.II.* del *Tristan en prose* (*Tristan*, 1993, t. vi: 260-261). Vemos también la escena del pequeño torneo con bohordos, denominado *bouhourdeïs* en la versión *V.II.* (*Tristan*, 1993, t. vi: 261, cap. 105, 38-39) y *tournoiement* en el BNF fr. 112 (f. 4v), en el que Galaz destaca por sus proezas. Este pequeño episodio ya estaba atestiguado en la *Queste* de la Vulgata y se le daba el nombre de *tornoiement* (*Queste*, 1923: 13).

Por la tarde, la aparición del Grial es casi idéntica que en la *Queste* de la Vulgata y en la versión *V.II.* En la *Queste* clásica, después del trueno el palacio es siete veces más brillante (*Queste*, 1923: 15)[17]. En la versión *V.II.* (*Tristan*, 1993, t. VI: 264, cap. 107, 30) y en el BNF fr. 112 (f. 5r) la cifra se amplía *a cent doubles*, 'cien veces más', lo que parece una mejor lección. En el BNF fr. 112 (f. 5r) los caballeros son *enluminé de la grasce du Saint Esperit*, 'iluminados por la gracia del Espíritu Santo'. La *Queste* clásica emplea los mismos términos (*Queste*, 1923: 15). La versión *V.II.* (*Tristan*, 1993, t. VI: 264, cap. 107, 32) simplifica al prescindir de la expresión *de la grasce*. Las expresiones *bones odors*, 'buenos olores', y *totes les espices terrienes*, 'todas las especias de la tierra', están atestiguadas tanto en la *Queste* de la Vulgata (*Queste*, 1923: 15) como en la versión *V.II.* (*Tristan*, 1993, t. VI: 264, cap. 107, 42-43). El BNF fr. 112 (f. 5r) modifica ligeramente diciendo *toutes les espices du monde*.

Un último punto subrayable: cuando los caballeros parten a la aventura, en el ms. BNF fr. 112 no se menciona a la doncella que les hace probar la espada que sangra en manos de Galván. Para este inicio de la *Queste*, el narrador de este manuscrito sigue principalmente la *Queste* clásica. Para el grueso de su relato, e incluso para el detalle, no parece recurrir al *Tristan en prose*. Su lista de buscadores ¿podría estar basada en la lista de la versión *V.II.* del *Tristan en prose*, como sugiere una nota de C. Pickford (1960: 312)? Este estudioso no ha intentado la investigación, que sin duda resulta difícil de realizar. No es seguro que repasando todos los nombres se consiga encontrar la fuente de la enumeración.

De este examen se deduce que no hay dos textos exactamente iguales. Un poco más adelante examinaremos las dos *Demandas* para completar esta investigación. Veremos que es igualmente cierto. Por tanto, es imposible reconstruir un texto anterior.

## 1.6. Longitud inexplicable del texto publicado en la edición Bogdanow

Otra inquietud: la extensión de la reconstrucción llevada a cabo por Fanni Bogdanow. La *Queste* clásica cuenta con 280 páginas en la edición de Pauphilet. Por el contrario, la *Queste* de la Post-Vulgata, en la hipotética reconstrucción de Bognanow, destaca por su amplitud extraordinaria: 529 páginas en el tomo II y 525 páginas en el tomo III, es decir, un conjunto de más de mil páginas. ¿Esto es posible? ¿Resulta verosímil? Por sí sola, la edición de la *Demanda* portuguesa ocupa 454 páginas, es decir, casi la mitad de la obra. ¿Es esto normal? En este inmenso cúmulo, las páginas que realmente se relacionan con la *Queste* son muy

17. En la edición electrónica de Christiane Marchello-Nizia (*Queste*, 2018), la cifra aparece en la forma clásica en francés antiguo, *a. VII doble*, lección del ms. Lyon, Bibliothèque Municipale P. A. 77. Es igual en la edición del ms. de la Bancroft Library de Berkeley realizada por Bogdanow (*Queste*, 2006: 110, cap. 19).

pocas. La mayoría de los acontecimientos se refieren a aventuras totalmente ajenas a la búsqueda del Grial. Podríamos situar en cualquier *roman* artúrico a todos estos caballeros que pasan su tiempo desafiando a los adversarios con los que se encuentran, a todas estas doncellas afligidas o enfermas de amor (algunas de ellas se encuentran claramente desequilibradas, sobre todo sexualmente, ya que el autor no se priva de inventar escenas de violación o incesto)[18]. La mayoría de las aventuras no tienen nada que ver con la supuesta orientación del relato.

La *Demanda* portuguesa, que se considera completa, cuenta 495 páginas en la edición de I. Freire Nunes. La *Demanda* castellana se extiende a lo largo de 269 páginas en la edición de J. Ramón Trujillo. Son la mitad de largas. Bogdanow consigue este ensamblaje sumando elementos dispersos que se encuentran aquí y allá, redactados en distintas épocas y con estados de lengua muy diferentes. El tamaño anormal de la hipotética *Queste* de la Post-Vulgata parece revelar que se trata de una obra de fabricación artificial, que junta piezas que nunca habían sido unidas de esta manera. Así lo sugiere la enorme extensión de la obra.

## 1.7. Empleo cuestionable de una traducción

En su reconstrucción, Bogdanow dedica un espacio considerable al manuscrito de la *Demanda* portuguesa. Entre los fragmentos recopilados, ocupa el primer lugar y por sí sola alcanza 346 páginas de las 1054 de su edición. ¿Esto es legítimo? ¿Es aceptable? La respuesta a esta pregunta es no. En la Edad Media, las traducciones casi nunca son reproducciones fieles del texto que les sirve de modelo. Ciertamente, los estudiosos han argumentado que la *Demanda* portuguesa parecía ser una reproducción fidedigna del manuscrito francés perdido que transpone. En un interesante trabajo seminal, Dorothea Kullman ha realizado hábilmente algunas comparaciones rápidas entre ciertos pasajes de los textos portugueses y franceses y habla de una «traducción (sorprendentemente literal) allí donde es posible juzgar». Sin embargo, identifica muchas innovaciones, pequeñas y grandes. Señalaremos las diversas divergencias que separan a las *Demandas*. Este hecho por sí solo ya es revelador. Los numerosos trabajos recientes sobre las traducciones medievales demuestran fácilmente que la noción de fidelidad en la traducción no se ajusta al espíritu de los autores de las traducciones en la Edad Media. Roger Ellis señala en la Introducción al Coloquio sobre traducción organizado en 1987 en Gales que, basándose en todas las contribuciones allí recogidas, el traductor a menudo quiere ir más allá e incluso superar el original: «A Translation ... has its prime objective to surpass the original». No pretende conseguir una paráfrasis o

---

18. Sobre la violación y el incesto en la *Demanda*, véase A. Sofia Laranjinha (2009a: 187-202) y J. Ramón Trujillo (2007: 256-280). Igualmente, en su estudio «Arthurian Literature in Portugal», Santiago Gutiérrez García (2015: 92-93) señaló la importancia del pecado de la lujuria (*lust*) en la *Demanda* portuguesa.

traducción literal, sino hacer «an act of 'growing out of' an original» (Ellis, 1989: 2). Los términos empleados por el crítico son evocadores. En cuanto a las traducciones, habla de «full blown adaptation» (8), a veces de «disruption and transgression» (14), siempre de «reworking» (11). A su juicio, el traductor es siempre un creador (5). La mezcla de funciones de autor, traductor y compilador es permanente. Jane Taylor también dedica un capítulo muy matizado a la «Rewriting» (Taylor, 1989: 167-182). Sobre las versiones francesas, Kullmann habla de «toda esa serie de refundiciones, de rescrituras, de reelaboraciones, de recomposiciones» (Kullmann, 2013: 243). Podríamos decir lo mismo para las *Demandas* (Trujillo, 2014b: 503-504). De ahí que no se pueda confiar en una traducción para reconstruir un texto perdido. Recurrir a una traducción extranjera para encontrar un texto francés perdido es una empresa audaz e incluso desesperada.

## 1.8. Empleo constante de textos tardíos y refundidos en la edición Bogdanow

El empleo constante de textos tardíos resulta peligroso porque las obras se modifican inevitablemente. Cuanto más tardío sea un manuscrito, mayor será el riesgo de que se produzcan cambios en él. Hay que cuestionar la vieja máxima de la crítica textual *Recentiores, non deteriores*, «Los manuscritos recientes no son los peores», que sirve de título a un largo capítulo de un interesante libro de Giorgio Pasquali (1962: 241-260, cita en 243). Podría ser válida para los textos latinos y griegos cuya lengua permanece estable, pero no puede aplicarse a los textos romances. De hecho, para estos últimos, cuanto más se retrocede en el tiempo a través de los siglos, más cambia el vocabulario y más aumentan las variantes. Invirtamos el adagio y afirmemos: *Codex recentior, codex deterior*, «Cuanto más reciente es el manuscrito, peor es». En su *Manual de crítica textual*, Alberto Blecua considera acertadamente «cuanta mayor difusión tiene un texto, tanto mayores son las posibilidades de que los errores se acumulen» (Blecua, 1983: 19). Lo he constatado personalmente en el texto de Marco Polo (Ménard, 2001: 57-58, 64-65 y 68). Los manuscritos más tardíos, como el manuscrito francés *A3* (Arsenal 3511), destacan por un nuevo estado de la lengua, abreviaturas, adiciones, múltiples deformaciones. Se ha modernizado el estilo del texto original y, por tanto, se encuentra alterado y desfigurado en todo momento. En otras palabras, estos manuscritos no pueden contribuir a la elaboración de una edición crítica que pretenda recuperar el texto original.

La reconstrucción hecha por Bogdanow utiliza constantemente este tipo de manuscritos: así, la *Demanda* portuguesa de mediados del siglo xv, el ms. BNF fr. 112 de fines del siglo xv, el ms. Rawlinson D 874 de la Bodleian Library de Oxford, que parece ser de finales del siglo xiv o de comienzos del siglo xv, el ms. 105 de la Bibliothèque Bodmer de Ginebra, sin duda de finales del siglo xv.

Todos estos manuscritos tardíos son compilaciones. A modo de ejemplo, recordemos el prólogo añadido por el manuscrito BNF fr. 112. En general, este códice acorta y condensa muchos episodios, alarga otros y está redactado en una lengua muy moderna[19]. Su estilo es inconfundible y prolijo, en definitiva constituye un innegable *rifacimento*. En su trabajo «The Questing Beast», Linette Ross Muir afirma acertadamente de este manuscrito: «It is however a late text, and probably represents a rather confused mingling of tradition» (Ross Muir, 1957: 26, n. 5). Fue copiado por Micheau Gonnot para Jacques V de Armagnac, duque de Nemours, y está fechado en 1470[20]. Para calificar las versiones tardías, es necesario invocar no a la expresión de «copia fiel», sino al término de refundición. Casi nunca encontramos manuscritos recientes que sean absolutamente fieles al supuesto arquetipo. Su valor literario no se encuentra a la altura de las obras originales.

Albert Pauphilet afirma en su estudio sobre la nueva *Queste* del manuscrito BNF fr. 343 que «La *Queste* de Borron carece de una idea dominante: avanza en desorden» (Pauphilet, 1907: 609); o también «La *Queste* de Boron es, pues, una composición incierta y fluctuante realizada por refundidores. Es raro que estas personas realicen obras maestras» (608). Estos términos son quizás un poco fuertes, como señala acertadamente José Ramón Trujillo (*Demanda*, 2017: XLI-II). Pero, por desgracia, Fanni Bogdanow ha elegido casi siempre estos manuscritos bajomedievales. Parece creer ingenuamente que los manuscritos tardíos tienen el mismo valor que los tempranos. Esto es un error. A los compiladores tardíos les suele gustar ampliar y a veces resumir las obras que heredan[21]. En raras ocasiones son herederos fieles y respetuosos de sus predecesores. Por lo tanto, el trabajo de Bogdanow está contaminado desde el principio. Esta es otra razón para cuestionar su edición.

---

19. Por ejemplo, escribe *compte* en lugar de *conte* (*Or, dit ly comptes*; *Queste* Post-Vulgata: 111, cap. 82) En lugar del pronombre plural *il* escribe *ilz* con una z final (*Queste* Post-Vulgata: 111, cap. 82). No emplea *les* como artículo plural, sino que usa una forma con una z final, como se ve en el mismo pasaje (*Queste* Post-Vulgata: 111, cap. 82), etc. En su disertación *Über die verschiedenen Redaktionen des Robert von Borron* ya citada, E. Wechssler señalaba que «Aunque este manuscrito es bastante joven (c. 1470) y su ortografía, por tanto, se encuentra algo modernizada, ofrece un buen texto» («Diese Handschrift ist zwar ziemlich jung (a. 1470) und ihre Schreibung daher etwas modernisiert, bietet aber trotzdem einen guten Text»; Wechssler, 1895: 11). Omitió mencionar las diversas variaciones que el copista realizó en el texto.

20. Sobre la escritura de los manuscritos copiados por Micheau Gonnot, véase C. Pickford (1960: 14-24). Sobre el último folio del Libro IV del manuscrito, f. 133, figuran el nombre del copista y la fecha, pero modificados tras un raspado. Hay que restituir *Gonnot* en lugar de *Gantelet* y *1470* en lugar de *1370*. La firma del Duque de Nemours, propietario del manuscrito, aparece en el último folio del Libro II.

21. Sobre el deseo de abreviar en la Edad Media, véase C. Croisy-Naquet, L. Harf-Lancner y M. Szkilnik, ed. (2011: *passim*).

## 1.9. Apropriación abusiva de los manuscritos del *Tristan en prose*

Bogdanow considera que muchos manuscritos y varios episodios del *Tristan en prose* pertenecen al texto de la Post-Vulgata. Esta práctica se asemeja al saqueo. En efecto, en su tesis de 1966, Bogdanow incorporaba a su reconstrucción diecinueve manuscritos del *Tristan en prose*. En la edición publicada entre 1991 y 2000, ha crecido aún más el número de manuscritos del *Tristan*: pasa de diecinueve a veintitrés. Es una cantidad considerable. Despoja a este *roman* con el fin de intentar reconstruir un texto sin testimonios, tal vez imaginario. Constituye su fuente más importante, en la cual cree encontrar pasajes de un texto que no existe, pero que desea resucitar. Se pueden refutar estas múltiples y lamentables transferencias. Se arroga el derecho de robar pasajes atestiguados de un *roman* y considerarlos fragmentos de otro *roman* más antiguo y desaparecido. Habría que tener razones de peso para actuar así. ¿Las tiene? Es muy dudoso.

En la Descripción de los manuscritos de su edición, a partir del número 13 de su lista –del número 13 al 35–, Bogdanow engloba una gran cantidad de manuscritos que pertenecen todos ellos al *Tristan en prose* (*Queste* Post-Vulgata, 1991, t. i: 137-198). Entre los manuscritos editados, el BNF fr. 772, considerado en la tesis de Emmanuèle Baumgartner (1975: 86) como una versión contaminada es el único de fines del siglo xiii. El resto de los manuscritos editados por Bogdanow son tardíos.

Son veintitrés los manuscritos del *Tristan*, que no edita, pero estudia para incorporarlos a la Post-Vulgata. Constituyen para ella un enorme botín. Se apropia de los manuscritos clasificados por Baumgartner en la serie buena de *V.II.*, es decir, los manuscritos completos del *Tristan*: el BNF fr. 336 (*Queste* Post-Vulgata, 1991, t. i: 148) fechado en 1399 y los tres manuscritos de Viena –2537, de la primera mitad del siglo xv; 2540, fechado en 1466; 2542, antiguo manuscrito de finales del siglo xiii, que decidí editar–, y de un montón de manuscritos incompletos. Subrayemos que anexiona principalmente manuscritos tardíos y compuestos, como el BNF fr. 97, de comienzos del siglo xv, que según Baumgartner (1975: 67) pertenece a la versión *V.III.* del *Tristan en prose*, ya que utiliza con frecuencia la versión *V.II.* y también la versión *V.I.* en extensos pasajes (del §282 al § 338 de Löseth). A esta versión compuesta pertenecen los siguientes manuscritos franceses de la BNF: 101, 340, 349, 772; así como Chantilly 648 (Baumgartner, 1975: 67-71).

Bogdanow no se detiene ahí. Incorpora también los manuscritos de la versión *V.IV.* editada por E. Baumgartner, que es una versión compuesta (1975: 71-76); es decir, el ms. BNF fr. 99, los mss. 645-647 de Chantilly, el ms. 41 de la Pierpont Morgan Library de Nueva York, el ms. BNF fr. 758, que según Baumgartner (1975: 83) es un manuscrito desigual. Además, añade el ms. BNF fr. 24400 (*Queste* Post-Vulgata, 1991, t. i: 155), manuscrito del siglo xvi, compilación muy tardía y muy particular (Baumgartner, 1975: 84), el 647 de Chantilly (*Queste Post-Vulgata*, 1991, t. I: 156), que Baumgartner (1975: 86) clasifica en la versión *V.IV.* (1975: 86). Detengamos esta enumeración bastante instructiva. Dejemos de lado los pequeños fragmentos añadidos posteriormente. Recordemos que el principal interés de Bogdanow se centra en los manuscritos tardíos del siglo xv, inevitablemente cargados de modificaciones y alteraciones, pero también, sin saberlo, en las versiones compuestas de *Tristan en prose* que Baumgartner denomina versiones *V.III.* y *V.IV.* La elección no podía ser peor.

Por último, añadamos que la clasificación de Bogdanow de los manuscritos del *Tristan en prose* (*Queste* Post-Vulgata, 1991, t. I: 230-294) no parece ser muy sólida. No discutiremos aquí esta clasificación, aunque se encuentra caracterizada por múltiples errores: las pretendidas «lecciones erróneas» que alega no constituyen de ninguna manera errores comunes discriminantes[22]. Podemos rechazar la confusa clasificación de los manuscritos que realiza al comienzo de su edición (*Queste* Post-Vulgata, 1991, t. I: 229-294 y 295-416). Debemos lamentar que no haya aprovechado los descubrimientos realizados por Baumgartner en su tesis (Baumgartner, 1975: 36-87)[23], la importante clasificación de los manuscritos

22. Baste un solo ejemplo: el episodio en el que un encantador explica al rey Pellés por qué ha renegado de su fe cristiana. En cuatro manuscritos (Oxford, Rawlinson D 874; París, BNF fr. 343; París, BNF fr. 112; Ginebra, Bodmer 105) y en la *Demanda* portuguesa, el encantador afirma: «*reniai ma crestienté*» ('renegué de mi fe cristiana'). Bogdanow considera que se trata de la buena lección; pero se trata simplemente de una lección admisible. Aún va más lejos: cree que la lección de una quincena de manuscritos que dicen «*ma creance*» ('mi fe') sería un error (*Queste* Post-Vulgata, 1991, t. I: 296). Esto es incorrecto. Es una lección con el mismo significado. No pueden extraerse consecuencias similares de la crítica textual de esta variante no discriminatoria. Se podrían multiplicar los ejemplos de errores de razonamiento en su Clasificación de Manuscritos.

23. Aunque sea necesario seguir investigando, todo examen de los manuscritos del *Tristan en prose* debe basarse en los innegables descubrimientos que hizo Emmanuèle Baumgartner. Es cierto que el libro se menciona en la bibliografía del tomo 1 de Bogdanow (*Queste* Post-Vulgata, 1991, t. I: 563), pero en los capítulos dedicados a la clasificación de los manuscritos (230-481) no hay ni una sola referencia al importante trabajo de Baumgartner, que consiguió, después de Löseth, arrojar luz sobre la masa inmensa y confusa de los manuscritos del *Tristan en prose*. Esto es un grave error metodológico. Los *stemmata* que elabora Bogdanow sobre los llamados arquetipos de los manuscritos (292-293) y sobre los 22 manuscritos del *Tristan* (415) parecen poco verosímiles. Pretende remontarse a los antecedentes de los manuscritos conservados, cuando ya resulta muy delicada y a veces imposible de realizar la clasificación de los manuscritos que han llegado hasta nosotros. Los supuestos errores comunes en los que se basa durante unas 250 páginas para distinguir las familias de los manuscritos parecen discutibles e improbables en numerosas ocasiones. Debe retomarse la clasificación de los manuscritos tal y como se ha presentado. Muy a menudo debemos reconocer que no podemos pronunciarnos. Habría que seguir investigando para tratar de

en cuatro versiones principales, así como la identificación de versiones mixtas y manuscritos contaminados. Bogdanow no ha empleado para nada la tesis de Baumgartner, que data de 1975 y que aporta novedades.

Por otro lado, seguir con los ojos cerrados la versión portuguesa, que resulta ser una refundición, y ponerla al mismo nivel que los textos más antiguos resulta muy cuestionable. Dejaremos de lado estas cuestiones. No queremos olvidarnos del problema principal: ¿es lícito reconstruir un texto desaparecido tomando pasajes atestiguados en textos próximos pero diferentes? ¿O bien uniendo un montón de fragmentos inconexos? Nuestra respuesta a estas preguntas es no.

Protestamos contra todas las transferencias realizadas a expensas del *Tristan en prose*. Declaramos que no hay ninguna razón de fondo para eliminar de este *roman* los pasajes en los que se producen novedades en la *Queste du Graal*. Estas innovaciones aparecen a veces, pero no siempre, en lo que Bogdanow denomina la Post-Vulgata. La historia del caballero que se suicida de un golpe de espada el día de Pentecostés en medio de la fiesta, es desconocido en los textos anteriores y no se repite en los posteriores. Resulta específica del relato del *Tristan*. No debe haber gustado. Debieron de encontrarla demasiado atrevida, casi sin sentido, contraria a la moral, introduciendo una disonancia considerable al dar paso a la desesperación de un hombre afligido que se atreve a acabar con su vida y lo hace en público en un día de gran celebración religiosa, aunque el suicidio está prohibido por la Iglesia. Este largo pasaje es una prueba del talento creativo del autor del *Tristan*. Si este escritor es capaz de inventar un episodio largo y complejo, añadiendo además música y versos naturalmente cantados durante el recitado, escritos en un estilo a la vez noble, denso y patético, con mayor razón hay que admitir que es aún más capaz de modificar, a nivel narrativo, las escenas del Grial que ha heredado. El escritor de la versión *V.II.* necesariamente ha tenido que ser el inventor de los fragmentos de la *Queste* presentes en el *Tristan en prose*. De hecho, como se acaba de decir, son muy pocos en comparación con el conjunto de la *Queste* de la Vulgata retomados en el *Tristan*.

Igual que la versión *V.II.* copia fielmente docenas y docenas de páginas de la *Queste* clásica, resulta explicable que incluya aquí y allá algunas adiciones y transformaciones. Si esta versión *V.II.* fuera posterior a la Post-Vulgata, ¿por qué copió tantas páginas de la *Queste* clásica? Resultaría muy sorprendente. Dado el predominio de la *Queste* clásica en el *Tristan en prose*, la explicación más sencilla y probable es creer que el redactor de la versión *V.II.* solo disponía de la *Queste* de la Vulgata. Habría que estudiar en detalle los nuevos episodios de la *Queste* presentes a la vez en el *Tristan en prose* y en las *Demandas* portuguesa o castellana. Habría que ver si los textos peninsulares provienen de

arrojar luz sobre muchos puntos oscuros. La amplísima tradición manuscrita del *Tristan en prose* aún ofrece a los estudiosos muchas investigaciones por realizar.

la Post-Vulgata o son nuevas adiciones. Estos episodios comunes han sido identificados por Irene Freire Nunes (1992) en su tesis, aunque no aporta ninguna referencia precisa al análisis académico de Löseth, citado sin embargo en su Bibliografía (Freire Nunes, 1992: 625). Nuestra edición del *Tristan en prose* le es desconocida: su tesis data de 1992 y el inicio de la *Queste* de la Post-Vulgata puede leerse en el tomo V de nuestra edición publicada por Emmanuèle Baumgartner y Michèle Szkilnik (*Tristan*, 1993, t. v: 237, cap. 90) con la escena de la víspera de Pentecostés en la corte artúrica. Sin embargo, hay que retomar el trabajo de Irene Freire Nunes.

Debería realizarse un estudio de genética textual sobre los nuevos pasajes de la *Queste* presentes en el *Tristan en prose*. Resulta imposible hacerlo aquí. Para Bogdanow estos pasajes fueron «incorporados» en el *Tristan*[24]. Hay fuertes objeciones que oponer a esto. En primer lugar, muchos de los personajes del texto que Bogdanow llama la Post-Vulgata proceden del *Tristan en prose*. Antes del *Tristan*, el personaje de Palamedes no existe. Se encuentra ausente en el *Lancelot en prose* y en la *Queste* clásica[25]. Ha sido inventado para servir de rival a Tristan. Como Tristán, está enamorado de Iseo. Como Tristán, es un caballero sin par. Como Tristán, se lanza en pos de las aventuras. Como Tristán, es un caballero melancólico y soñador: en soledad exhala sus lamentos y evoca su amor infeliz. Esta figura entrañable y completamente nueva reaparece en la *Queste* de la Post-Vulgata. No hay ninguna razón para encontrarlo allí. Por el contrario, se encuentra perfectamente en su lugar en el *Tristan en prose*.

Muchas de las aventuras parecen superfluas y realmente innecesarias en la Post-Vulgata. Por el contrario, son totalmente coherentes con la orientación del relato del *Tristan en prose*. Este es el caso de todos los episodios que involucran al rey Marc. Este eterno enemigo de Tristán busca venganza cuando su sobrino le roba a su esposa. La invasión del reino de Logres por el rey Marc y sus aliados es una respuesta al rapto de Iseo por Tristán. Marc es el adversario mayor de Tristán; es la víctima de la audacia del joven héroe. Al final del texto, el viejo marido ataca al amante y a la esposa culpable. Por el contrario, las acciones y el personaje del rey Marc parecen resultar inserciones dentro de la *Queste*. No existe ningún vínculo entre la búsqueda del Grial y las aventuras heroico-cómicas del rey Marc. La historia de Marc constituye una verdadera digresión en el relato.

---

24. En su ensayo de 1966, afirma que la *Queste* ha sido «incorporated into the Second Version of the Prose *Tristan*» (Bogdanow, 1966: 88).

25. Véanse el *Index of Names and Places to vol. i-vii* de H. O. Sommer (1916), ninguno; *An Index of Proper Names* de G. D. West (1978: 242), que remite al *Tristan en prose* y a la *Continuación* de Rusticiano de Pisa; «Introduction, Bibliography, Notes and Variants, Glossary and Index of Proper Names» de E. Kennedy (1980, vol. ii), ninguno; el «Index des Noms propres et des Anonymes» de A. Micha (1983, t. ix), ninguno.

Resulta evidente que el autor de la nueva *Queste*, si es cierto que hubo un único redactor, tomó prestado el personaje del *Tristan en prose*, donde desempeña un papel bastante importante. El creador de las aventuras de Marc es el autor del *Tristan en prose*; quien toma prestado es el compilador de la Post-Vulgata.

## 1.10. Episodios presentes en la versión *V.I.* del *Tristan en prose* y en la *Queste* de la Post-Vulgata

Recordemos que la editora del tomo IX de nuestra edición del *Tristan*, Laurence Harf-Lancner, no cree que la versión *V.II.* del *Tristan en prose* pudiera tomar prestados los episodios «tristanianos» presentes tanto en la versión *V.II.* del *Tristan en prose* como en la *Queste* de la Post-Vulgata, como sostiene Bogdanow. Sostiene que lo contrario es infinitamente más probable. Los episodios «tristanianos» comunes a ambos textos (por ejemplo, la invasión de Logres por el rey Marc, la derrota final de Marc, el intento de envenenamiento de Galaz) «resultan esenciales en la estructura narrativa del *Tristan*», mientras que permanecen accesorios en la estructura de la *Queste* de la Post-Vulgata» (*Tristan*, 1997, t. IX: 37), aunque el motivo del odio está por otra parte bien documentado (Bouget, 2007: 219-230). ¡Una observación fundamental!

Tampoco cree que la *Queste* de la Post-Vulgata haya tomado estos temas «tristanianos» de una versión perdida de la versión *V.I.* del *Tristan*. De hecho, esto es imposible. La *Queste* incluida en *V.I.* es breve y sumaria.[26] No puede ser la fuente de la Post-Vulgata. Por otra parte, según Emmanuèle Baumgartner, la versión *V.I.* conservada sería una versión refundida y tardía (podríamos aceptar la idea de una versión refundida, pero no en la fecha tardía de *V.I.*). Laurence Harf-Lancner está de acuerdo con esta hipótesis de Baumgartner. No rechaza completamente la idea de una versión original de *V.I.*, desaparecida, que serviría de base para la Post-Vulgata. Aclaremos aquí que estas hipótesis de versiones desaparecidas siguen siendo muy inciertas y parecen ser artificios retóricos destinados a sostener una doctrina preestablecida, que los textos conservados desmienten. Deben admitirse solo en casos extremos, sin multiplicarlas. La versión *V.I.* que se conserva no tiene ningún contacto con la Post-Vulgata, mientras que la *V.II.* a veces se encuentra cercana. Imaginar la fecha de la Post-Vulgata anterior a la versión *V.II.* del *Tristan* le permite a Bogdanow sostener que el texto de *V.II.* del *Tristan en prose* es el que toma prestado en vez del creador de estos pasajes. Pero una dificultad considerable se opone a esta fantasiosa cronología: la *Queste* de la versión *V.I.* del *Tristan* es muy corta, muy diferente, casi insignificante. Vamos a mostrarlo rápidamente.

---

26. Hemos publicado la versión *V.I.* del *Tristan en prose* (1997-2007) según el manuscrito más completo, es decir, el BNf fr. 757.

## 1.11. La versión *V.I.* del *Tristan en prose*, fuente imposible de la Post-Vulgata

El espíritu de la versión *V.I.* del *Tristan en prose* al final del *roman* es exclusivamente caballeresco. Basándose en el manuscrito BNF fr. 757, Anne Van Coolput afirma: «El arreglador del ms. 757 censura su fuente donde quiere y no duda en condensar o simplemente cortar lo que desagrada a sus gustos. Por lo tanto, se ha eliminado cualquier cosa que se parezca a un milagro. El carácter mesiánico de Galaz parece dejar indiferente al prosista» (Van Coolput, 1986: 133)[27]. Señala que, al omitir el Grial, el autor priva de todo valor al juramento que realizan los compañeros de la Mesa Redonda. «Parece consistir en la persecución de un objeto no identificado: quimera que arrastra a los hombres a una empresa loca» (134). De ahí la presentación de la Búsqueda como una empresa malvada, casi nefasta, que conduce a la caída de la corte de Arturo y provoca desgracias como la muerte de muchos buenos caballeros.

En la versión *V.I.*, en efecto, no hay ni rastro de Galaz, ni mención del Grial en los tomos I, II y III de nuestra edición del ms. BNF fr. 757, publicados en 1997, 1999 y 2000. En el tomo IV de nuestra edición (*Tristan ms. fr. 757*, 2003, t. IV) realizado por Monique Léonard y Francine Mora el redactor renuncia por completo a las escenas del Grial. Es cierto que alude a ello, pero su atención se centra esencialmente en las proezas de Tristán y en las batallas de Galaz. Ambas editoras de este tomo del *roman* plantean en la introducción la siguiente cuestión, «¿El Grial eclipsado, Galaz expulsado?», formulada con un tono de interrogación (*Tristan ms. fr. 757*, 2003, t. IV: XXXVIII). La respuesta a esta pregunta puramente retórica es afirmativa. Se suprime el episodio de la aparición del Grial. No se narra la aventura de la Asiento Peligroso en la Mesa Redonda (XXXIX y cap. 79). Se omiten los caballeros que se lanzan a la Búsqueda (cap. 109). El Pentecostés del Grial se convierte en una «fiesta secular», como afirman acertadamente las editoras (XXXIX). Como señalan, el Grial pierde su prestigio, su carácter sagrado y su dimensión espiritual (XLI).

En el tomo V (2007) y último de la versión *V.I.*, publicado por Christine Ferlampin-Acher, la *Queste* ha desparecido. Solo se habla de varios combates, incluso contra Brehus, y también de la muerte de Tristán e Iseo. Es cierto que se menciona a Galaz varias veces. Si comprobamos las referencias, descubrimos que se le menciona con bastante frecuencia en los diálogos mantenidos entre los caballeros andantes. Eso es todo, y no es mucho: es un patente signo de ausencia. Todos coinciden en que es el mejor caballero del mundo, pero nunca se le ve

---

27. En este sólido ensayo, la autora se apoya en dos manuscritos bien elegidos: el ms. BNF fr. 757 para la versión corta de *Tristan en prose* y los manuscritos 335-336 del mismo depósito para la versión larga. Este estudio se encuentra ahora digitalizado en la web.

entrar en Corbenic y adorar el Grial. Nos preguntamos lo que una *Queste* de la Post-Vulgata podría tomar prestado de un *roman* de este tipo: casi nada. Si observamos detenidamente los textos, constatamos que la cronología propuesta es, por tanto, inverosímil.

## 1.12. Impugnación de la cronología propuesta

Volvamos sobre esta cronología, que concierne a las dos versiones del *Tristan en prose* y la *Queste* de la Post-Vulgata. Sobre este tema, Fanni Bogdanow vaciló y se contradijo.

En su tesis de 1966, *The Romance of the Grail*, dedica varias páginas al problema de la cronología (Bogdanow, 1966: 222-227). Imagina dos versiones de la Post-Vulgata: una llamada el *Roman du Graal*, que habría sido escrita antes que la segunda versión del *Tristan en prose* y antes que el *Palamède* (222). La segunda versión, que tomaría prestados muchos elementos de este *roman* —entendemos que la versión *V.II.* del *roman*—, sería posterior al *Tristan en prose*: «The Second redaction of the Post-Vulgate *Queste* may be later in date that the *Prose Tristan*» (224). La hipótesis de una doble redacción de la Post-Vulgata es una invención carente de toda prueba. Es un recurso argumentativo para intentar mantener una cronología incierta.

Más tarde, en su extensa edición, Bogdanow renunció a ella. Ya no habla de una doble redacción de la Post-Vulgata. Ha dejado de afirmar que la Post-Vulgata sería posterior al *Tristan en prose*. Simplemente parte del hecho de que la Post-Vulgata se sitúa probablemente «entre la primera y la segunda versión del *Tristan en prose*» (*Queste* Post-Vulgata, 1991, t. 1: 37). Esta afirmación es difícil de creer ya que la primera versión del *Tristan*, como acabamos de ver, no se preocupa para nada del Grial ni de la Búsqueda. Por otro lado, afirma que la *Queste* Post-Vulgata ha sido «incorporada» al *Tristan en prose* (es el término que emplea a menudo, por ejemplo, en la página 59 del t. 1). La expresión «incorporada» le agrada. Pero veremos que se trata de una ilusión. Lo más verosímil es creer lo contrario, es decir, que el inventor en algunos lugares de fragmentos de una nueva *Queste* es el autor de la vulgata del *Tristan*, y no el compilador de la Post-Vulgata.

Última afirmación incierta: basándose, por una parte, en que el *roman de Palamède* se refiere a la «destrucción» del reino de Logres, el reino de Arturo, y por otra, en el hecho de que este *roman de Palamède* se redactó antes del 5 de febrero de 1240 —fecha de una carta del emperador Federico II a su secretario, donde se menciona este *roman*—, Bogdanow considera que «la Post-Vulgata fue escrita completamente a más tardar alrededor de 1235-1240» (*Queste* Post-Vulgata, 1991, t. 1: 59). Argumento falaz si invertimos las proposiciones y si creemos que la invasión del reino de Logres, dominio de Arturo, por el rey Marc pertenece profundamente a la versión larga de la Vulgata del *Tristan en prose*

(*Tristan*, 1997, t. IX: 69-102, cap. 1-22). Se menciona, pero no se describe en la primera versión del *Tristan en prose* de nuestra edición del manuscrito (*Tristan ms. fr. 757*, 2007: 391, cap. 136, 45-59)[28]. Se trata de una invasión, no de una destrucción, como en la Post-Vulgata[29]. En la Post-Vulgata se sigue hablando de una invasión, pero también de la derrota del rey Marc debido a las proezas de varios caballeros, y especialmente de Galaz. La fecha de redacción del *Tristan en prose* debe datarse, por tanto, en el segundo cuarto del siglo XIII[30]; la datación de la *Queste* de la Post-Vulgata debe realizarse en una fecha desconocida, pero posterior.

Probablemente hubo un *roman du Graal* anterior al *Tristan en prose*, es decir, una nueva *Queste* modificada y ampliada. Lo sospechamos basándonos en las alusiones del *Tristan* a un texto escrito por el Pseudo Robert de Boron, en particular por la referencia a la aventura del caballero abrasado por el fuego por voluntad divina, mencionada en la versión *V.I.* pero que no se relata, ya que, según el autor, ya lo ha hecho antes Robert de Boron (cap. 96, 40-41). He estudiado este pasaje en mi artículo sobre «Monseigneur Robert de Boron dans le *Tristan en prose*» (Ménard, 2009: 359-370, especialmente 364). Precisé que ambas *Demandas* narran esta extraordinaria aventura. Como no conocemos el contenido de este *roman* desaparecido, es inútil realizar especulaciones al respecto. Contentémonos con reflexionar sobre los textos conservados.

La reconstrucción que imagina Bogdanow nos ofrece un texto que es necesariamente posterior al *Tristan en prose*, ya que se basa en gran medida en este *roman*. De hecho, una clara prueba de ello es la presencia en la nueva *Queste* de una muchedumbre de caballeros traídos del *Tristan en prose*. Esta era ya la opinión de un buen conocedor del material artúrico, James Douglas Bruce. Señaló que el ciclo del Pseudo Robert de Boron difiere del ciclo de la Vulgata en que varios personajes de la novela de *Tristan* desempeñan un papel importante: «Estos

28. El autor abrevia y remite al libro de Monseñor Robert de Boron «*car cil devise ceste chose mot a mot*» («porque él cuenta esta cosa palabra por palabra»; *Tristan ms. fr. 757*, 2007: cap. 136, 58). Menciona brevemente el asedio de Camelot por las fuerzas del rey Marc (cap. 136, 54-56), y seguidamente las proezas de Galaz, que salva al rey Arturo y pone en fuga al rey Marc (cap. 137).

29. En la versión *V.II.*, se evoca la invasión desde sus comienzos (*Tristan*, 1997, t. IX: 69, cap. 1); después se narra el ataque y la destrucción de la Alegre Guardia (cap. 3, 16-22); luego, la terrible batalla donde el rey Marc golpea al rey Arturo (cap. 5, 20-28); luego, gravemente herido, lo conducen a su capital Camelot, que es inmediatamente asediada por las fuerzas de Marc (cap. 5, 29-55). El ejército de Arturo resiste con dificultad los ataques de Marc, pero aparecen algunos caballeros de élite liderados por Galaz, dan la vuelta a la situación y derrotan a las tropas de Marc. El rey se ve obligado a huir (cap. 15, 34-cap. 18, 50).

30. He presentado un argumento en este sentido al final del artículo «Un très ancien fragment inconnu du *Tristan en prose*» (Ménard, 2011: 223-257, especialmente 256).

personajes, Tristán, Marc, Iseo, etc. han sido introducidos evidentemente desde el *Tristan en prose*» (Bruce, 1958: 458). Bogdanow cree que puede salirse con la suya invirtiendo la situación y declara que «lo más probable es que esto se deba a que la *Queste P-V* ha desarrollado las aportaciones tristanianas que el redactor del *Tr.* II decidió explotar para sus propios fines» (*Queste* Post-Vulgata, 1991, t. I: 82).

Tal afirmación no tiene ninguna base sólida. ¿Por qué el compilador de la Post-Vulgata habría «ampliado» las aventuras tomadas del *Tristan*? ¿Cómo podría haberlo hecho si solo tenía a su disposición el texto muy resumido y alusivo de la versión *V.I.* del *Tristan en prose*? No pudo encontrar allí el material para su fabulación. ¿Por qué el editor de la versión *V.II.*, que tanto se inspira en la *Queste* de la Vulgata, se ha volcado de repente en una *Queste* de la Post-Vulgata? Sería incomprensible. En su caso, un enorme conjunto de páginas proviene de la *Queste* clásica. Las nuevas incorporaciones y modificaciones de la *Queste* en su obra son mucho más reducidas. Resulta muy probable que las haya inventado. Las conclusiones que se imponen, pues, desde el punto de vista cronológico son las siguientes: rechazar la cronología relativa imaginada por Bogdanow; considerar que la Post-Vulgata fue escrita después de la versión *V.II.* del *Tristan;* y que aquella se inspiró en este último.

## 1.13. Presencia segura de la *Queste du Graal* en el final del *Tristan en prose*

Concluyamos esta argumentación recordando que la historia del Grial se encuentra profundamente inserta en la versión *V.II.* del *Tristan,* que constituye una parte esencial de la misma, incluso en el manuscrito primitivo, Viena 2542. Es su fin y la coronación. El autor de *Tristan* quiere competir con el conjunto del *Lancelot-Graal.* Por lo tanto, es poco probable que el autor necesitara una nueva *Queste,* que Bogdanow denomina Post-Vulgata, para dar esta orientación a su libro. Los larguísimos préstamos de la *Queste* clásica sugieren lo contrario, es decir, la anterioridad del *Tristan en prose* sobre la Post-Vulgata.

Al inicio del *Tristan en prose,* el frontispicio del manuscrito 2542 sugiere una innegable inspiración religiosa en una serie de cuatro paneles parcialmente enigmáticos. En la parte superior izquierda, una figura de pie se dirige a un público indeterminado. ¿Podría tratarse de un religioso? En la esquina inferior izquierda, se distinguen las admoniciones, tal vez las amonestaciones de un clérigo a un público laico, tal vez los caballeros de la Mesa Redonda antes de su partida. En la parte superior derecha se reconoce a Palamedes entrando en la pila bautismal según el rito medieval. La escena es muy tardía en el texto (*Queste* Post-Vulgata, 2000, t. III: 286, cap. 567). En la esquina inferior derecha, la imagen de una especie de grandes copas o cálices profundos sostenidos por dos figuras de pie en el centro sigue siendo enigmática. No hay nada parecido en la

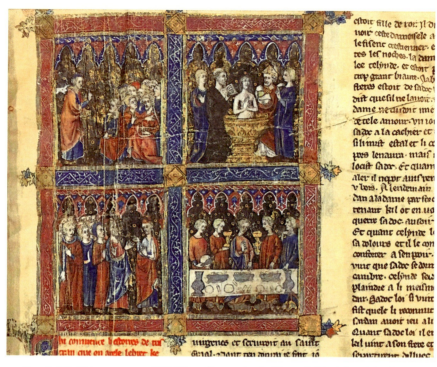

Frontispicio. *Tristan en prose,* c. 1300. Viena, Österreichische Nationalbibliothek, cod. 2542, f. 1r.

escena final de Corbenic (*Queste* Post-Vulgata, 2000, t. III: 314-329, cap. 585-594). Aunque no podamos explicarlo todo, resulta claro que no hay presente ninguna escena caballeresca. ¡Ningún combate, ningún torneo! Esta ilustración, que aparece en la cabecera del manuscrito, probablemente se realizó *in extremis* tras terminar la serie de ilustraciones. Debe de haberse inspirado en la inserción del Grial al final del relato. Está en consonancia con el clima religioso del final del texto.

Al final del manuscrito se dice que se detiene el relato de las aventuras del Santo Grial porque estas han finalizado y no hay nada que añadir. La última frase del texto es la siguiente: «*Icy faut l'estoire de monseigneur Tristan et del Saint Graal, si parfaiticte que nul n'y savroit que y mectre*» («Aquí termina la historia de mi señor Tristán y del Santo Grial, tan bien acabada que nadie podría ahí añadir nada»; *Tristan,* 1997, t. IX: 286, cap. 285, 55-56). En la última parte del *roman,* la historia del Grial se ha convertido en una parte integral y fundamental de la obra. Es un espíritu similar el que impulsa al redactor del ms. BNF fr. 112 a inventar un Prólogo que comienza con una invocación a la Trinidad.

Frontispicio. *Queste del saint Graal,* s. xv. París, BNF fr. 112(3), f. 1r.

Se trata de una innovación que no se entendería si el énfasis del texto al final no diera un lugar notable e insigne al Grial. Otros manuscritos confirman esta nueva inspiración. En el ms. BNF fr. 772, la denominada *Queste* Post-Vulgata comienza en el folio 190 con una rúbrica destacable: «*Ci commance l'estoire del Saint Graal de l'estoire de Tristan, le neveu au roi March*» (*Queste* Post-Vulgata, 1991, t. i: 139). De igual modo, el ms. Bodmer 164 (*Queste* Post-Vulgata, 1991, t. i: 166) lee en el folio 504 lo siguiente: «*Ci fine la seconde partie de Tristan et après vient la Queste del Saint Graal de l'istoire de Tristan*» («Aquí termina la segunda parte del *Tristán* y después viene la *Búsqueda del Santo Grial* de la historia de Tristán»). Estas palabras muestran la antigua presencia del Grial en el *Tristan en prose*.

Recordemos que el Grial y la *Queste* clásica se repiten literalmente a lo largo de decenas de páginas en el tomo viii (1995) de nuestra edición, editado por Bernard Guidot y Jean Subrenat. En otros lugares podemos ver la nueva *Queste du Graal* acompañada por diversas aventuras: por ejemplo, el caballero que se suicida en la corte de Arturo el día de Pentecostés o la lista de los 150 caballeros que parten a la aventura en busca del Grial. Esta última escena se narra con bastante extensión en la versión *V.II.*: se aportan los nombres de ciento cuatro caballeros que juran partir para completar la aventura del Grial (*Tristan*, t. VI: 272-274, cap. 112). La presencia de la *Queste du Graal* en la última parte de la versión *V.II.* del *Tristan en prose* atestigua el deseo del autor de competir con la Vulgata en su conjunto y de cerrar su relato otorgándole una nueva grandeza: la del Grial. La hipótesis de Bogdanow, según la cual este narrador se inspiró constantemente en la Post-Vulgata, resulta inverosímil porque en todos los manuscritos aparece una mezcla de la *Queste* clásica y de fragmentos de una *Queste* nueva. Si el autor del *Tristan* hubiera sido posterior a la Post-Vulgata imaginada por Bogdanow, sencillamente habría tomado prestada esta nueva *Queste*. No habría mirado tanto hacia la *Queste* clásica de la Vulgata. Pero es todo lo contrario: lo que predomina en su texto es la apropiación sistemática de la *Queste* tradicional. Docenas y a veces cientos de páginas se suceden en el volumen VIII de nuestra edición (*Tristan*, 1995), retomadas literalmente de la *Queste* de la Vulgata. Sus editores, Bernard Guidot y Jean Subrenat, los han indicado en cursiva en su Análisis del texto (*Tristan*, 1995, t. VIII: 37-43)[31]. Los préstamos son menos frecuentes en el último volumen de nuestra edición, pero siguen siendo importantes[32]. Los comentadores del *Tristan en prose* han señalado estos préstamos literales desde hace tiempo (*Tristan*, 1997, t. IX: 26-30)[33]. Los fragmentos de la nueva *Queste* presentes en el *Tristan en prose* son más cortos y más escasos. Parecen ser invención de nuestro autor. Por lo tanto, debemos abandonar la hipótesis imaginada por Bogdanow de la precedencia de la *Queste* de la Post-Vulgata. Debemos señalar que esta no podría existir sin haberse inspirado en la versión *V.II.* del *Tristan*.

Así pues, toda una serie de razones de diversa índole impiden acogerse a las ideas sostenidas por Bogdanow sobre creer en la posibilidad de reconstruir un texto perdido y asignarle una fecha anterior a la versión *V.II.* del *Tristan en prose*.

---

31. Préstamos continuos tomados de la *Queste*, correspondientes a las páginas 56-246 de la edición de Pauphilet (1923).
32. Préstamos sistemáticos de la *Queste*, correspondientes a las páginas 246-279 de la edición de Pauphilet (1923).
33. Véanse Baumgartner (1975: 127), remisiones a los pasajes de la *Queste* de la Vulgata interpolados en el *Tristan en prose* con referencias a los folios del ms. fr. 336, y Van Coolput (1986: 121-125) para el inicio de la *Queste*.

## 2. IDEAS CONTRARIAS DE CEDRIC PICKFORD

¿Significa esto que debemos adoptar las ideas de Cedric Pickford[34], que refuta decididamente la existencia de una antigua Post-Vulgata, previa al *Tristan en prose*? Examinemos las observaciones que presenta en su gran ensayo sobre el manuscrito fr. 112 de la Biblioteca Nacional de Francia.

Digamos unas palabras previas sobre la compilación que encontramos en el ms. BNF fr. 112, una vasta colección, ahora digitalizada en color en el sitio Gallica de la BNF, dividida en varias partes que forman tres volúmenes de 250, 301 y 233 folios. Falta el primer volumen. Conservamos los tres últimos de una serie que antes se componía de cuatro.

Este conjunto contiene la Vulgata, pero también la *Queste* denominada de la Post-Vulgata, una *Mort Artu*, importantes fragmentos del *Tristan en prose* interpolados aquí y allá, luego fragmentos de *Guiron le Courtois*, también adiciones a la *Suite du Merlin* y, finalmente, aventuras nuevas.

Sommer publicó en 1913 una parte, *Die Abenteuer Gawains, Ywains und le Morholts;* Bogdanow otra en 1965 bajo el título *La Folie Lancelot* (Bogdanow, 1965). El propio Pickford editó el *roman d'Erec* (1968) y también *Alixandre l'orphelin* (1951). Este curioso y vasto conjunto se encuentra formado por *membra disjecta*[35]. Se caracteriza por una verdadera reescritura de antiguos materiales, una auténtica renovación en contenido y estilo. Basta con leer detenidamente el Prólogo de la nueva *Queste*, cuyo texto he ofrecido arriba, para percibir el nuevo estilo de la obra. Es muy diferente del estilo de los otros inicios de la *Queste*.

Pickford ha dedicado varios capítulos al problema que nos interesa: el origen del texto de las *Demandas* (Pickford, 1960: 94-109). En su opinión, estas consistirían en una combinación de la *Queste del Saint Graal*, modificada por el autor del *Tristan en prose*, y de elementos nuevos como el *roman d'Erec*, las aventuras de Palamedes durante la persecución de la Beste Glatissant (la 'Bestia Ladradora'), el episodio de Arthur le Petit ('Arturo el Pequeño') y otras muchas que nada tienen que ver con el tema central de la *Queste* y que carecen de cualquier significado religioso, «pero que sirven para embellecer la narración y complementar situaciones y datos provenientes de otros *romans*, sobre todo del *Tristan en prose*» (Pickford, 1960: 105). Afirma hábilmente que «el novelista parece querer completar episodios y situaciones que ya existen en otros lugares. La caza de la Beste Glatissant llega a su fin y Marc el felón es castigado finalmente» (105). Primer punto cuestionable: el último tercio de las *Demandas* sería, según él, una

---

34. Encontramos una excelente bibliografía de la obra completa de C. Pickford (1926-1983) en *The Changing Face of Arthurian Romance* (Adams, Diverrres y Stern, 1986: XI-XXIV).

35. C. Pickford realizó un extenso análisis del texto en su tesis (1969: 298-319), pero aún quedan algunos descubrimientos por hacer y algunas aportaciones a las fuentes señaladas.

traducción del *Tristan* cíclico (105). Debemos rechazar esta afirmación, que se basa en ideas vagas sobre textos aún poco conocidos[36]. Hubo un tiempo en que aún no se había desentrañado la complicada tradición manuscrita del *Tristan en prose*[37] y donde aún no existían ediciones del texto de las dos versiones principales. Si comparamos el último tercio del *Tristan en prose* y el último tercio de las *Demandas* portuguesa o castellana, descubrimos por el contrario que existen bastantes pocas coincidencias y enormes divergencias.

Veamos algunos ejemplos: en el tomo VII de nuestra edición vemos aparecer un personaje llamado Engenés (entendemos Eugenés) (*Tristan*, 1994, t. VII: cap. 99-192). El nombre está completamente ausente de la *Demanda* portuguesa. Lo mismo ocurre con muchos otros personajes.

Situación inversa: el episodio del Chastel Felon se encuentra en el *Tristan en prose*, versión *V.II.* (*Tristan*, 1994, t. VII: 233, cap. 120-125) y en ambas *Demandas*. Pero solo es idéntico el nombre del Castillo Felón; el resto diverge. En el *Tristan*, quienes llegan a este lugar son Tristán, Palamedes y el Caballero Bermejo. En la *Demanda* portuguesa (2005: 373, cap. 501) son Galaz, Héctor y Meraugis. Lo mismo sucede en la versión castellana (2017: 177-178, cap. 270-271).

Muchos elementos importantes de la aventura son diferentes. Baste con decir que en el *roman* de *Tristan* la *male coutume* consiste en encarcelar a los caballeros y doncellas que pasan por allí (cap. 120, 38-40). En la *Demanda* portuguesa (cap. 502) y en la castellana (cap. 272) es completamente diferente: los habitantes del castillo se niegan a convertirse y siguen siendo insolentemente paganos. De ahí su hostilidad hacia los transeúntes que resulten ser cristianos. Podríamos multiplicar los ejemplos.

Por supuesto, existen pasajes comunes con la versión *V.II.* del *Tristan en prose* y con las *Demandas*, por ejemplo, la escena en la que Lanzarote cae inconsciente en Corbenic (*Tristan*, cap. 109; versión portuguesa, cap. 547; versión castellana, cap. 318) y las siguientes escenas: puertas cerradas cuando llega Héctor, después cuando lo hace Galván, la persecución de la Beste Glatissant por Palamedes (*Tristan*, cap. 117; *Demanda* portuguesa, cap. 556; *Demanda* castellana, cap. 326).

36  Si observamos el análisis crítico que Pickford (1960: 312-319) realizó en su ensayo (con indicación de las fuentes) del ms. BNF fr. 112 y las numerosas remisiones al *Tristan en prose* y a las *Demandas* descubrimos que este estudioso leyó detenidamente estos textos. Cita 41 manuscritos diferentes del *Tristan en prose*. Se trata de un número considerable y es indicativo de la amplitud de sus investigaciones. En la lista de referencias (Pickford (1960: 353-354) cita al menos en 63 ocasiones el *Tristan en prose*. Todo ello indica que no debe condenarse a Pickford. Podemos hablar de juicios precipitados o de impresiones aproximativas, pero no de ignorancia o de documentación insuficiente.

37  Antes de él solo podemos mencionar la tesis secundaria publicada a los 26 años por un joven y muy brillante académico, Eugène Vinaver (1925), que habría de convertirse en su profesor en Manchester.

Pero también hay múltiples lagunas y discrepancias: por ejemplo en el *Tristan en prose*, Palamedes retorna rápidamente a la corte de Arturo (*Tristan*, cap. 118), mientras que en las *Demandas* se decide un enfrentamiento entre Palamedes y Galaz, que se posterga para más adelante (versión portuguesa, cap. 561; versión castellana, cap. 311).

La segunda idea cuestionable de Pickford: la negación de una antigua *Queste* atribuida a Robert de Boron. Respecto a las referencias del *Tristan en prose* a un libro de Robert de Boron, que sería una nueva versión de la *Queste du Saint Graal*, Pickford plantea la cuestión de si este libro existía realmente antes del *Tristan en prose* y si fue una de sus fuentes. Su respuesta es «no» (1960: 106). Afirma que «El *roman* o libro de Robert de Boron, según la reconstrucción de las *Demandas*, el ms. 112, el ms. 343 y el ms. 340 depende, de hecho, del *Tristan en prose*, del cual contiene largos extractos» (106). Añade que «Únicamente en el *Tristan* prefiere Galaz las aventuras caballerescas y mundanas, Iseo es instalada por su amante en la Alegre Guarda, desde donde su marido, el rey Marc, se la lleva. La búsqueda de la Beste Glatissant por Palamedes es también un tema que proviene del *Tristan*» (106). Y concluye que «El original francés de las *Demandas* no es más que una recopilación relativamente tardía de fragmentos de aventuras caballerescas, profecías amplificadas hasta formar episodios más o menos independientes, todos ellos existentes de forma embrionaria en el *Tristan en prose*, en el *Huth-Merlin* o incluso en el *Lancelot en prose*. Está lejos de ser el roman de base de la *Queste* de Map o la fuente del *Tristan en prose*» (107). Citemos una imagen ingeniosa y burlona de Pickford: «El *roman* del Pseudo Robert no es una fuente, es más bien un mar muerto en el que desembocan como afluentes las demás novelas artúricas» (107). Esta idea esencial, formulada irónicamente, no puede aceptarse.

La expresión es bella, pero parece errónea. C. Pickford se basa en una impresión general aproximada, sin haber examinado minuciosamente el *Tristan en prose*, episodio por episodio y sin haberlo comparado con el BNF fr. 112 y una *Demanda*. Si hubiera realizado esta tarea, habría visto que estas obras son muy diferentes. El resumen de posibles fuentes esbozado por Pickford para el último libro del manuscrito BNF fr. 112 (Pickford 1960: 312-319) lo demuestra claramente. Si entramos en el detalle, podríamos destacar el carácter tan original de la recopilación realizada por el BNF fr. 112, que suele basarse en el texto que sirvió de fuente de las *Demandas*. A pesar de las conclusiones incontestables de Pickford, aún debe realizarse un estudio cuidadoso de los préstamos realizados por el BNF fr. 112. Por otra parte, no hay que exagerar el carácter profano del BNF fr. 112, como hace Pickford. La ilustración del manuscrito muestra que no cabe duda de la inspiración religiosa, aun siendo comedida y limitarse a la última parte del texto, ya que muestra una representación de la Crucifixión.

Oración ante el Grial. *Queste del saint Graal*, s. xv. París, BNF fr. 112(3), f. 1r.

Es posible invocar el texto de Rusticiano de Pisa como otro ejemplo de compilación. El manuscrito BNF fr. 340 es un códice de este compilador, en el que aparecen las dos partes escritas por Rusticiano, pero también un fragmento del *Tristan en prose* y un fragmento de la Post-Vulgata. Hay una recopilación de varios relatos con aventuras repetidas y renovadas. Pero todo se encuentra mezclado.

No cabe duda de que el libro de Pickford contiene una gran cantidad de conocimientos y muchas observaciones perspicaces. En primer lugar, la idea de que sería anterior al *Tristan en prose*. ¡Punto importante! En segundo lugar, que episodios bastante extensos de las *Demandas* son a veces desarrollos de breves esbozos realizados en el *Tristan en prose*. Este es el caso del Beste Glatissant, presentado muy brevemente en el *Tristan en prose*[38].

---

38. Véase, por ejemplo, el vol. IX de nuestra edición (*Tristan*, 1997, t. IX: § 117, 3 y 6), donde vemos al valiente Palamedes perseguir a la bestia (*Tristan*, 1997, t. IX: § 117, 15).

Sin embargo, no se puede aceptar la afirmación esencial de este erudito. No es posible creer, como él hace, que las *Demandas* se contentan simplemente con tomar la *Queste* del *Tristan en prose* e incorporar allí otras novedades. No es cierto que se limiten a copiar el *Tristan en prose*. Van mucho más allá. Por una parte, como toda refundición, las *Demandas* inventan. Por otra, aprovechan textos que han desaparecido: me viene a la mente uno de ellos, la *Queste* del Pseudo Robert de Boron. El contenido de varios episodios puede adivinarse a partir de las referencias en el *Tristan en prose* a la obra de Robert de Boron. Las *Demandas* también hacen referencia a Robert de Boron, pero menos frecuentemente[39]. En algunos momentos el narrador alude a elementos ausentes de su propio relato, porque ya han sido narrados por Robert de Boron. Se trata de auténticos pasajes de una *Queste* distinta de la *Queste* clásica: por ejemplo, el trágico final del caballero en llamas, el padrón que llega flotando a la corte de Arturo antes de que este y sus caballeros se sienten a la mesa el día de Pentecostés, la espada que sangra en manos de Galván o la lista de nombres de los numerosos caballeros (son más de un centenar) que parten a la aventura en busca del Grial. Todas estas alusiones no pueden pasarse por alto ni discutirse. Aunque hoy tengamos que hablar de un Pseudo Robert de Boron, el contenido de las aventuras mencionadas existe. No es una ficción. Existe un texto anterior que habla de ello, una versión perdida de una *Queste* renovada y ampliada.

Incluso si rechazamos la reconstrucción de Fanni Bogdanow, no podemos aceptar ciegamente todas las ideas de Cedric Pickford. Aunque reconocemos la importancia y el valor del trabajo que ha realizado, nos vemos obligados a rechazar varias de las afirmaciones que ha expuesto con audacia, pero probablemente sin verificarlas suficientemente.

## 3. Las *Demandas* empleadas por Fanni Bogdanow

Pasemos ahora a las *Demandas*, que constituyen una pieza importante de la teoría implícita de Fanni Bogdanow. Hagamos un rápido examen para mostrar que son, al igual que las versiones francesas de los textos, similares y diferentes a la vez y, por lo tanto, no pueden utilizarse para restaurar una versión desaparecida.

---

39  Véase la edición de la *Demanda* portuguesa de I. Freire-Nunes (2005: 62, cap. 62) y la de J. Ramón Trujillo de la *Demanda* castellana (2017: 47, cap. 52). Para la versión portuguesa disponemos afortunadamente de un índice de nombres citados en la edición de Freire-Nunes. En el caso de la versión castellana, ni la edición de Bonilla y San Martín ni la de Trujillo cuentan con un Índice, base importante para la investigación.

## 3.1. Observaciones preliminares

Recordemos algunos datos generales.

Muchos especialistas se han ocupado del ciclo del Pseudo Robert de Boron[40] y de las *Demandas*, que en gran medida se inspiran en él. Además de la tesis de Irene Freire Nunes (1992) ya mencionada[41], citemos especialmente para la *Demanda* portuguesa el cuidadoso trabajo de Heitor Megale (2001), y, además de las notables observaciones de Paloma Gracia quien en sus últimos trabajos ya no cree en la existencia primera de un ciclo[42], para la *Demanda* castellana los eruditos ensayos centrados en esta versión de José Ramón Trujillo[43], así como otras

---

40  Sobre la historia del ciclo Pseudo Robert de Boron, además del buen capítulo de James D. Bruce «The Pseudo Robert de Boron Cycle of the Prose Romances» (1958: 458-479), véase la disertación de Ella Vettermann, dedicada al episodio importante del Golpe Doloroso (1918), aunque abandona la versión portuguesa, que sigue siendo útil, sobre todo en las páginas 144-154 (Cap. V.2. «Abhängigkeit des Huth-Ms. von der *Demanda del Sancto Grial*», pp. 171-183; Cap. VI «Die spanischen Balin-Erzählungen in *La Demanda del Sancto Grial* und in den *El Baladro del sabio Merlin*»). Se encuentra digitalizada por Gallica. Véase también la importante síntesis de Bogdanow «The Vulgate Cycle and Post-Vulgate *Roman du Graal*» (Bogdanow, 2003: 33-54), aunque la autora parece desviarse en varios puntos. Su visión de la Post-Vulgata parece poco realista: «Structurally, too, the Post-Vulgate forms a more unified whole than the Vulgate» (48). A pesar de la antigüedad de su trabajo, de su brevedad y de varias hipótesis inverosímiles, Eduard Wechssler aporta varios descubrimientos y ha sido el primero en señalar la importancia del ms. BNF fr. 112 en *Über die verschiedenen Redaktionen des Robert von Borron* (1895), que se encuentra digitalizado en archive.org.

41  En esta tesis las observaciones literarias son interesantes. Pero el extenso capítulo titulado «L'échiquier de la *Demanda*» (p. 108-205) indica, siguiendo el desarrollo del relato, las concordancias entre la *Demanda* portuguesa con el *Tristan en prose* y la *Queste de la Vulgata* sin dar las referencias exactas de los textos mencionados. El estudio es anterior a nuestras ediciones del *Tristan en prose*, sea la versión *V.II.* (la *Queste* comienza en nuestro t. VI de 1993), sea la versión *V.I.* (1997-2007). Tampoco pudo aprovechar la Post-Vulgata de Bogdanow, cuyo t. I apareció en 1991. Por lo tanto, sus referencias al *Tristan en prose* se basan únicamente en el análisis de Löseth (sin dar referencias precisas) y cuando señala que tal o cual episodio ocurre «solo en la *Demanda*», esto es a menudo inexacto, ya que el mismo pasaje puede encontrarse también en la *Demanda* castellana o en la *Queste* de la Post-Vulgata. El análisis de la *Demanda* hecho por A. S. Laranjinha en su libro *Artur, Tristão e o Graal* publicado en 2012 (aunque la defensa de su tesis se remonte a 2005) proporciona información más sólida y referencias precisas (2012a: 420-460): no solo ha podido emplear nuestras dos ediciones, sino también la edición de Bogdanow hasta el cap. 393 de esta edición, es decir, hasta el fin del t. II de la edición (hay 438 páginas de texto publicadas en ese volumen), aunque no los cap. 394-718 (*Queste* Post-Vulgata, 2000, t. III: 12-735).

42  P. Gracia, (2015: 271-288), una excelente presentación del ciclo desde el punto de vista tradicional; (2011: 337-345), unas reflexiones críticas sobre la idea de ciclo; (2017: 431-442).

43  J. Ramón Trujillo (2008: 789-818; 2009: 401-448; 2012a: 909-918; 2012b: 355-368; 2012c: 325-356; 2012d: 370-381; 2014a: 69-116; 2014b: 487-510; 2013; 2017: 237-259; 2020:).

interesantes reflexiones de varios estudiosos, como Dorothea Kullmann (2013: 241-260), José Carlos Ribeiro Miranda[44] y Ana Sofia Laranjinha[45].

La cuestión de la prioridad entre los dos *Demandas* es ajena a nuestros propósitos. Sobre esta compleja cuestión, me remito a las observaciones medidas de Santiago Gutiérrez García (2015: 58-71). Por el contrario, la fecha de preparación del ms. 2594, el único testimonio que transmite el texto de la *Demanda* portuguesa, merece algunas consideraciones. En su *Miscelânea de língua e literatura portuguesa medieval,* Manuel Rodrigues Lapa (1982) ha recogido varios artículos tempranos e importantes sobre este tema. Ha señalado algunos arcaísmos lingüísticos innegables en el ms. 2594. Heitor Megale también ha estudiado este manuscrito con mucho cuidado y no ha ocultado la mezcla de formas antiguas y recientes (Megale, 2001)[46].

Pero, digan lo que digan, este manuscrito no puede considerarse una copia absolutamente fiel de un manuscrito más antiguo de finales de la primera mitad del siglo XIII. No es lícito imprimir, como hizo Heitor Megale en el título de uno de sus libros: «*A Demanda do Santo Graal*, manuscrito do século XIII (ed. T. A. Queiroz, São Paulo, 1988)». La presencia dispersa de rasgos lingüísticos antiguos no significa que todo el manuscrito pueda considerarse un verdadero manuscrito del siglo XIII. Nos guste o no, sigue siendo del siglo XV. Se trata de un códice compuesto tardío cuya lengua está mezclada.

¿Se produjo la entrada del texto francés en la península ibérica, como Ivo Castro imaginó, a la vuelta del infante don Afonso, que había pasado casi veinte años en Francia y que regresó a Portugal en 1245? Castro (1983: 81-98) intenta encontrar múltiples indicios[47], pero no tenemos ninguna prueba segura de ello. Son solo hábiles hipótesis. José Ramón Trujillo ha realizado matizadas observaciones sobre este tema. En su artículo «Yo, Joannes Bivas, La emergencia de la voz del traductor en la Edad Media» ya mencionado, sugiere el carácter incierto de las afirmaciones de muchos estudiosos y la dificultad de emitir un juicio incuestionable sobre esta delicada cuestión. La prioridad de la versión portuguesa

---

44. J. C. Ribeiro Miranda (1998a). El resto de las reflexiones de Miranda se encuentran en un segundo libro, *Galaaz e a ideologia da linhagem* (1998b), que no he consultado.

45. A. S. Laranjinha (2014: 1-28) y sobre todo Laranjinha (2012a). El libro publicado dispone de Apéndices adicionales no incluidos en la tesis, especialmente, de un extenso y preciso resumen de la *Demanda* portuguesa (2012: 419-460).

46. En el capítulo «Estado da Língua do Códice» (2001: 131-162) hay una enumeración de las diferentes formas de muchas palabras. Se dedica un largo recorrido a la capa más antigua («una camada mais antiga da língua»; 2001: 134-135), alrededor de un centenar de formas. Pero el autor reconoce la complejidad del estado de la lengua del manuscrito (2001: 132).

47. En particular, intenta aclarar la identidad y la fecha de actividad de Joam Vivas mediante hábiles conjeturas.

no parece asegurada (2012: 370-375). Subraya que «El contexto literario hispánico en torno a 1300 es de extremada fecundidad y muy favorable a la recepción y difusión de la materia artúrica» (375). El Joannes Bivas que interviene en el texto castellano habla como un refundidor que «construía un texto abreviado, de manera similar a como lo fue el *Baladro*» (380). Esto podría explicar «numerosas supresiones, adiciones y alteraciones intencionadas de pasajes en el texto castellano, así como los resúmenes de muchos episodios (380). Quedémonos con este juicio.

No nos pronunciaremos aquí sobre la fecha de ejecución de las *Demandas*. A juicio de Irene Freire Nunes (1992: 100) como a juicio de Bogdanow (*Queste Post-Vulgata*, 1991, t. I: 59), la *Queste* de la Post-Vulgata se habría redactado entre 1235 y 1240. Esta fecha es a la vez demasiado precisa como bien incierta, ya que estas autoras la sitúan antes de la versión *V.II.* del *Tristan en prose*. Por las razones expuestas, es muy probable que sea al revés y que sea posterior a la versión *V.II.* del *Tristan*. La Post-Vulgata, si es que existe, debería fecharse, como muy pronto, en la segunda mitad del siglo XIII.

Sin declararlo nunca abiertamente ni poder demostrarlo, Fanni Bogdanow imagina que la *Demanda* portuguesa, más extensa que la redacción castellana (tiene 715 capítulos frente a los 454 de la versión castellana), ofrece el texto completo de la Post-Vulgata. Esta hipótesis implícita (y probablemente osada) explica su reconstrucción. Edita el texto portugués, cuando este ofrece un pasaje ausente en los fragmentos franceses. No se preocupa de saber si el texto en portugués ha sido reelaborado. No compara cuidadosamente en cada pasaje el texto portugués con el castellano, este último en sus dos impresos, de 1515 y 1535.

Imagina que ambas *Demandas* se contentan con traducir un texto desaparecido sin modificarlo jamás. Cree en la prioridad y la superioridad del texto portugués[48]. No se cuestiona si la versión castellana no merecería ocupar el lugar de la portuguesa en determinados momentos. No le preocupa el estilo, realmente simple y sumario, de la versión portuguesa. Cuando un texto francés, sea cual sea su antigüedad, lengua, inspiración y estilo, presenta un episodio similar, le da prioridad y lo edita. Esta es la práctica de su edición. Hemos visto que, al hacerlo, crea un mosaico de textos heterogéneos.

Evidentemente, resulta difícil, si no imposible, descubrir la prueba absoluta de una reelaboración cuando el texto original que sirvió de modelo ha desaparecido, pero en ocasiones podemos localizar rastros de la remodelación. Resulta imprescindible probarlo antes de reproducir con los ojos cerrados una adaptación, realizada por añadidura en una lengua distinta a la original.

---

48. Acepta la teoría de M. R. Lapa (*Queste* Post-Vulgata, 1991, t. I: 477-481). Incluso cree que la versión portuguesa data de mitad del siglo XIII, lo que resulta excesivo.

## 3.2. Diferencias de contenido entre las dos *Demandas*

En un buen ensayo, Pere Bohigas i Balaguer (1925: 56-65) indica las principales supresiones realizadas sobre todo en la versión castellana. Enumera quince pasajes en los que aparecen omisiones de contenido. La laguna más grave se encuentra entre los capítulos 126 y 127 de la *Demanda* castellana, en la que faltan más de cincuenta folios, concretamente los folios 51-103 del manuscrito que él denomina «gallego-portugués».

Pero podría excusarse al redactor de la versión castellana: en la parte que falta hay muchas aventuras de segunda categoría: Galván reencuentra a Héctor de Mares, Galván combate con Iván el Bastardo, se encuentra con ermitaños que lo instruyen sobre sí mismo; persigue en vano a la bestia que ladra (la Besta Ladrador en portugués; Bestia Ladradora en castellano), a continuación se narran las aventuras de Boors y de Lionel hasta que Dios envía un rayo entre ellos para separarlos en el capítulo 180 de la versión portuguesa. Faltan aún las numerosas aventuras de Perceval, la muerte del rey Baudemagu asesinado por Galván. Me detendré aquí con los detalles de las supresiones. Hay que recordar que el primer estudioso que señaló las omisiones de la versión castellana fue Oskar Sommer en la segunda parte de su largo y pionero estudio sobre *The Queste of the Holy Grail* (Sommer, 1907: 543-590, especialmente 557)[49].

La impresión de conjunto probada por Bohigas, resultado de su cuidadosa comparación, es que, a pesar de la similitud del argumento en ambas *Demandas*, las dos obras son bastante diferentes. Su juicio es quizá algo severo. Considera que cada uno de los textos ha llegado hasta nosotros mutilado. Escuchemos su opinión; ambas *Demandas* proceden de un mismo original:

> Todos proceden de un mismo original. La versión gallego-portuguesa y la versión castellana no son traducciones independientes del francés, sino que ambas proceden de una misma traducción en una de estas lenguas peninsulares. No obstante, los textos de una y otra lengua nos han llegado abreviados, lo cual, tratándose de esta clase de obras, es equivalente a decir que nos han llegado mutilados o estropeados por supresiones torpemente hechas; por esta causa los textos castellanos no puede decirse que tengan en un todo el mismo contenido que el gallego-portugués, aun cuando la casi totalidad de capítulos sean comunes a ambas redacciones. (Bohigas, 1925: 56).

49. «The most considerable gap in *S* occurs between chapters 126 and 127, where no less than the contents of fifty-two leaves in *P*, viz. ff. 51-103 are suppressed». En su estudio, cita largos fragmentos de ambas *Demandas* y también edita (Sommer, 1907: 573-579) el episodio esencial de la llegada de Galaz a Corbenic según el ms. BNF fr. 343 (ff. 179-181). El primer artículo de Sommer (1907: 369-402) en el mismo número de *Romania*, es menos relevante para nuestro tema.

Los calificativos «mutilados» y «estropeados» parecen excesivos.

José Ramón Trujillo ha vuelto a abordar el problema mediante análisis precisos y penetrantes en la introducción a su edición de la versión castellana (*Demanda*, 2017: xxxix-xlv). Considera que hay omisiones voluntarias en el impreso castellano y supresiones ideológicas de capítulos. El refundidor realizaría deliberadamente cambios y eliminaciones: intentaría situar en primer plano las acciones caballerescas siempre que sean nobles, prescindir de los milagros, eliminar los ermitaños y las *senefiances* otorgadas a las aventuras, prescindir de escenas de violencia y también de las interpretaciones místicas. Un nuevo espíritu caracterizaría pues a la *Demanda* castellana.

## 3.3. Diferencias de contenido entre las *Demandas* y los textos franceses

Algunos trabajos recientes confirman que las *Demandas* parecen ser amplificaciones. Podríamos aplicarles lo que dice Ana Sofía Laranjinha sobre el texto del Pseudo-Robert de Boron: «Creemos haber demostrado –partiendo, de hecho, de la tesis que José Carlos Miranda había retomado de los críticos anteriores–, que el ciclo Pseudo-Boron no es una reducción, sino una ampliación de la primera fase del ciclo artúrico en prosa, incluyendo no solo los textos referidos por Bogdanow, sino también el *Lancelot* (como demostró Isabel Correia) y el *Tristan en prose*» (Laranjinha, 2012b: 283 [2012: 32]). También hay que destacar el juicio de Eugénia Dos Santos quien, en su tesis, señaló con acierto que el traductor portugués de la *Post-Vulgata* en ocasiones «cede a la tentación de librarse del texto» (Dos Santos, 2010: 22).

Destaquemos ahora algunas de las diferencias entre ambas *Demandas*. Para ello, el presente trabajo utiliza para la *Demanda* portuguesa la edición ya citada de Irene Freire Nunes (2005), para la versión castellana la edición de 1515 realizada por José Ramón Trujillo (2017) y, en caso de necesidad, la de 1535 editada por Adolfo Bonilla y San Martín (1907: 163-338), a pesar de sus defectos. En primer lugar, señalaremos algunos puntos menores al comienzo del texto.

Las *Demandas* portuguesa y castellana no describen la atmósfera festiva y la magnificencia de la corte de Arturo. Presentan rápidamente a la doncella que pide a Lanzarote que vaya con ella, sin justificar su petición, y que asegura al rey Arturo que estará de vuelta en la corte al día siguiente. Un pequeño detalle específico de las *Demandas*: cuando la doncella parte, descubrimos que la joven se encuentra acompañada por dos caballeros y dos doncellas (versión portuguesa: cap. 3; versión castellana: cap. 2). Una pequeña innovación en estos dos textos. En ambas *Demandas* faltan algunos detalles encantadores que se encuentran en la versión *V.II.* del *Tristan en prose*: por ejemplo, la palabra *nourri* que señala a Galaz en el sentido de 'niño que hemos criado'. Se mencionan las lágrimas que corren por las mejillas de la abadesa del monasterio. En la versión *V.II.* del *Tristan*: se dice: «*elle plouroit mout tenrement*» [«ella lloraba muy tiernamente»] (t. VI: 242, cap. 92, 47). Las razones se encuentran veladas, pero podemos adivinar que el hecho de que el joven sea armado caballero es para ella la señal de una separación definitiva. En ambas *Demandas* no hay adverbio que marque el tierno afecto por el adolescente, sino una anotación de que son lágrimas de alegría, «com prazer», por ver a Lanzarote (versión portuguesa, 2005: 20, cap. 4; versión castellana, 2017: 20, cap. 2)[50]. Por lo tanto, el espíritu del texto ha cambiado. No hay ya adjetivos afectuosos como en el *Tristan* con las palabras *notre confort, nostre esperance* (t. VI: 242, cap. 92, 50). En otras palabras, ambas *Demandas* van a lo esencial, y no intentan crear un determinado clima emocional. Se trata de un cambio notable.

Por el contrario, debe señalarse una pequeña novedad: antes de que el joven héroe sea armado caballero en ambas *Demandas*, Lanzarote le pregunta a su hijo si quiere convertirse en caballero. La pregunta está ausente en los textos franceses. Él responde *baldosamente* ('con valentía') en la versión portuguesa (2005: 20, cap. 4)[51], *muy homildosamente* en la versión castellana (2017: 20, cap. 2). Para el compilador de la versión portuguesa, el joven está lleno de ardor y audacia. A pesar de su corta edad, ya es un héroe que se enfrenta a todos los retos. Para el responsable de la versión castellana, permanece sumiso y dócil ante Lanzarote, su eminente y admirable padre. Se oponen dos representaciones diferentes: en el autor portugués, un espíritu de grandeza; en el autor castellano, respeto y sumisión. El adverbio por sí solo es revelador.

Junto con la investidura de Galaz, ambas *Demandas* añaden un capítulo nuevo[52]. Presentan a un hombre sabio que acompaña a Galaz en la corte del rey Arturo. Aquí aparece como un ermitaño. Pronuncia palabras muy dignas dirigidas al joven y lo hará a lo largo de mucho tiempo (versión portuguesa, 2005: 21, cap. 5; versión castellana, 2017: 20, cap. 3): Dios dará al joven la gloria caballeresca porque no vivirá en el pecado. El ermitaño se convertirá en el testigo de los hechos de Galaz y será el narrador. Imaginar que un personaje del relato

---

50. Las ediciones de los textos en prosa de las versiones portuguesa y castellana no numeran las líneas de cinco en cinco, como hacen tradicionalmente las ediciones académicas francesas. Por ello, las referencias se limitan a los capítulos y son menos precisas.

51. El adverbio se encuentra ausente en los diccionarios actuales. Este es el caso del *Diccionario Verbo Português-Francês* (2004), de 1318 páginas. Pero Augusto Magne, en el Glossário de su edición (*A Demanda do Santo Graal*, 1944, t. III: 100), anota del término y lo traduce *com brio, com garbo* '(con brío, con garbo').

52. Es un episodio que no recoge Bogdanow (1991, t. I: 62). Varios episodios útiles que hay que tener en cuenta faltan en su análisis comparativo del *Tristan* y las *Demandas* (Bogdanow, 1991, t. I: 62-76). Esta revisión ha de repetirse y completarse.

se convierte en el escritor del texto es una invención de la ficción narrativa[53]. Es un procedimiento técnico que pretende dar realismo a un tejido completamente novelesco. Este personaje se encuentra ausente de la *Queste* clásica y de la versión *V.II.* del *Tristan*. Se trata de una innovación de la fuente de las *Demandas*. Otro detalle específico de las *Demandas* es el apunte de que el único defecto de Galaz sería «su suavidad excesiva» («era manso sobejo» en la versión portuguesa; 2005: 22, cap. 6; «era muy manso sobejamente en su cortesía» en la versión castellana; 2017: 21, cap. 4). Delicada y nueva anotación.

Las palabras intercambiadas en ambas *Demandas* entre Lanzarote y sus dos primos, Boors y Lionel, durante su viaje juntos no aparecen en el *Tristan en prose*, mucho más corto. Del mismo modo, los detalles de la magnificencia del vestido real cuando el rey va a misa se encuentran ausentes en el *Tristan*. Cuando el rey Arturo entra en la iglesia para oír misa, la versión portuguesa dice simplemente que el rey llevaba un traje tan rico que era una maravilla («E el trazia tam rico guarnimento que maravilha era»; cap. 8). El autor va al grano sin entrar en detalles. La versión castellana de 1515 y la de 1535 están más desarrolladas: nos dicen que lleva una corona y que se ha puesto las ropas reales de su coronación, al igual que la reina («y él traía estonce corona e vestió aquellos paños con que fuera reinado, e la reyna otrosí, y este guarnimiento era tan rico que no era sino maravilla»; cap. 6). Estas anotaciones están ausentes en la *Queste* clásica editada por Pauphilet. Del mismo modo, están ausentes de la *Queste* narrada en el *Tristan en prose* (t. VI, 243, cap. 93, 17-18). La versión *V.II.* del *Tristan en prose* apenas evoca la magnificencia de la fiesta, ya que el rey Marc porta una corona (p. 245, cap. 94, 5-8). Nos preguntamos si la versión portuguesa no abrevia por el deseo de apresurarse. A veces se tiene esta impresión al leer el texto en portugués. Al redactor portugués le importa poco el entorno exterior, prefiere la acción a la ambientación. Aquí el escritor castellano se muestra menos apresurado. Se toma el tiempo de evocar los detalles sugerentes.

Las dos *Demandas* narran la aventura del caballero cuyo cuerpo es consumido por el fuego y que se suicida arrojándose por la ventana: «Como o cavaleiro caiu da freesta braadando» (versión portuguesa, 2005: 24, cap. 9); «Cómo cayó de la finiestra el cavallero de Irlanda e fue muerto e quemado (versión castellana, 2017: 23, cap. 7). Texto ausente en la versión *V.II.* del *Tristan en prose*, pero que se cita brevemente en la versión *V.I.* (cap. 96, 40). Se nos narra la explicación de la muerte del caballero envuelto en llamas en el capítulo 33 de la *Demanda* portuguesa y en la 31 de la versión castellana. Ha violado a su madre, después a su hermana y luego las ha matado con su espada porque ellas no respondían favorablemente a sus deseos. Después, asesina con una espada a su padre y también a su hermano,

---

53. Esto sucede, por ejemplo, en la *Histoire de Merlin* (1894: 7), donde Merlín emplea a Blaise como redactor.

el Conde de Geer (en la versión portuguesa).[54] El fuego que lo abrasa es un castigo de Dios. Aquí tenemos la explicación de la alusión en la versión *V.I.* del *Tristan en prose* (2003, t. IV: 82, cap. 96, 40), que hace referencia a la extraordinaria aventura «*del chevalier qui fu ars... par la volenté devine*» y del que indica que «*messire Robert de Borron en parle en son livre*» (2003, t. IV: 82, cap. 96, 35). Ya he explicado en otro lugar que aquí debemos creer en la existencia de una *Queste* más antigua que la versión *V.I.* del *Tristan* (Ménard, 2009: 359-370). Este hecho incomoda a Fanni Bogdanow porque contradice su teoría de que la Post-Vulgata se inspiró únicamente en la primera versión del *Tristan en prose*. Para salir del paso, afirma que a veces es práctica de algunos prosistas realizar falsas referencias y remitir al lector a obras que «aún no existen» (*Queste* Post-Vulgata, 2001, t. IV, 2: 185). ¡Explicación artificial y vana! En un intento de justificar un juicio *a priori*, inventa argucias. La sensatez aquí consiste en confiar en el escritor, ya que encontramos la confirmación de sus afirmaciones en otros lugares.

Si continuamos examinando las *Demandas*, podemos ver que incluyen pequeños desarrollos que no estaban presentes en las versiones anteriores y en particular en las redacciones *V.I.* y *V.II.* del *Tristan en prose*: así, la mención de los asientos de la Mesa Redonda para Erec, Dragam y Elaim o Branco (versión portuguesa; 2005: 27, cap. 13 y cap. 14; versión castellana, que no conoce a Dragam; 2017: 25, cap. 11 y 12). Estas novedades ¿son adiciones tardías? ¿O son elementos antiguos que han desaparecido en las versiones que no quieren detenerse en detalles innecesarios? Resulta imposible saberlo.

Se encuentra ausente en las *Demandas*, donde no aparece ningún texto en verso, la escena central del relato del *Tristan en prose*, donde encontramos la poderosa invención de un caballero desconocido que llega a la corte de Arturo, que entrega al rey una carta en cuartetas donde se anuncian desgracias, y luego canta un *lai* de amor y muerte sobre sí mismo con el acompañamiento del arpa antes de suicidarse con una espada. No hay poesía en estas compilaciones, en las que prima la acción.

Consideremos a continuación varios episodios relacionados con la Beste Glatissant, este animal maldito cuyo vientre emite múltiples e inquietantes gritos, para mostrar la diversidad de la escritura de los textos conservados. La Beste Glatissant ha suscitado numerosos artículos, aunque de valor desigual[55]. Apa-

---

54. La *Demanda* castellana habla de una hermana (aparentemente otra hermana) y del conde de Gonon («mi hermana y el conde de Gonon»).

55. Hay multitud de artículos sobre la Beste Glatissant, pero solo uno, el de L. R. Muir, se refiere brevemente a la *Demandas*. Sobre los textos franceses, véase el estudio pionero de William A. Nitze (1936: 409-418), que señala el pequeño tamaño y la blancura del animal en el *Perlesvaus*. La escena del nacimiento de los cachorros en este *roman* es anterior a la escena de la *Continuación del Perceval* de Gerbert y podría inspirarse en un motivo céltico.

rece varias veces en la Post-Vulgata. El relato más desarrollado y quizá mejor escrito se encuentra en la primera gran aparición detallada de la Bestia. Este se encuentra en el capítulo 98 de la versión portuguesa (*A Demanda do Santo Graal*, 2005: 84), en el capítulo 84 de la versión española (*Demanda*, 2017: 68) y también en el manuscrito francés 112 (IV, f. 87v). Resulta útil comparar las tres versiones mencionadas de este episodio. Se encuentran bastante próximas unas de otras, pero también presentan diferencias estilísticas y estéticas. Fanni Bogdanow ha optado por publicar el texto francés, a pesar de su fecha tardía y su estilo bastante peculiar (*Queste* Post-Vulgata, 1991, t. II: 127-129). La comparación de las tres redacciones muestra las lamentables abreviaciones de la versión portuguesa, la excesiva longitud y pesadez estilística del texto francés y la innegable calidad de la redacción castellana.

Recordemos las principales fases del episodio. En la versión portuguesa, un viejo caballero, que se ha convertido en ermitaño y que una vez participó en la persecución del animal con sus hijos, pero que cuyo nombre no se menciona, cuenta la escena a Iván el Bastardo. El relato en su conjunto ofrece el mismo contenido en todas las redacciones. Pero el texto en portugués es más

---

En cuanto a la muerte del animal devorado por sus cachorros, añadiré que esta escena está ausente en el *Tristan en prose* y en las *Demandas*. Véanse además: Linette Ross Muir (1957: 24-32), con una amplia documentación, pero breve estudio de las *Demandas*, que indica que la bestia procedería de un animal híbrido como la quimera o el hipogrifo de la Antigüedad; Edina Bozoky (1974: 127-148), un interesante estudio del *Perlesvaus*, la *Continuación del Perceval* de Gerbert, la *Suite du Merlin*, el *Tristan en prose*, la Post-Vulgata, el BNF ms. fr. 112 y el *Perceforest*; Claude Roussel (1983: 49-82), un importante estudio de los aspectos del animal y de otros monstruos compuestos en numerosos textos; Anne Labia (1984: 37-47), un estudio y edición de un episodio tardío del *Tristan en prose*, también atestiguado en el ms. BNF fr. 112, cuyo texto es mejor; Catherine Batt (1989: 143-166) donde se afirma que Malory utiliza varias fuentes francesas; P. Traxler (1990: 499-609) un estudio del aspecto físico del animal y del simbolismo de la búsqueda inútil del amor; Antonio L. Furtado (1999: 27-48) una búsqueda poco convincente del simbolismo; Malorie A. Sponseller (2014), con conocimientos superficiales de los textos medievales; Sophie van Os (2016), para quien Malory se habría inspirado en el *Perlesvaus*, el *Tristan en prose* y la Post-Vulgata, y que muestra conocimientos muy reducidos de los textos medievales. Sobre la *Demanda* castellana, véase además Paloma Gracia (2010: 184-193). Varios ensayos hablan del animal: así, Richard Trachsler (2002: 311-332), Christine Ferlampin-Acher (2002:311-332) o Pilar Lorenzo Gradín (2015: 142-147). El estudio más profundo, de un centenar de páginas, lo realiza A. S. Laranjinha en su tesis ya mencionada (2012a: 155-2829, donde parte de la *Beste Diverse* del *roman de Merlin*, luego examina la *Beste Glatissant* del *Tristan en prose* y finalmente la *Besta Ladrador* de la *Demanda* («A Besta e o Mal: Outro, o Passado, a Desordem»). Ha publicado además el artículo «O Outro, o passado e a desordem, A Besta ladrador e o paganismo na *Demanda do Santo Graal*» (2009b: 1077-1084). En todo caso, ni en la tesis ni en el artículo comenta las escenas propias de la *Demanda* castellana.

corto, menos detallado, menos vivo, peor narrado que el texto en castellano.

El narrador explica que él y sus cinco hijos encuentran y rodean a la Bestia cerca de un lago, de forma que no pudiera escapar de ellos. El hijo mayor porta una lanza y se encuentra muy cerca de la bestia. El hijo menor le grita que golpee al animal para ver de dónde proceden los extraños gritos de la bestia. En ambas versiones escuchamos las palabras del personaje en estilo directo. De inmediato, el mayor da un lanzazo al animal y lo golpea en el muslo izquierdo («la coixa seestra» en portugués; «la corva de la pierna siniestra» en castellano). Entonces la Bestia lanza un aullido prodigioso y espantoso («muí spantosa, tanto que era maravilha» en portugués). Inmediatamente salta del agua un hombre más negro que la pez, con los ojos rojos como ascuas según el texto portugués («e seus olhos vermelhos como as brasas»), rojos y llameantes como el fuego según el texto castellano («ojos bermejos y encendidos como el fuego»). Toma la lanza que ha alcanzado a la Bestia y golpea con ella al autor del golpe, que cae muerto. Hace lo mismo con los otros cinco hijos. Luego se mete en el agua y desaparece para siempre. El desafortunado caballero se encuentra casi paralizado por el dolor durante una hora. Luego hace transportar a sus hijos a un monumento dentro de una capilla. Abandona todas las riquezas del mundo y entra «por ellos» al servicio de Dios, según el texto castellano: por ellos y por mí («por eles e por mim») afirma el personaje en el texto portugués.

La versión castellana contiene muchos detalles en el capítulo 84 que no se incluyen en la versión portuguesa. En primer lugar, el título del capítulo castellano indica el origen del personaje: «Cómo Iván el Bastardo posó en casa de su padre de Palomades, e le contó de la bestia». No se encuentra nada parecido en el texto portugués, cuyo título es menos preciso («Como o irmitam contou a Ivam a maravilha da besta»). La versión castellana indica que el ermitaño practica voluntariamente la pobreza: se alimenta de las hierbas de su jardín y bebe agua de un manantial («no comió sino yervas crudas que cogió el hombre bueno en su huerto, e del agua de la fuente»). Esto no se incluye en la versión portuguesa.

Por otro lado, cuando Iván le dice al ermitaño que está buscando a la Bestia, que lanza unos gritos muy extraños, este agacha la cabeza y se echa a llorar («começáronle a salir las lágrimas de los ojos»). Una nota conmovedora. La causa es el recuerdo de la siniestra desventura que le ha acontecido. Aquí se hace visible la sensibilidad del narrador, que se encuentra ausente en el texto portugués. Es muy notable la forma en que el ermitaño evoca a la bestia en la versión castellana: ha comprendido su origen infernal, la llama «la bestia del diablo». Esta expresión tan acertada se encuentra ausente en el texto portugués. El personaje rememora la escena que presenció. Describe a sus hijos («los mejores cavalleros de esta tierra»). Se describe a sí mismo («E yo era estonce cavallero andante»).

Todas estas notas están ausentes en la versión portuguesa y atestiguan la sensibilidad del narrador castellano, pero también su fidelidad a la fuente. De hecho, como veremos, todos estos detalles se encuentran en el texto francés del siglo xv. Esto demuestra que no son añadidos de la versión castellana. Se trata de omisiones y, por tanto, de abreviaturas deliberadas realizadas por el redactor del texto portugués.

Los autores saben que es mejor sugerir que decir demasiado. El ser aterrador confiere un poderoso efecto fantástico a la escena. Sin duda, ha surgido del infierno para castigar a los mortales. Esto es normal, ya que el propio Diablo es el padre de este monstruoso animal al que ha dado a luz una mujer mortal, seducida por el diablo. Estéticamente, la atmósfera fantástica de ambos textos es bastante fuerte, pero la narración castellana tiene más encanto que el corto y seco relato portugués.

Bogdanow ha optado por publicar la redacción del manuscrito francés 112, (iv, f. 87r). Este texto, redactado en el siglo xiv, presenta una serie de características especiales. Ya no se trata de *une lance*, el texto habla de un *glaive agu et trenchant* ('una espada afilada y tajante'; *Queste* Post-Vulgata, 1991, t. ii: 128, cap. 98). Originalmente, este término se refería a una espada, que es el significado proveniente del latín GLADIUS, pero en la Edad Media, y sobre todo en el siglo xv, el término adquiere el significado de 'lanza'. El *Dictionnaire de l'ancienne langue française* de Godefroy (1885, t. iv [1969]: 286) solo ofrece las acepciones de 'lanza' y 'jabalina', y presenta ejemplos indiscutibles en este sentido. Es lo que confirman muchos otros diccionarios, por ejemplo el erudito *DEAF* (1995, letra G: 801-805) que proporciona una gran cantidad de ejemplos. Parece que el significado de 'lanza' está más extendido que el de 'espada'.

El manuscrito 112 acostumbra explicar y alargar su discurso. Multiplica los sinónimos. El autor es ampuloso y voluble. Esto es a veces revelador. Así, sobre las extrañas voces que salen del animal este manuscrito afirma que Iván el Bastardo quiere saber sobre la Bestia «que elle porte dedans son ventre, bestes qui glatissent en semblance de chien» («que lleva en su vientre, bestias que ladran similares a las de un perro»; *Queste* Post-Vulgata, 1991, t. ii: 128, cap. 97). Pero a menudo la repetición de términos y el uso frecuente de palabras análogas producen un efecto redundante. Causa la impresión de pérdida de tiempo, de palabrería, de ser superfluo. Nos conformaríamos con un solo término.

Así, las lágrimas del ermitaño se mencionan con cierta extensión. Del mismo modo, se emplean demasiados epítetos laudatorios para describir a sus hijos, apuestos caballeros y valientes, los más temidos del país. Los sinónimos surgen rápidamente en las descripciones: «Ung jour avint que nous estions devant une eaue et avions si la beste enclose et environnee de toutes pars que elle ne pouoit eschapper en nulle maniere» («Un día sucedió que estábamos delante de un lago y teníamos cercada a la Bestia y rodeada por todas partes de manera que no

podía escapar de ninguna manera»; *Queste* Post-Vulgata, 1991, t. ii: 126, cap. 98).
Bastaría con emplear un único término para indicar que el animal está cercado.
El autor no olvida ningún detalle: ni las lágrimas del ermitaño ni su modesta
comida. El uso del superlativo es constante. Pero cuanto más refuerzo pone en
la expresión, menos perceptible es el efecto. Se evoca el grito del animal así: «ella
gesta un si grant cry et horrible que ce fut merveille a oïr» («ella dio un grito tan
grande y horrible que fue maravillar oírlo»; *Queste* Post-Vulgata, 1991, t. ii: 129,
cap. 98). El hombre que emerge del agua es descrito como «grans a merveilles»
(«maravillosamente grande»). Su aspecto es el siguiente: «et si (*sic*) viaires estoit
plus noir que arrement (aquí la tinta es una novedad) et ses yeulx aussi vermeilz
et aussi alumé com charbon (otra innovación) espris («y su cuerpo era más negro
que la tinta y sus ojos tan bermejos y tan llameantes como carbón encendido»).
Tras la muerte de sus cinco hijos, los hace enterrar en «ung sarqueu, et encores y
sont ilz en celle chapelle leans. Et pour l'amour d'eulz me mis je ceans et laissay
les richesses du monde et les envoiseures, si y seray des ores mais et useray le
ramanent de ma vie» (en «un sarcófago, y todavía están allí en aquella capilla. Y
por amor a ellos vine a este lugar y abandoné las riquezas del mundo y los placeres, para permanecer allí desde ahora y aprovechar el resto de mi vida; *Queste*
Post-Vulgata, 1991, t. ii: 129).

De este examen es posible extraer las siguientes conclusiones. En este episodio se manifiesta de nuevo la tendencia a abreviar de la versión portuguesa.
Elimina los elementos accesorios, pero que resultan conmovedores, lo que es de
lamentar. Resulta evidente la tendencia del ms. 112 a la ampliación: la escena se
extiende a lo largo de tres páginas enteras en la edición de Bogdanow. El editor
insiste en exceso en el empleo de sinónimos, a causa de lo cual se atenúan los
efectos estilísticos. Estéticamente, la mejor redacción es la versión castellana, a la
vez sensible y elegante.

Debemos detenernos en un segundo episodio en el que aparece la Bestia,
que está ausente en el manuscrito BNF fr. 112, pero se encuentra en la versión
portuguesa en los capítulos 125-126 y en la versión castellana en los capítulos
102 y 103. Bogdanow lo publica a partir de la versión portuguesa en su *Queste*
Post-Vulgata (1991, t. ii: 165-166, cap. 125). Esta vez se trata de un personaje
bastante importante en la historia, llamado Esclabor, padre del héroe Palamedes.

Esclabor cuenta a Boors y a Galaz la terrible aventura que le sucedió. Un día
se encontraba con su mujer y sus once hijos en un castillo que el rey Arturo le
había regalado poco antes. Era mediodía y estaban terminando de comer cuando
un escudero vino a decirle que la Bestia Ladradora acaba de pasar por la puerta de
su castillo. Inmediatamente él y sus hijos se arman, excepto uno de ellos, al que la
versión portuguesa no nombra, que permanece en el castillo porque se encuentra
enfermo. La versión castellana es más precisa y nombra al enfermo que se queda

en el castillo: Palomades. El pequeño grupo no tarda en alcanzar al animal cerca de un pequeño lago. Según la versión portuguesa, el animal entra en el lago para beber, un detalle que falta en la versión castellana. La Bestia pronto se ve cercada por los hijos de Esclabor. Entonces cesa de moverse. Esclabor le dice a uno de sus hijos que la golpee; él lo hace. En la versión portuguesa la lanza atraviesa todo el muslo y la punta de la lanza se ve del otro lado («o ferro da lança pareceu da outra parte da coixa»). La versión castellana es menos cruel. Simplemente dice que la golpea con la lanza: «y él firiola de la lança de la parte de la pierna».

Entonces el animal lanza un aullido tan horrible que asustaría a todos los jinetes del mundo. Al oír este extraño y horrible grito (ambas versiones emplean la voz *esquiva*), los caballeros no pueden mantenerse en sus monturas y todos caen al suelo, inconscientes (*smorecidos* en el manuscrito portugués)[56]. Al ver a sus once hijos muertos en el suelo, Esclabor se golpea a sí mismo con la lanza y casi muere. Luego, con el corazón entristecido, hace que lleven a sus hijos al castillo y los hace enterrar. La desolación embarga a todos los habitantes del castillo. El hijo que había escapado de la muerte jura buscar y matar a la bestia. Esto ocurrirá efectivamente hacia el final de la vida de Palamedes. En este breve relato hay quizás algún énfasis. La mención de once hijos en la misma familia parece un poco excesiva. El aullido que hace que todos los enemigos de la Bestia caigan de sus caballos parece un fenómeno extraordinario. Los caballeros no solo caen inconscientes, sino que también pierden la vida. Estaríamos tentados a considerar este episodio como inverosímil. Además, duplica la primera aventura del mismo tipo, aunque de forma más sencilla y también con una razón bastante inquietante.

Palamedes ofrece otro relato del mismo episodio en la sección II del manuscrito BNF fr. 112 (f. 176v). El héroe narra a Lanzarote lo sucedido. No participó en la aventura porque se encontraba enfermo. Sin embargo, proporciona alguna información, como testigo indirecto: su padre y sus hermanos se encontraban fuera de su casa cuando la Beste Glatissant surge *toute eschauffee* ('toda ardiente', un rasgo nuevo), y se lanza a *une mare* ('estanque', 'pantano') cercano. Aquí ya no se trata de un lago. El estanque es un elemento de la vida cotidiana. Su mención nos acerca a la aventura. El animal parece estar abrasado por un fuego interior. Un nuevo detalle, quizás inventado por el compilador del manuscrito, pero no exento de una belleza fantástica.

Esclabor y sus hijos se apresuran a golpear al animal. Uno de ellos arroja (el texto dice *gicta*) su *glaive* sobre el animal y lo alcanza. Aquí la espada no es una lanza, es obviamente una jabalina. Se conoce este significado para *glaive*. Otra novedad de la escena: el animal lanza un grito tan prodigioso que a todos les parece

---

56. Freire Nunes lee *smorecidos*, incluyendo sin duda los significados de 'inanimados' o 'muertos', pero corrige *esmorecidos*, 'habiendo perdido la consciencia'. Martha Asher traduce «*unconscious*» ('inconscientes') en la edición de Norris J. Lacy del *Lancelot-Grail* (2010, t. 9: 77).

que *tout estoit en feu* ('todo está en llamas'). Un detalle curioso, aparentemente injustificado. ¿El calor de la bestia podría haberse transmitido diabólicamente a través del aire? Se podría pensar que sí. Todos los perseguidores caen al suelo, sus hermanos muertos, su padre desvanecido. Este largo desmayo también es un castigo, pero suavizado. Esclabor, el padre de Palamedes, permanece enfermo durante un año. El calor experimentado, primero por el animal y luego por los humanos, es una novedad fantástica, ausente en los demás textos. No le falta potencia.

En cuanto a la situación de Esclabor, que permanece largo tiempo inconsciente, y quizá herido, es necesario recordar algunas líneas del minúsculo fragmento L-I-9 de la Biblioteca de Turín, quemado por las llamas, pero del que se pueden leer algunas palabras. No escapó al conocimiento y la perspicacia de Fanni Bogdanow (*Queste* Post-Vulgata, 1991, IV, 1: 182). Nos ofrece el pasaje en el que, tras el grito de la Bestia, todos los atacantes del animal caen a tierra desvanecidos. Esta última palabra es importante. Esclabor también se desploma y pierde el conocimiento. Cuando vuelve en sí, descubre que alguien lo ha herido con una espada: «Quant Esclabor revint de pamoison et se trouva feru d'ung glaive par my le corps, mais non mie comme navré a mort...». Estos detalles son quizás una señal de que un ser sobrenatural lo ha golpeado. Si aplicamos esta interpretación a los pasajes ya citados en los que vemos a Esclabor herido y enfermo durante mucho tiempo, sin que se nos dé ninguna explicación, podríamos comprender mejor su estado. Para los hombres de la Edad Media, los demonios que vuelan por los aires pueden golpear fácilmente a los mortales que les desagradan.

Resulta imposible sostener, como hace Bogdanow, que este pasaje es realmente «idéntico» al relato de la versión portuguesa (*Queste* Post-Vulgata, 1991, t. IV, 1: 182). En esta redacción aparecen cuatro nuevos elementos: la bestia en llamas que se arroja espontáneamente a una extensión líquida; la atmósfera que lo rodea, que se inflama, y la propia naturaleza que se incendia repentinamente; la jabalina arrojada al animal; y, por último, el desvanecimiento del padre, aquejado además durante mucho tiempo por la enfermedad. Las novedades aquí son importantes. El relato que realiza Palamedes parece diferente al que leemos en las versiones portuguesa o castellana. Se trata de una novedad inventada por el hábil redactor del manuscrito BNF fr. 112.

El calor, sin duda de origen infernal, que consume a la bestia y que se transmite a la naturaleza circundante, de nuevo aparece cuando más tarde Palamedes asesta un golpe mortal al animal diabólico, esta vez en un lago que comienza a hervir, y desde entonces sigue haciéndolo perpetuamente (*Queste* Post-Vulgata, 2000, t. III: 312-313, cap. 584)[57].

57. La Bestia lanza entonces un terrible aullido (un motivo habitual en el texto) y se hunde en el agua. Una tormenta se alza sobre el lago como si todos los demonios estuvieran allí,

Hay continuidad y diversidad al mismo tiempo en las historias contadas. Aparecen variaciones sobre el tema general de la lucha de los humanos contra un ser monstruoso y diabólico, que dan fe del talento de los distintos autores y traductores. La variedad de sus redacciones también demuestra que es casi imposible reconstituir con certeza un texto perdido.

Veamos otro ejemplo de variación entre las *Demandas* en el episodio final de la Post-Vulgata. Las dos *Demandas* divergen hacia el final, tras la muerte del rey Marc. En la versión portuguesa (2005: 512, cap. 715) los ermitaños entierran el cuerpo de Marc ante su ermita, fuera de un lugar consagrado («ante a ermida, fora de sagrado») porque tienen al rey Marc por el peor tipo de mentiroso. En la versión castellana (2017: 288, cap. 454) la actitud de los ermitaños es diferente: entierran al rey Marc en una tierra bendita («en el sagrado») porque lo consideran uno de los reyes más valerosos del mundo («ca lo tenian por uno de los guerreadores reyes que nunca vieran»). La versión castellana añade algunas líneas piadosas donde se afirma que el autor desea ser admitido en el Paraíso como los santos ermitaños, y recuerda que aquí se acaba tanto la *Queste* como el *Baladro de Merlín*, y que este libro va desde los orígenes hasta el fin de la Mesa Redonda. Este breve epílogo, ausente en la versión portuguesa, da la impresión de ser una innovación de la versión castellana, que destaca las cualidades bélicas y no la perfidia y maldad del rey Marc.

Como conclusión a estas observaciones, cada versión tiene algunas características particulares. La evocación de la *Demanda* portuguesa parece más neutra, un poco deslucida en comparación con la *Demanda* castellana. Emplearla para reconstruir la Post-Vulgata por lo tanto, parece un movimiento arriesgado. Toda reconstrucción de un arquetipo a partir de un testimonio único y sin el menor cambio corre el riesgo de ser inexacta y falsa. Cuando hay dos redacciones diferentes es difícil elegir. Resulta lamentable que Bogdanow priorice sistemáticamente la *Demanda* portuguesa y que, por lo tanto, deje de lado la versión castellana. En cualquier caso, es inútil en estas ocasiones tratar de encontrar la redacción original. Debemos contentarnos con anotar las diferencias y señalar el interés de la versión castellana, mejor escrita y más sensible que la otra. El argumento de las diferencias estilísticas, que vamos a invocar también, es un argumento esencial para rebatir cualquier reconstrucción de un texto perdido.

---

entonces el agua comienza a bullir y a proyectar llamas. Las llamas acaban por extinguirse, pero el agua se mantiene hirviendo desde entonces. El texto se encuentra próximo a la versión portuguesa (2005: 433, cap. 589) y a la castellana (2017: 226, cap. 358). Eugénia Dos Santos (2010: 126-128) ha realizado en su tesis una comparación entre los textos franceses y portugueses. Un largo e interesante estudio sobre la evolución de la Bestia se encuentra en la mencionada tesis de Laranjinha (2012a: 151-196). Un desarrollo particular, de tono muy preciso, está dedicado al «Paisagem infernal e o lago de fogo» (2012a: 136-148).

## 3.4. Diferencias estilísticas entre las *Demandas*

Presentemos ahora algunas diferencias estilísticas entre las *Demandas*.

El comienzo de la *Queste* en la versión castellana de 1515 se encuentra en el capítulo 23 («Cómo todos los cavalleros de la Tabla Redonda fueron ayuntados»; *Demanda*, 2017: 31) y en la versión de 1535 en el mismo capítulo 23 («Cómo todos los cavalleros de la Mesa Redonda fueron ayuntados»; *Demanda*, 1907: 171). Las diferencias estilísticas pronto se hacen evidentes. Donde el texto de 1515 dice «Grande fue el alegría y el placer», la edición de 1535 suprime el primer sustantivo y dice solamente «Grande fue el placer». El texto de 1515 habla de la Tabla Redonda (forma cercana a la fuente), el de 1535 de la Mesa Redonda (forma modernizada). Se observan diferencias de vocabulario: el texto de 1515 dice «sin falta», el de 1535 «sin dubda». A continuación, «luego desque el trueno», el texto de 1515 emplea el verbo *quedó*[58] ('se aquietó, se silenció'). Nos dice «entró una tan gran claridad que fizo el palacio dos tanto claro que ante era». El texto de 1535 comete un error: en lugar de *quedó* dice *quando*, que no se ajusta a la sintaxis de la frase. Tras «*luego desque el trueno*», dice «*quando entró una gran claridad*». Detengamos esta comparación entre los dos textos. Incluso en pasajes muy similares no tenemos un texto inalterable; encontramos variantes.

Tomemos en cuenta tanto la versión portuguesa como la castellana de 1515 y la de 1535 en el comienzo del texto, es decir, en la evocación de la víspera de Pentecostés en la corte de Arturo (cap. 1). La versión portuguesa repite dos veces *grande gente*, después *gram gente*, mientras que la segunda vez la versión castellana emplea *muchos cavalleros*, que evidencia un estilo más pulido. Esta variante sugiere que la redacción portuguesa parece encontrarse menos cuidada.

Poco después, el texto en portugués parece equivocarse. Nos dice que una joven hermosa y bien vestida entra en el palacio a pie como mensajera: «entrou no paaço a pee como mandadeira». Nos sorprende la yuxtaposición de los dos primeros términos. Normalmente los mensajeros viajan a caballo. La versión castellana de 1515 y de 1535 ofrece un texto un poco más largo que explica mejor la situación. Podemos suponer que la mensajera viajó a caballo y desmontó frente al palacio. Cito el texto de la versión castellana de 1515 «entró en el palacio de pie, e muchos ovo ý que la recibieron muy bien porque entendieron que era mandadera» (*Demanda*, 2017: 19, cap. 1). El texto portugués parece incurrir en una omisión. No se ha corregido en la reconstrucción de Bogdanow (*Queste Post-Vulgata*, 1991, t. II: 11); no más aquí que en otros lugares. Esto prueba que no se deben transcribir los textos sin antes realizar una revisión completa de las variantes, una cuidadosa reflexión, así como una corrección de los errores. Al copiar casi siempre el texto en bruto del manuscrito portugués sin reflexionar

---

58. Sobre las acepciones de *quedar*, *quedo*, remitimos a Martín Alonso (1986: 1534).

críticamente sobre las variantes, Bogdanow se queda en lo aproximativo.

Si continuáramos la investigación. Veríamos que el ms. BNF fr. 112 llega más lejos allá en la evocación. Sin usar la palabra mensajero, dice: «*et entra en la sale a cheval une damoiselle et fut venue si grant erre que bien la pouoit on veoir car son cheval en fut encores tressuant. Elle descent et vient devant le roi*» («y entró en la sala a caballo una doncella que había venido muy deprisa, que bien se podía ver, pues su caballo aún estaba empapado de sudor. Ella desmonta y se presenta ante el rey»; BNF fr. 112, f. 1v). No es este compilador de 1470 quien inventó la singular anotación de entrar en palacio a caballo y desmontar delante del rey, sino que está en otra parte: aparece en la *Queste* de la Vulgata (*Queste*, 1923: 1). Del mismo modo que en el ms. BNF fr. 343, f. 1 («*lors entra en la salle une mult bele damoisele tot a cheval*») y en el ms. Ginebra, Bodmer 105, f. 210 («*lors entra leans en la salle une damoisele a cheval*»). ¡Una señal de que este curioso detalle es antiguo![59] Parece que la lección original consistía en entrar a caballo y que las *Demandas* han acortado este paradójico pasaje con más o menos acierto, cada una a su manera, y lo han vuelto más razonable. Cuando el Grial aparece en la versión portuguesa, un «torvam tam grande e tam espantoso que lhes semelhou que todo o paaço caía». La palabra *torvam* significa 'un torbellino, un huracán', probablemente acompañado por un trueno (*A Demanda do santo Graal*, 2005: 35, cap. 25). En la versión castellana de 1515, se lee «un trueno atán grande e atán espantoso que les pareció que todo el palacio caía» (*Demanda*, 2017: 31, cap. 23). En la versión *V.II.* del *Tristan en prose* únicamente se escucha un trueno («*grant escrois de tonnoire*»; *Tristan*, t. VI: 264, cap. 107, 27). Entonces aparece una luz prodigiosa («*un rai de soleil*» según la *V.II.* del *Tristan en prose*, cap. 107, 29-30) que vuelve el palacio «*plus cler a cent dobles*» ('cien veces más brillante'). En la *Demanda* portuguesa, menos poética, es una «grande claridade» (2005: 35, cap. 25). La misma palabra en la versión castellana (*Demanda*, 2017: 31, cap. 23). En ambas *Demandas* el palacio se vuelve entonces dos veces más luminoso: «dous tanto mais claro ca era ante» (*A Demanda do santo Graal*, 2005: 35, cap. 25); «dos tanto claro que ante era» (*Demanda*, 2017: 31, cap. 23). La intensidad de la luz es, por tanto, más débil, menos expresiva en ambas *Demandas*.

Todos los presentes se quedan mudos de asombro en ambos textos. Parecen seres iluminados por el Espíritu Santo. La *V.II.* del *Tristan en prose* dice: «*Si furent tantost aussi laiens conme s'il fuissent enluminé du Saint Esprit*» («Y de inmediato se pusieron contentos como si hubieran sido iluminados por el Espíritu Santo»; *Tristan*, t. VI: 264, cap. 107, 31-32).

59. En sus Notas sobre este pasaje (*Queste* Post-Vulgate, t. IV, 12: 15), Bogdanow no ofrece una visión general de las variaciones de los manuscritos. Simplemente recuerda que la entrada a caballo en la sala se encuentra en la Vulgata. Habría sido útil ver cómo han modificado el pasaje algunos manuscritos, incluyendo a las *Demandas*.

La *Queste* de la Vulgata ya utilizó el mismo verbo *enluminer,* 'iluminar' (*Queste,* 1923: 15). La *Demanda* portuguesa presenta un texto más simple, más racional: «forom compridos da graça do Espirito Santo (cap. 25), «Fueron colmados de la gracia del Espíritu Santo»[60]. La versión portuguesa añade entonces una anotación sobre los asistentes. Se miran los unos a los otros «e virom-se mui mais fremosos» (2005: 35, cap. 25). Podríamos imaginar que *fremosos* sería un adjetivo compuesto sobre la raíz del verbo *fremir,* 'temblar'. Pero el término no aparece en el sentido de 'temblor'; debemos creer con los comentaristas del texto que *fremosos* viene por metátesis de *formosos,* 'hermosos'[61].

El Grial en la *Queste* de la Vulgata, en la *V.II.* y en la *Demanda* se encuentra cubierto por un jamete blanco (*eixamete blanco* en portugués; *un xamete blanco* en castellano), pero nadie puede ver cómo se transporta. El desplazamiento del Grial es sobrenatural. Los olores, suaves, y se encuentra comida por todas partes sobre las mesas. La anotación sobre el prodigioso olor que impregna la sala es la misma en ambas *Demandas.*

El examen estilístico demuestra que existen gustos diferentes, a veces opuestos, en las dos *Demandas.* A causa de estas diferencias, no es posible reconstruir la Post-Vulgata original a partir de una de ellas. Incluso en pasajes muy similares, se aprecian diferencias en la forma de redactarlos. Tomemos por ejemplo el final del texto en el que un tal Paulart mata al rey Marc.

No hay ninguna escena parecida en el *Tristan en prose.* Asistimos a la muerte de Tristán e Iseo, pero no a la del pérfido rey Marc. No hay ningún castigo a este respecto. Dicho de otro modo, el pasaje fue inventado por la fuente francesa que es el arquetipo de las dos *Demandas.*

En un comentario muy breve, Pickford (1960: 105, n. 68) remite al manuscrito BNF fr. 340, ff. 205v-207r. Este manuscrito se encuentra digitalizado en la actualidad en color por la Biblioteca Nacional de Francia. Se trata de un códice de principios del siglo XV: el libro del rey Meliadus de Leonnois de Rusticiano

---

60. El *Glossário* de A. Magne (t. III: 138) explica bien el sentido de *comprido,* participio pasado de *comprir* (del latín *complere,* con el mismo sentido que *implere*). La *Demanda* castellana de 1515 utiliza la misma palabra en la forma *cumplidos* (2017: 31, cap. 33).

61. No se encuentra *fermosos* en el *Glossário* de A. Magne, pero la edición de Freire Nunes anota la palabra en su *Glossário* (*A Demanda do santo Graal,* 2005: 562). Se trata de un adjetivo laudatorio, realizado a partir de *formosus,* que indica la belleza de la apariencia. Así lo demuestran otros ejemplos, como el del cap. 1 al describir al mensajero que va en busca de Lanzarote, o el del cap. 7 cuando se refiere al joven Galaz. En sus Notas sobre el episodio (*Queste* Post-Vulgate, t. IV.1, 1991: 60-6), Bogdanow nos indica que los mss. V1 (BNF fr. 12581) y V3 (Rávena, Bibl. Classense, ms. 454) de la Vulgata incluyen este detalle y dicen: *«et se voient assez plus biau à leur avis qu'il n'avoient esté devant»* («y se ven a sí mismos mucho más hermosos en su opinión de lo que habían sido antes»; texto de V1. El ms. V3 presenta algunos matices estilísticos).

de Pisa. En el último folio, el 207, en efecto, contemplamos cómo Paulart mata al rey Marc. La mayoría de los héroes ya han muerto: Lanzarote, Ginebra, el rey Arturo (muerto o desaparecido). Resulta normal que el pérfido rey Marc desaparezca a su vez. En el breve capítulo que concluye las *Demandas* (cap. 715 de la versión portuguesa; cap. 455 de la versión castellana), vemos al malvado rey Marc golpear al Arzobispo de Cantórbery con una espada, y sufrir un merecido castigo cuando un desconocido llamado Paulas (este nombre no es nada artúrico)[62] con un golpe de espada lo envía al Otro Mundo[63]. Refiriéndose al rey Marc, la versión portuguesa dice:

> *Entom meteu mão a espada e, quando o arcibispo viu que os* [se trata de los dos caballeros convertidos en ermitaños, Boors y Blioberís] *quiria matar, meteu-se entre o golpe* ['Se puso ante el golpe'], *e deu-lhi el-rei* [cambio de sujeto: dejamos al arzobispo para pasar al rey Marc] *per cima de cabeça* ['en lo alto de la cabeza', detalle ausente en la versión castellana] *tam gram colpe que o meteu morto. Quando Paulas viu esto, ergueu-se* ['se puso de pie', expresión más breve que la de la versión castellana] *com gram pesar* [con el sentido de 'pena, disgusto', se encuentra ausente en la versión castellana] *e disse: Ai, rei Mars, bravo* ['feroz', adjetivo propio de la versión portuguesa] *e desleal! Tu fezeste a maior traição que nunca rei fez. Mas tu te acharás ende mal* ['acabarás mal'], *se eu posso. 'Meteu Paulas mão a espada e leixou-se ir* ['se abalanzó'] *a rei Mars e feri-o tam esquivamente* ['tan salvajemente', término propio de la versión portuguesa] *como aquel que era de gram força que lhi non valeu elmo nem almofre* ['ni el yelmo ni el almófar'[64]], *que o nom fendeu todo atés os dentes* ['hasta los dientes'], *e o corpo caeu em terra.*

62. Este nombre aparece tardíamente y solo en el ms. BNF fr. 340 de Rusticiano de Pisa. Véase G. D. West (1978: 245). Remite, por un lado, a Eilert Löseth (1891: 409, § 575 a), que resume el texto final del ms. 340, y por otro lado a Bogdanow (1966, Appendix II: 269, líneas 180, 194, 203), que edita el pasaje después del ms. 340.

63. La escena es muy diferente en la edición de Bogdanow realizada a partir del ms. Bodmer 105 (t. III: 525, cap. 710). Paulart es remplazado por Boors. Marc y Boors se baten a caballo y Boors lo abate con un golpe de lanza (llamada *glaive*) en la garganta. Una vez que Marc ha caído muerto al suelo, le arranca el casco y le corta la cabeza con su espada. Entre las dos versiones francesas del pasaje (la del ms. BNF fr. 340 y la del ms. Bodmer de Ginebra) encontramos enormes diferencias de contenido y estilo. La elección del ms. Bodmer 105, que es muy diferente del ms. 340 y de las *Demandas*, parece muy cuestionable aquí porque da un texto aislado, muy diferente del de aquellas.

64. La palabra *almofre* corresponde al castellano *almófar*. No debe traducirse *almófar* por *coiffe* en francés, como hacen Vincent Serverat y Philippe Walter en su traducción *La Quête du Saint Graal et la mort d'Arthur* (2006: 404), los cuales establecen para ambos términos del pasaje «*ni la coiffe ni le haubert*». En francés debe traducirse por «*capuchon de mailles*». En efecto, en el *Cantar del Cid* las dos palabras, *almófar* y *cofia*, se distinguen con claridad. Un

Se mencionan brevemente las reacciones del adversario del rey Marc. El autor de la *Demanda* portuguesa se interesa más por los movimientos de la acción que por la exploración de los sentimientos.

La versión castellana, aun estando próxima, presenta varias diferencias de redacción. En primer lugar, al igual que la versión portuguesa, nos dice que el rey Marc quiere matar a Boors y Blioberís en venganza, aunque se hayan convertido en ermitaños, y también al antiguo arzobispo. Luego continúa en los siguientes términos (cito aquí la edición de 1515, pero la de 1535 es idéntica con algunas grafías diferentes):

*Estonce metió mano a la espada. E cuando el arçobispo vio que los quería matar* [el pronombre plural *los* remite a Boors y Blioblerís, a quienes el rey acaba de amenazar de muerte], *metiose ant'el golpe, e diole el rey* [cambio de sujeto, como en la versión portuguesa: se pasa del arzobispo al rey Marc] *atán gran herida que lo echó* [el verbo *echar* es un término bastante vivo, propio de la versión castellana] *muerto en tierra. E quando Paulos* [Trujillo edita *Pavlos*] *que aí estava esto vio, irguiose en pie,* [el detalle «en pie» es específico de la versión castellana] *e dixo: «¡Ay, rey Mares, falso* [calificativo propio de la versión castellana, preferible al de la versión portuguesa] *e desleal! Tú feziste a mí tal traición cual nunca otro rey fizo, e has fecho tan gran maldad de matar a tal hombre como este* [frase ausente en la versión portuguesa]*; mas, si Dios quisiere* [nueva anotación ausente en la versión portuguesa] *tú te hallarás ende mal si yo puedo». Estonce metió mano Paulos* [Trujillo edita *Pavlos*] *al espada, e dexose ir contra el rey Mares; e como estava con tan gran saña* ['con intención rencorosa y cruel', anotación propia de la versión castellana] *y era de*

---

guerrero, Martín Antolínez, da un terrible golpe de espada a un adversario, que rompe las correas del yelmo, arranca el *almófar* y después corta la cofia: «*Allá levó el almófar fata la cofia llegava/ la cofia e el almófar todo ge lo levava*» (*Mio Cid*, 2011: vv. 3653-3654). Mérimée, después de traducir los versos anteriores («*le sommet du casque tomba de côté ; toutes les courroies de son heaume furent coupées*», «la cimera del casco cayó a un lado; todas las correas de su yelmo fueron cortadas») añade para los dos versos citados: «le camail à mailles du haubert enlevé, le coup arrivait à la coiffe qui fut coupée comme le camail» («arrancada el almófar de la cota de mallas, el golpe alcanzó la cofia, que fue cortada igual que el almófar»; *Le Poème du Cid*, 1900: 143). Sobre el *almófar*, véase Corominas y Pascual (1991, t. I: 199): «capucha que tenía la loriga para cubrir la cabeza». La palabra proviene de la raíz árabe ġ-f-r, que significa 'cubrir'). Véanse también los numerosos ejemplos de la palabra en Bodo Müller (2005, fasc. 26: 476). Traduce «tejido de malla… que sirve para proteger la cabeza y el cuello del guerrero»; en francés hay que traducir «*capuchon de mailles*». El *DRAE* (2001, t. 1: 580), define el término *cofia*, dentro del vocabulario del armamento, de la siguiente forma: «Pieza de la armadura antigua que se atornillaba a la calva del casco» ['en la cima del yelmo'] para reforzarla, y de la que pendían tres ramales articulados para la defensa del cuello». Obsérvese que el *Dictionnaire* de Godefroy (t. IX: 120) traduce correctamente el término *coiffe* como «*capuchon de mailles*».

trayciō qual nūca otro rey fizo. z has secho
tan grāt maldād de matar a tal hōbre como
este: mas si dios quisiere tu te hallaras ende
mal si yo puedo: estōce metio mano. Paulos al espada z detose: z cōtra el rey mares
z como estaua cōt tan grā saña yera de gran
fuerça firio lo a tan brauamēte q no le valio
nada el almofar ni el gambar q no le metiese
el espada fasta los puños. z dio conel muerto en tierra. E quādo el cauallo q vino cōel
vio esto pidiole por mercē q por dios no lo
matase. z Paulos le dixo: yo te digo q deste
muerto no digas a ninguno nada. y el gelo
prometio q nūca diresse a ninguno. z luego se partio dende z fuesse: mas no ala com-

paña del rey mares z los hermitaños torna-
ron el cuerpo del rey mares z soterrarōlo en
el sagrado: ca lo teniā por vno delos guerrea
dores reyes q nūca vierā. z assi como vos di
go murio el rey mares z sus hōbres andiuie
ron lo buscando z nūca supierō q fuera del
z los hermitaños quedarō enla hermita ser
uiedo a dios z a sancta maria. z vuierō buenos acabamiētos en este mūdo. E despues
fuerō las ánimas ante la faz de nfo señor: se
su xpo do el z su sancta madre biue ōde de ato
dos nos dexe entrar por la su sancta mercē
z piadād z mercefciētes seamos ala gloria oti
de los justos z los buenos para siēpre mora
rā. Amen.  Laus deo.

## Aqui se acaba el segūdo z postrero li

bro dela demāda del sancto Grial conel baladro del sa
mosissimo profeta z nigromante Merlin con sus pro
fecias. Ay por cōsiguiēte todo el libro dela de
mādā del sancto Grial enel qual se con tie
ne el principio z fin dela tabla re
donda y acabamiento y vi
das de ciento z cinquē
ta caualleros com
pañeros pella.
El ql fue
enpres
so enla imperial cibdad de Toledo por Juan de

Colofones de la *Demanda* castellana. Arriba; edición de Toledo, 1515. Abajo: Sevilla, 1535.

traycion ql nunca otro rey fizo. y has secho
tan gran maldad ō matar a tal hōbre como
este: mas si dios quisiere tu te fallaras ende
mal si yo puedo: estōce metio mano paulos
al espada z derose y: contra el rey mares: z
como estaua cō gran saña y era ōe grā fuerça firio lo tan brauamēte q no le valio nada
el almosar ni el Ganbar q no le metiesse el
espada fasta los puños. y dio conel muerto
en tirra. E qndo el cauallo q vino cōe: vio
esto pidiole por merced que por dios no lo
matasse: z Paulos le dixo: yo te digo q dste
muerto no digas a ninguno nada. y el gelo
prmetio q nūca lo diria a ninguo. Y luego se
partio dende y suesse: mas no ala compaña
del rey Mares: z los hermitaños tomarō

el cuerpo delrey mares z soterraronlo enel
sagrado: ca lo teniā por vno ōelos guerreadores reyes q nunca vieran: z assi como os
digo murio el rey Mares: z sus hombres
anduuieron lo buscando z nunca supieron
q fuera del: z los hermitaños qdaron enla
hermita seruiēdo a dios z a sancta maria. z
vuieron buenos acabamiētos en este mūdo.
E despues fueron las ánimas ante la faz de
nfo señor: jesu xpo do el z su santa madre bi
ue: onde a todos nos ōexe entrar por su san
ta merced z piedad: z meresciētos seamos
enla gloria donde los justos z los buenos
para siempre moraran. Amen.

A dios gracias.

## Aqui se acabe el primero y el segundo libro de

la ōemanda del santo Grial: conel baladro ōelsamosissimo poeta z nigromante Merlin cō sus profecias. Ay por cōsiguiē
te todo el libro dela demāda del santo grial: enel ql se côtie
ne el pricipio z fin ōla mesa redōda z acabamiēto: z vi
das de ciēto z cincuēta caualleros cōpañeros della.
El ql fue Impsso enla muy noble y leal Ciudad
de Seuilla: y acabose enel año ōla encarnaciō
de nuestro redemptor Jesu Christo de
Mill z quinientos z treynta z cin
co Años. A doze ōias del

*gran fuerça, firiolo atán bravament*e ['tan ferozmente', voz propia de la versión castellana] *que no le valió nada el almófar* ['el capuchón de malla'] *ni el ganbax* [65] ['el jubón acolchado', detalle propio de la versión castellana] *que no le metiese el espada fasta los puños* [es decir, 'hasta la empuñadura'; la versión portuguesa incluye aquí una pintoresca anotación: *que o nom fendeu todo atés os dentes*], *e dio con él muerto en tierra* (*Demanda*, 2017: 298, cap. 454).

Esta descripción tiene más fuerza y sensibilidad que la redacción portuguesa. Tenemos un pasaje muy cercano en el manuscrito BNF fr. 340, f. 207. Dice a propósito de Paulart:

> *il sault sus irez et dolens et dist au roy Marc:* «*Roy Marc, felon et Desloial tu as fait la greigneur desloyauté que onques mais roy fist, mais tu t'en repentiras se je puis*». *Lors met la main a l'espee et court sus au roy Marc, et il estoit chevaliers de grand force, si le fiert si merveilleusement que le heaume de la coiffe de fer* [lección sin duda errónea] *ne le garentist qu'il ne lui fende jusques aux dens, et le cors chiet a terre.*

[Salta en pie triste y apesadumbrado y dice al rey Marc: —Rey Marc, felón y desleal, has cometido la mayor deslealtad que hizo nunca un rey, pero te arrepentirás, si puedo. Echa mano a la espada y se abalanza contra el rey Marc; era caballero de gran fuerza, y así lo golpea de forma tan extraordinaria que el yelmo de la cofia de hierro no le protegió de que se lo hundiera hasta los dientes; y el cuerpo cae al suelo.]

Como vemos, la redacción es diferente para la misma escena. Es más corta, más condensada. Por tanto, es imposible reconstruir una versión primitiva a partir de estos tres testimonios.

La comparación entre las dos redacciones muestra que cada una de ellas se desarrolla en este episodio a su manera. La versión castellana parece superior a la portuguesa. Incluye frases que están ausentes en portugués. Tenemos la impresión de que es la versión portuguesa la que abrevia, y no la castellana la que añade. No es posible demostrarlo, pero sería coherente con lo que encontramos en otros pasajes. A pesar de que el marco general es el mismo o muy similar, siguen existiendo diferencias entre ambas *Demandas*. El estilo de la redacción portuguesa es sumario. Omite detalles concretos o emocionales. Se contenta con ir a lo esencial. Su arte es sencillo, rápido, lacónico, expeditivo. El estilo de la versión castellana parece tener más sensibilidad, más alcance y más precisión. Cuando examinamos el estilo de la *Demanda* portuguesa tenemos además la sensación

---

65. El *DRAE* (2001, t. 1: 1113) define *gambax* en los siguientes términos: «jubón acolchado que se ponía debajo de la coraza para amortiguar los golpes». La palabra proviene del francés antiguo *gambais*. 118

de que el escritor utiliza un estilo suelto y sin relieve. Da la impresión de ser un compilador apresurado. Sin embargo, sabe que los diálogos dan vida al relato y no escatima en ellos. Al comienzo de la *Búsqueda*, cuando Tristán se encuentra por fin entre los compañeros de la Mesa Redonda, mientras que la versión *V.II.* del *Tristan en prose* se vale de unas pocas líneas rápidas (t. VI, p. 262, cap. 106), la *Demanda* portuguesa dedica todo un capítulo a la escena (2005: 24, cap. 23). Hace que varios personajes hablen de ello. Lo mismo sucede en la *Demanda* castellana (2017: 30, cap. 22). Estos autores tienen el arte de animar la narración, el gusto por alargar la historia sin buscar la brevedad.

Incluso las versiones que están muy próximas entre sí, como la *Demanda* castellana de 1515 y la de 1535 también presentan diferencias. Cuanto más avanzamos en el tiempo, más se hace visible la inestabilidad de los textos, más se convierten las transformaciones en alteraciones. Esto se ve claramente si comparamos el final de los impresos de 1515 y de 1535 de la *Demanda* castellana (2017: 298; 1907: 338). Contentémonos con un detalle final importante: en el colofón de la redacción de 1515, Merlín es calificado como *profeta* (es un término establecido)[66], en la de 1535 como *poeta*, lo cual es un desagradable error de lectura.

En un estudio reciente, Hélène Bouget (2012: 59-70) intentó demostrar que habría una cierta unidad estilística entre las diversas obras que forman parte de la Post-Vulgata. Comparó algunas páginas de la *Suite du Roman de Merlin*, ms. Huth (actual Londres, British Library, ms. Add. 38117), de la *Queste* presente en el ms. BNF fr. 112, del ms. Oxford Rawlinson D 874, del ms. BNF fr. 343, y por último del ms. Ginebra, Bodmer 105. Pero textos tan distantes en el tiempo y el espacio no pueden mostrar rasgos estilísticos verdaderamente idénticos. ¡Sería un asombroso milagro! Las consideraciones sintácticas sobre el uso de los tiempos verbales o sobre las estructuras atributivas o predicativas no permiten distinguir verdaderamente estilos. Igualmente sucede con las consideraciones léxicas sobre las palabras *aventure, mescheance* y *fortune*. Cada uno de estos manuscritos tiene un estilo diferente. Son precisamente estas diferencias las que impiden cualquier reconstrucción de una versión perdida. En la conclusión de su trabajo, Hélène Bouget admite, con razón, que «sería aventurado

---

66. Varios autores han atribuido las *Prophéties* a Merlín desde Geoffrey de Monmouth, quien insertó las *Prophetiae Merlini* agrupadas en su *Historia regum Britanniae* (Monmouth, 1929: 189-20) y están dispersas por su *Vita Merlini* (1929: 307-352). Los textos y la traducción al francés también se encuentran en Walter, dir. (1999). Cabe recordar que las *Prophéties* en prosa fueron editadas por Lucy Allen Paton (*Prophéties de Merlin*, 1926-1927). Sobre la versión en prosa, véase Nathalie Koble (2009). El texto del manuscrito Bodmer 116 fue editado por A. Berthelot (*Prophéties de Merlin*, 1992). Para las *Profecías* en general, véase Trachsler, Abed y David Expert, dir. (2007) y también Cartelet (2016).

concluir firmemente que existe un estilo Post-Vulgata» (Bouget, 2012: 70).

En el interior de la *Demandas*, incluso en episodios muy cercanos, no es posible argumentar que una versión sea realmente definitiva, *ne varietur*. Las diferencias estilísticas entre los textos son un argumento complementario en contra de la reconstrucción de una obra perdida.

## 4. Conclusiones

De las observaciones que acabamos de realizar debemos extraer una serie de conclusiones. En primer lugar, si como hipótesis aceptamos creer en la existencia de un Post-Vulgata, es necesario revisar la cronología propuesta por Bogdanow. En contra de su opinión, es imposible situar la supuesta Post-Vulgata entre las versiones *V.I.* y *V.II.* del *Tristan en prose*. Si la Post-Vulgata existe, tiene que ser necesariamente posterior a la versión más completa del *Tristan*. En efecto, no puede tomar prestados materiales de la versión *V.I.* del *Tristan en prose* por una razón fundamental: la ausencia de los elementos indispensables en esta redacción. Su presencia en la *V.II.* del *Tristan* exige una corrección de la cronología imaginada por esta investigadora. El inventor de las escenas nuevas, presentes tanto en el *Tristan en prose* como en la denominada *Queste* de la Post-Vulgata, es necesariamente el autor del *Tristan en prose*, ya que se trata de acontecimientos que forman parte muy profundamente de la estructura y del sentido de este *roman*, pero que son ajenos y accesorios en el texto de la Post-Vulgata.

En contra de la opinión de Bogdanow, parece que existió una *Queste* modificada por el Pseudo Robert de Boron antes de la versión *V.I.* del *Tristan en prose*. Conocemos el nombre de algunos episodios. Pero la parte principal de la historia se nos escapa. ¿Se inspiró en ella el autor de la versión *V.I.* del *Tristan*? Como los préstamos que esta hace a la *Queste* de la Vulgata son considerables y como las innovaciones introducidas en su *Queste* siguen siendo reducidas, es posible creer que no hubo una influencia profunda en él del Pseudo Robert de Boron y que las pocas novedades deben atribuirse al autor de la versión *V.II.* del *Tristan*. El episodio extraordinario del caballero en llamas que se arroja por la ventana no está presente en la versión *V.II.* del *Tristan*. Esto es, quizá, un signo de la independencia de espíritu de nuestro autor.

La reconstrucción elaborada por Bogdanow resulta inadmisible tal cual la plantea. Resulta imposible aceptar el empleo de materiales tardíos y heterogéneos. El recurso a la *Demanda* portuguesa parece un mal procedimiento, ya que, por un lado, está escrita en una lengua extranjera y, por otro, la *Demanda* no puede considerarse la traducción fiel de una obra perdida. Es inevitablemente una adaptación, y por tanto una refundición. La reconstrucción elaborada por Bogdanow resulta, por consiguiente, artificial. Reúne piezas que difieren en

cuanto al lugar de origen, su fecha de producción, la lengua empleada, el contenido y el estilo. Los textos que utiliza parecen bastante a menudo refundiciones.
Ahora bien, con frecuencia todo refundidor modifica, elimina, añade y reescribe.
Pero, además, las diferencias lingüísticas y estilísticas de los manuscritos conservados dan a su edición la apariencia de una amalgama subjetiva y arbitraria.

Si se juzga, como yo lo hago, que es necesario restituir al *Tristan en prose* todos
los fragmentos que Bogdanow ha tomado de esta obra, si además desestimamos
el texto de la *Demanda* portuguesa, no quedan suficientes elementos en francés
antiguo para resucitar un texto desaparecido. Los principales muros de su reconstrucción se derrumban. Solo subsisten algunos fragmentos, como el incompleto
manuscrito BNF fr. 343, los pasajes del manuscrito BNF fr. 340, llamado *Me-*
*liadus*, obra de un adaptador sin escrúpulos, Rusticiano de Pisa, que mezcla elementos de origen muy diverso, y varias piezas de la vasta compilación, compleja
y particularmente tardía, que transmite el manuscrito BNF fr. 112. No quedan
ya bases suficientes y sólidas para la resurrección de una supuesta *Queste* de la
Post-Vulgata, que habría sido escrita en francés antiguo a mediados del siglo XIII.

Las *Demandas* aún no han revelado todos sus secretos. Permanecen aún zo-
nas en sombra. Podrían dar una idea aproximada, aunque incierta, de las partes
que faltan en los manuscritos franceses, si fuera cierto que existió una nueva
*Queste* completa. Las variaciones de los fragmentos conservados también podrían sugerir la intervención de diferentes redactores. Es posible que varios autores hayan realizado nuevas adiciones a la antigua *Queste.* ¿Tenemos argumentos
para hablar de una única *Queste* de la Post-Vulgata? ¿O bien debemos hablar de
pequeñas adiciones y cambios realizados por una pluralidad de redactores? Hago
la pregunta sin poder responderla. En cuanto al problema principal que nos ocupa, concluyamos afirmando que parece imposible reconstruir una obra perdida,
conservada en fragmentos dispersos.

## Bibliografía citada

### Ediciones citadas

*A Demanda do Santo Graal* (1944) = *A Demanda do Santo Graal,* Augusto Magne (ed. e intr.).
   Río de Janeiro: Imprensa nacional, 3 vols, 436, 437 y 454 p.
*A Demanda do Santo Graal* (1988) = *A Demanda do Santo Graal, manuscrito do século XIII,* Heitor
   Megale (ed.). São Paulo: T. A. Queiroz/ EDUSP, 538p.
*A Demanda do Santo Graal (2005)* = *A Demanda do Santo Graal,* Irene Freire Nunes (ed.). Lis-
   boa: Imprensa nacional/Casa da Moeda, 586 p.
*Alixandre l'orphelin* (1951) = *Alixandre l'orphelin. A Prose Tale of the Fifteenth Century,* C. Pick-
   ford (ed.). Manchester: Manchester University Press.

*Cantar del Cid*, Alberto Montaner (ed.). Madrid: Real Academia Española, s.d. (2011) [trad. fr. *Le Poème du Cid. Extraits*, E. Mérimée (trad.). París: La Renaissance du Livre, 1900].

*Demanda* (2017) = *La Demanda del Santo Grial (1515)*, José Ramón Trujillo (ed. e intr.). Universidad de Alcalá/IEMSO: Servicio de Publicaciones, 58+298 p.

*Demanda* (1907) = *Demanda del Santo Grial (1535)*. En *Libros de Caballería. Primera Parte, Ciclo artúrico, Ciclo carolingio*, Adolfo Bonilla y San Martín (ed.). Madrid: Bailly/Baillere [reimp. digital en la Biblioteca Virtual Miguel de Cervantes, 2012; trad. fr.: Juan Vivas, *La Quête du Saint Graal et la Mort d'Arthur*, Vincent Serverat y Philippe Walter (trad.). Grenoble: ELLUG, 2006, 410 p.].

*Die Abenteuer Gawains, Ywains und Le Morholts* (1913) = *Die Abenteuer Gawains, Ywains und Le Morholts mit den drei Jungfrauen aus der Trilogie (Demanda) des Pseudo-Robert de Borron, Die Fortsetzung des Huth-Merlin, nach der allein bekannten HS. 112 der Pariser National Bibliothek*. Oskar H. Sommer (ed.). Halle: Niemeyer.

MONMOUTH, Geoffroy de (1929). *Historia regum Britanniae*. En Edmond Faral (ed.). *La légende arthurienne. Études et Documents*, t. III. París: Champion, pp. 71-303.

*La Folie Lancelot* (1965) = *La Folie Lancelot. A hitherto unidentified portion of the Suite du Merlin contained in mss. BN 112 and 12599*, Fanni Bogdanow (ed.). Tubinga: Niemeyer Verlag.

*Lancelot en prose* = (1979-1983). *Lancelot en prose*, A. Micha (ed.). Ginebra: Droz, 9 vols.

*Lancelot-Grail* (2010)= *The Post-Vulgate Cycle*, t. 9. *The Quest for the Holy Grail and The Death of Arthur*, Norris J. Lacy (ed.) y Martha Asher (trad.). Woodbridge (Suffolk): Boydell and Brewer [1.ª ed. Nueva York: Garland, 1996].

*Mort Artu* (1954) = *La Mort le roi Artu. Roman du XIIIᵉ siècle*, Jean Frappier (ed.). Ginebra: Droz.

POLO, Marco (1938). *The Description of the World*, t. I. *A composite English translation of the extant texts, with an introduction, by A.C. Moule; together with the text of the Latin manuscript in the Cathedral Library of Toledo*, Arthur Christopher Moule y Paul Pelliot (ed.). Londres: G. Routledge and Sons.

POLO, Marco (2001-2009). *Le Devisement du monde*, Philippe Ménard (dir.). Ginebra: Droz, 6 vols.
  • Tomo I (2001). Marie-Luce Chênerie, Michèle Guéret-Laferté y Philippe Ménard (ed). *Départ des voyageurs et traversée de la Perse*. (Textes littéraires français, 533), 285 p.

*Prophéties de Merlin* (1926-1927) = *Les Prophéties de Merlin edited from ms. 593 of the Bibliothèque municipale de Rennes*, Lucy Allen Paton (ed.). Nueva York/Londres: Modern Language Association of America (Monographs Series, 1), 2 vols.

*Prophéties de Merlin* (1992) = *Les prophesies de Merlin: cod. Bodmer 116*, Anne Berthelot (ed.) Cologny/Ginebra: Fondation Martin Bodmer (Bibliotheca Bodmeriana, Textes, 6).

*Queste* (1923) = *La Queste del saint Graal, roman du XIIIᵉ siècle*, Albert Pauphilet (ed.). París: Champion (CFMA, 33) [1923], 302 p.

*Queste* (2006) = *La Quête del saint Graal*, F. Bogdanow (ed.). Anne Berrie (trad.). París: Librairie générale française (Le Livre de Poche, 4571). 832 p.

*Queste* (2018) = *Queste del saint Graal. Édition numérique interactive du manuscrit Lyon, BM, P.A. 77*, Christiane Marchello-Nizia y Alexei Lavrentiev (ed.). Lyon: ENS de Lyon. URL: <http://txm.ish-lyon.cnrs.fr/bfm/catalog/qgraal_cm>. Consulta: 7 febrero 2022.

*Queste Post-Vulgata* = Bogdanow, Fanni (ed.) (1991-2001). *La version Post-Vulgate de la Queste del Saint Graal et de la Mort Artu. Troisième partie du Roman du Graal*. París: Société des anciens textes français/Picard/Paillart, 5 vols.

- Tomo I (1991). *Introduction*. París: A. y J. Picard, 598 p.
- Tomo II (1991). Bogdanow, Fanni (ed.). *La Queste du Saint Graal et la Mort Artu Post Vulgate (ch.* I-XXXIV*). Appendices et variantes*, 601 p.
- Tomo III (2001). *La Queste du Saint Graal et la Mort Artu Post Vulgate (ch.* XXV-LXV*). Appendices et tables*. Abbeville: F. Paillart, 806 p.
- Tomo IV, 1 (1991). *Commentaire*. París: A. y J. Picard, 324 p.
- Tomo IV, 2 (2001). Bogdanow, Fanni (ed.). *La Queste-Mort Artu Post Vulgate. Nouveaux fragments*. Abbeville: F. Paillart, 814 p.

*Roman d'Erec* = (1968). *Le roman d'Erec en prose*, C. Pickford (ed.). Ginebra: Droz.

*Le roman de Merlin* (1894) = *Le roman de Merlin*, H. O. Sommer (ed.). Londres: impreso privado para subscriptores.

*Tristan* = versión *V.II.* = Ménard, Philippe (dir.) (1987-1997). *Le roman de Tristan en prose*. Ginebra: Droz, 9 vols.

- Tomo I (1987). Philippe Ménard (ed.). *Des aventures de Lancelot à la fin de la 'Folie Tristan'* (Textes littéraires français, 353), 310 p.
- Tomo II (1990). Marie-Luce Chênerie y Thierry Delcourt (ed.). *Du bannissement de Tristan du royaume de Cornouailles à la fin du tournoi du Château des Pucelles* (Textes littéraires français, 387), 427 p.
- Tomo III (1990). Gilles Roussineau (ed.). *Du tournoi du Chateau à l'admission de Tristan à la Table Ronde* (Textes littéraires français, 398), 427 p.
- Tomo IV (1991). Jean-Claude Faucon (ed.). *Du départ de Marc vers le royaume de Logres jusqu'à l'épisode du lai Voi disant'* (Textes littéraires français, 408), 406 p.
- Tomo V (1992). Dénis Lalande y Thierry Delcourt (ed.). *De l'arrivée des amants à la Joyeuse Garde jusqu'à la fin du tournoi de Louveserp* (Textes littéraires français, 416), 439 p.
- Tomo VI (1993). Emmanuèle Baumgartner y Michèle Szkilnik (ed.). *Du séjour des amants à la Joyeuse Garde jusqu'aux premières aventures de la Queste du Graal* (Textes littéraires français, 437), 475 p.
- Tome VII (1994). Danielle Quéruel y Monique Santucci (ed.). *De l'appel d'Yseut jusqu'au départ de Tristan de la Joyeuse Garde* (Textes littéraires français, 450), 528 p.
- Tome VIII (1995). Bernard Guidot y Jean Subrenat (ed.). *De la quête de Galaz à la destruction du château de la lépreuse* (Textes littéraires français, 462), 405 p.
- Tomo IX (1997): Laurence Harf-Lancner (ed.). *La fin des aventures de Tristan et de Galaz* (Textes littéraires français, 474), 340 p.

*Tristan ms. fr. 757* = versión *V.I.*= Philippe Ménard (dir.) (1987-1997). *Le roman de Tristan en prose, version du ms. fr. 757 de la Bibliothèque nationale de Paris*. París: Champion, 5 vols.

- Tomo I (1997). Joël Blanchard y Michel Quereuil (ed.). (CFMA, 123), 542 p.
- Tomo II (1999). Noëlle Laborderie y Thierry Delcourt (ed.). *De la folie de Lancelot au départ de Tristan pour la Pentecôte du Graal* (CFMA, 133), 537 p.
- Tomo III (2000). Jean-Paul Ponceau (ed.). *De l'arrivée des amants à la Joyeuse Garde jusqu'à la fin du tournoi de Louveserp* (CFMA, 135), 517 p.

- Tomo IV (2003). Monique Léonard y France Mora (ed.). *Du départ en aventures de Palamède à l'issue du tournoi de Louveserp jusqu'au combat de Tristan et de Galaz* (CFMA, 144), 720 p.
- Tomo V (2007). Christine Ferlampin-Acher (ed.). *De la rencontre entre Tristan, Palamède et le Chevalier à l'Écu Vermeil à la fin du roman* (CFMA, 153), 594 p.

*Vita Merlini (1929)* = *Vita Merlini*. En Edmond Faral (ed.). *La légende arthurienne. Études et Documents*, t. III. París: Champion, pp. 305-352.

## Bibliografía secundaria

ADAMS, Alison, Armel H. DIVERRES y Karen STERN (1986). *The Changing Face of Arthurian Romance, Essays on Arthurian Prose Romances in Memory of Cedric E. Pickford*. Cambridge: Boydell and Brewer.

AVRIL, François y Marie-Thérèse GOUSSET (2005). En *Manuscrits enluminés d'origine italienne, 3, XIVᵉ siècle*, I. *Lombardie-Ligurie*. París: BNF, pp. 66-73.

BATT, Catherine (1989). «Malory's Questing Beast and the Implications of Author as Translator». En Roger Ellis (ed.). *The Medieval Translator, The Theory and Practice of the Translation in the Middle Ages*. Cambridge: Brewer, pp. 143-166.

BAUMGARTNER, Emmanuèle (1975). *Le 'Tristan en prose', Essai d'interprétation d'un roman médiéval*. Ginebra: Droz (Publications romanes et françaises, 133). [Tesis doctoral. Dir. Jean Frappier. Bibl. de l'Université de Paris-Sorbonne, 1973].

BLECUA, Alberto (1983). *Manual de crítica textual*. Madrid: Castalia.

BOGDANOW, Fanni (1966). *The Romance of the Grail: A Study of the Structure and Genesis of a Thirteenth-Century Arthurian Prose Romance*. Manchester: Manchester University Press.

— (1975). «The Relationship of the Portuguese and Spanish *Demandas* to the extant French Manuscripts of the Post-Vulgate *Queste del Saint Graal*». *Bulletin of Hispanic Studies*, 52: 13-32.

— (1990). «L'invention du texte, intertextualité et le problème de la transmission et de la classification de manuscrits: le cas des versions de la *Queste del saint Graal Post-Vulgate* et du *Tristan en prose*». *Romania*, 111: 121-140.

— (2000). «Un nouvel examen des rapports entre la *Queste Post-Vulgate* et la *Queste* incorporée dans la deuxième version du *Tristan en prose*». *Romania*, 118: 1-32.

— (2003). «The Vulgate Cycle and Post-Vulgate Roman du Graal». En Carol Dover (ed.). *A Companion to the Lancelot-Grail Cycle*. Woodbridge, Suffolk: Boydell and Brewer.

BOHIGAS I BALAGUER, Pedro (1925). *Los textos españoles y gallego-portugueses de la Demanda del Santo Grial*. Madrid: Revista de Filología Española. Anejo VII.

BOUGET, Hélène (2007). «Haine, conflits et lignages maudits dans le cycle de la *Post-Vulgate*». En Christine Ferlampin-Acher y D. Hue (dir.). *Lignes et lignages dans la littérature arthurienne*. Rennes: Presses universitaires de Rennes, pp. 219-230.

— (2012). «Les fragments français du cycle *Post-Vulgate* et la *Suite du Roman de Merlin* à l'épreuve du style». En Chantal Connochie-Bourgne y Sébastien Douchet (ed.). *Effets de style au Moyen Âge*. Aix-en-Provence: Presses Universitaires de Provence, pp. 59-70.

Bozoky, Edina (1974). «La Bête *Glatissant* et le Graal, Les transformations d'un thème allégorique dans quelques romans arthuriens». *Revue de l'histoire des religions*, 186: 127-148.

Briquet, Charles-Moïse (1907). *Les Filigranes. Dictionnaire historique des marques du papier dès leur apparition vers 1282 jusqu'en 1600*. París: A. Picard, 4 vols. [Acceso en línea en la Österreichische Akademie der Wissenschaften. URL: <https://briquet-online.at/>].

Bruce, James D. (1958). *The Evolution of Arthurian Romance, from the Beginnings down to the year 1300*, 2.ª ed., vol. I, Gloucester, Massachussets: Peter Smith.

Buridant, Claude (1980). «Les binômes synonymiques. Esquisse d'une histoire des couples de synonymes du Moyen Âge au XVIIᵉ siècle». *Synonymies. Bulletin du Centre d'analyse du discours*, 4: 5-79.

Cartelet, Pénélope (2016*). 'Fágote de tanto sabidor'. La construcción del motivo profético en la literatura medieval hispánica (siglos XIII–XV)*. París: e-Spania Books. DOI: https //doi.org/ 10.4000/books.esb.951.

Castro, Ivo (1983). «Sobre a data da introdução na Península Ibérica do Ciclo Arturiano da Post-Vulgate». *Boletim de Filologia*, 28: 81-98.

Chase, Carol (2005). «Les Prologues du *Lancelot-Graal* dans le manuscrit BNF fr. 112». *Le Moyen Âge*, 111: 538-541.

Corominas, Joan y José A. Pascual (1991). *Diccionario crítico etimológico de la lengua castellana e hispánica*, t. I. Madrid: Gredos.

Croisy-Naquet, Catherine, L. Harf-Lancner y M. Szkilnik (ed.) (2011). *Faire court, L'esthétique de la brièveté dans la littérature du Moyen Âge*. París: Presses de la Sorbonne nouvelle.

*DEAF* = Kurt Baldinger (dir.) (1968-). *Dictionnaire étymologique de l'ancien français*. Tubinga: Niemeyer, 2006. URL: <http://www.deaf-page.de/>. Consulta: 7 febrero 2022.

*DRAE* = (2001). *Diccionario de la lengua española de la Real Academia*, vigésima segunda edición. Madrid: Espasa Calpe, 2 t.

Dos Santos, Eugénia (2010). *Le «translateur» translaté, L'imaginaire et l'autorité d'un romancier médiéval à travers le cycle Post-Vulgate et son adaptation portugaise* (tesis doctoral. Dir. Francis Gringras). Faculté des arts et des sciences. Montreal: Université de Montréal, 2010. [Accesible en línea en *Papyrus*. URL: <https://papyrus.bib.umontreal.ca/xmlui/ handle/1866/4399>].

Ellis, Roger (éd.) (1989). *The Medieval Translator. The Theory and Practice of Translation in the Middle Ages, Papers read at a Conference held 20–23 August 1987 at the University of Wales*. Cambridge: Brewer.

Ferlampin-Acher, Christine (2002). *Fées, bestes et luitons, Croyances et merveilles*. París: Presses de l'Université de Paris-Sorbonne.

Freire-Nunes, Irène (1992). *Le Graal ibérique et ses rapports avec la littérature française* (tesis doctoral. Dir. Daniel Poirion). Université de Paris-Sorbonne [accesible bajo demanda en Villeneuve d'Asq près de Lille: ANRT. Atelier national de reproduction des thèses].

Furtado, Antonio L. (1999). «The Questing Beast as Emblem of the Ruin of Logres in the Post-Vulgate». *Arthuriana*, 9: 27-48.

Godefroy, Frédéric (1881-1895). *Dictionnaire de l'ancienne langue française et de tous ses dialectes du IXᵉ au XVᵉ siécle*. París: F. Vieweg, 10 vols.

GRACIA, M. Paloma (2011). «Réflexions sur les remaniements du cycle Post-Vulgate dans la péninsule ibérique: la complexe perception cyclique d'une matière, qui peut être, à la fois, divisée en sections». En Catalina Gîrbea, Andrea Popescu y Mihaela Voicu (ed.). *Temps et mémoire dans la littérature arthurienne.* Bucarest: Universidad de Bucarest: 337-345.

— (2010). «El pasaje de la concepción de la Bestia Ladradora en el *Baladro del sabio Merlín* (1498 y 1535), testimonio de una *Demanda del Santo Grial* primigenia». *e-Humanista*, 16: 184-193.

— (2015). «The PostVulgate Cycle in the Iberian Peninsula». En David Hook (ed.). *The Arthur of the Iberians. The Arthurian Legends in the Spanish and Portuguese Worlds.* Cardiff: University of Wales Press, pp. 271-288.

— (2017). «The Iberian Post-Vulgate Cycle: Cyclicity in Translation». En Leah Tether y Johnny McFadyen (ed). *Handbook of Arthurian Romance: King Arthur's Court in Medieval European Literature.* Berlín/Boston: De Gruyter, 2017, pp. 431-442. https://doi.org/10.1515/9783110432466-028

GUTIÉRREZ GARCÍA, Santiago (2015). «Arthurian Literature in Portugal». En David Hook (ed.). *The Arthur of the Iberians. The Arthurian Legends in the Spanish and Portuguese Worlds.* Cardiff: University of Wales Press, pp. 92-93.

KENNEDY, Elspeth (1980). *Lancelot do Lac, The Non-Cyclic Old French Prose Roman*, vol. II. *Introduction, Bibliography, Notes and Variants, Glossary and Index of Proper Names.* Oxford: Clarendon Press, 1980.

KOBLE, Nathalie (2009). *Les Prophéties de Merlin en prose, Le roman arthurien en éclats.* París: Champion.

KULLMANN, Dorothea (2013). «Quelques réflexions sur l'interprétation de la *Demanda do Santo Graal* et de la *Queste-Mort Artu* du Cycle post-vulgate du Graal». En Brigitte Burrichter, Matthias Däumer, Cora Dietl, Christoph Schanze y Friedrich Wolfzettel (ed.). *Aktuelle Tendenzen der Artusforschung,* Berlín/Boston: De Gruyter, pp 241-260.

LABIA, Anne (1984). «La naissance de la *Beste glatissant* d'après le ms. 24400». *Médiévales*, 6: 37-47.

LAPA, Manuel Rodrigues (1982). *Miscelânea de língua e literatura portuguesa medieval.* Coimbra: Universidade de Coimbra.

LARANJINHA Ana Sofia (2009a). «O Outro, o passado e a desordem. A Besta ladrador e o paganismo na *Demanda do Santo Graal*». En Jesús Cañas Murillo, Francisco Javier, Grande Quejigo y José Rose Días (ed.). *Medievalismo en Extremadura, Estudios sobre Literatura y Cultura hispánica de la Edad Media.* Cáceres: Universidad de Extremadura, pp. 1077-1084.

— (2009b). «A fonte e os pecados de Artur, da *Suite du Merlin* à *Demanda do Santo Graal*». *Seminario medieval 2007–2008.* Oporto: Estratégias Criativas, pp. 187-202. URL: <https://repositorio-aberto.up.pt/handle/10216/74775>. Consulta: 7 febrero 2022.

— (2012a). *Artur, Tristão e o Graal.* Oporto: Estratégias Criativas.

— (2012b). «O Ciclo do Pseudo Boron à luz da mais recente investigação em Portugal». En Lénia Márcia Mongelli (dir.). *De Cavaleiros e Cavalarias, Por terras de Europa e América.* São Paulo: Humanitas.

— (2014). «L'apocalypse arthurienne dans le cycle du Pseudo-Boron ou comment survivre après la fin des temps». *e-Spania*, 17: 1-28. DOI: <https://doi.org/10.4000/e-spania.23201>.

Lloyd-Morgan, C. (1985). «Another Manuscript of the Post-Vulgate *Queste*: MS Rawlinson D. 874». *Bibliographical Bulletin of the International Arthurian Society*, 37: 292–298.

Longobardi, Monica (2012). «La queste infinita della *Post-Vulgate Queste*: nuovi affioramenti». *Annali Online di Ferrara-Lettere*, 1: 67-118.

Lorenzo Gradín, Pilar (2015). «The 'Matière de Bretagne' in Galicia from the xiith to the xivth century». En David Hook (ed.). *The Arthur of the Iberians. The Arthurian Legends in the Spanish and Portuguese Worlds*. Cardiff: University of Wales Press, pp. 118-161.

Löseth, Eilert (1891). *Le roman en prose de Tristan, le roman de Palamède et la compilation de Rusticien de Pise: analyse critique d'après les manuscrits de Paris*. París: É. Bouillon.

Megale, Héitor (2001). *A demanda do Santo Graal: Das origens ao códice português*. Granja Viana, São Paulo: Ateliê.

Ménard, Philippe (2009a). «Monseigneur Robert de Boron dans le '*Tristan en prose*'». En L. Harf-Lancner, L. Mathey-Maille, B. Milland-Bove y M. Szkilnik (ed.). *Des 'Tristan' en vers au 'Tristan en prose'. Hommage à Emmanuèle Baumgartner*. París: Champion, pp. 359-370.

— (2009b). «La *Queste* de la Post-Vulgate et le *Tristan en prose* selon Fanni Bogdanow». En Damien de Carné y Christine Ferlampin-Acher (ed.). *La tradition manuscrite du Tristan en prose, Bilan et Perspectives*. París: Garnier (*Civilisation médiévale*, 45), pp. 161-180. URL: <https://classiques-garnier.com/la-tradition-manuscrite-du-tristan-en-prose-bilan-et-perspectives-la-queste-de-la-post-vulgate-et-le-tristan-en-prose-selon-fanni-bogdanow.html>. Consulta: 7 febrero 2022.

— (2011). «Un très ancien fragment inconnu du 'Tristan en prose'». *Bibliographical Bulletin of the International Arthurian Society*, 63: 223-257.

— (2013). «Paul Pelliot et les études sur Marco Polo». En *Paul Pelliot (1878-1945). De l'histoire à la légende, Actes du colloque*. París: Académie des Inscriptions et Belles-Lettres, pp. 493-525.

Miranda, José Carlos Ribeiro (1998a). *A Demanda do Santo Graal e o Ciclo Arturiano da Vulgata*. Oporto: Granito.

Miranda, José Carlos Ribeiro (1998b). *Galaaz e a ideologia da linhagem*. Oporto: Granito.

Moran, Patrick (2014). *Lectures cycliques. Le réseau inter-romanesque dans les cycles du Graal du xiii⁴ siècle*. París: Champion.

Morato, Nicola (2021). «Histoire d'une diaspora textuelle.Les récits du pseudo-Robert de Boron dans les travaux de Fanni Bogdanow». En Fabio Zinelli y Sylvie Lefèvre (ed). *En français hors de France. Textes, livres, collections au Moyen-Âge*. Estrasburgo: ELiPhi. Éditions de linguistique et de philologie, pp. 109-138.

Muir, Linette Ross (1957). «The Questing Beast: Its Origin and Development». *Orpheus*, 4: 24-32.

Müller, Bodo (2005). *Diccionario del español medieval*, fasc. 26. Heidelberg: Winter Verlag,

Nitze, William A. (1936). «The *Beste Glatissant* in Arthurian Romances». *Zeitschrift für romanische Philologie*, 56: 409-418.

Pasquali, Giorgio (1962). *Storia della tradizione e critica del testo*, 2.ª ed. Florencia: Le Monnier.

Pauphilet, Albert (1907). «La *Queste du Saint Graal* du manuscrit Bibl. nat. fr. 343». *Romania*, 36: 591-609. DOI: <https://doi.org/10.3406/roma.1907.4987>.

Pickford, Cedric (1960). *L'évolution du roman arthurien en prose vers la fin du Moyen Âge d'après le manuscrit 112 du fonds français de la Bibliothèque nationale*. París: Nizet.

Roussel, Claude (1983). «Le jeu des formes et des couleurs: observations sur la *beste glatissant*». *Romania*, 104: 49-82.

Sommer, H. Oskar (1907). «*The Queste of the Holy Grail* forming the Third Part of the Trilogy indicated in the *Suite du Merlin* Huth Ms.» *Romania*, 36: 369-402 y 543-590.

— (1916). *The Vulgate Version of Arthurian Romances*, t. VII. *Index of Names and Places to vol. I-VII.* Washington: Carnegie Institution of Washington.

Sponseller, Malorie A. (2014). *Questing the Beast, From Malory to Milton* (tesis doctoral). Georgia South University, 69 p. URL: <https://digitalcommons.georgiasouthern.edu/etd/1078/>. Consulta: 6 febrero 2022.

Szkilnik, Michelle (2002). «La cohérence en question: la *Suite-Merlin* et la constitution d'un cycle romanesque». En Leonor Curado Neves *et alii* (ed.). *Matéria de Bretanha em Portugal*. Lisboa: Colibrí.

— (2002). «Sommes romanesques du Moyen Âge: cycles ou compilations?». *Chemins tournants. Cycles et recueils en littérature des romans du Graal à la poésie contemporaine*. París: Presses de la Sorbonne Nouvelle.

Taylor, Jane H. M. (2017). «Rewriting: Translation, Continuation and Adaptation», En Leah Tether y Johnny McFadyen (ed.). *Handbook of Arthurian Romance: King Arthur's Court in Medieval European Literature*. Berlín/Boston: De Gruyter, 167-182. DOI: <https://doi.org/10.1515/9783110432466-011>.

Trachsler, Richard (1996). *Clôtures du cycle arthurien, Études et textes*. Ginebra: Droz.

Trachsler, Richard, Julien Abed y David Expert (dir.). *'Moult obscures paroles'. Etudes sur la prophétie médiévale*. París: Presses de l'Université de Paris-Sorbonne.

Traxler, Janina P. (1990). «Observations on the Beste Glatissante in the *Tristan en prose*». *Neophilologus*, 74: 499-609.

Trujillo, José Ramón (2007). «Mujer y violencia en los libros de caballerías». *Edad de Oro*, 27: 249-313. URL: <http://hdl.handle.net/10486/670619>. Consulta: 7 febrero 2022.

— (2008). «Magia y maravillas en la materia artúrica hispánica. I. Sueños, milagros y bestias en la *Demanda del Santo Grial*». En J. M. Lucía Megías, M.ª C. Marín Pina (ed.). *Amadís de Gaula: quinientos años después: estudios en homenaje a Juan Manuel Cacho Blecua*. Alcalá de Henares: Centro de Estudios Cervantinos, pp. 789-818.

— (2009). «La edición de traducciones medievales en la Edad de Oro. Textos e impresos de la materia artúrica hispánica». *Edad de Oro,* 28: 401-448. DOI: <https://doi.org/10.15366/edadoro2009.28>.

— (2012a). «Fidelidad y autonomía de las traducciones artúricas peninsulares: Los episodios de Lanzarote y Caifás». En A. Martínez Pérez y A. L. Baquero (ed.). *Estudios de Literatura Medieval: 25 años de la AHLM*. Murcia: Editum, pp. 909-918.

— (2012b). «Manifestaciones de Dios y del Diablo en *La Demanda del Santo Grial*. Magia y maravillas en la materia artúrica hispánica. II». En J. Paredes (ed.). *De lo humano a lo divino en la literatura medieval: santos, ángeles y demonios*. Granada: Universidad de Granada, pp. 355-368.

— (2012c). «El espacio de la proeza y sus motivos narrativos: Justas y torneos en la materia artúrica hispánica». *Revista de poética medieval,* 26: 325-356. DOI: <https://doi.org/10.37536/RPM.2012.26.0.30695>.

Trujillo, José Ramón (2012d). «Yo, Joannes Bivas: La emergencia de la voz del traductor en la Edad Media». En A. Garribba (ed.). *Rumbos del hispanismo en el umbral del Cincuentenario de la AIH*. Roma: Il Bagatto, t. ii, pp. 370-381.

— (2013). «Traducción, refundición y modificaciones estructurales en las versiones castellanas y portuguesa de *La Demanda del Santo Grial*», *e-Spania*, 16 (déc.). DOI: <https://doi.org/10.4000/e-spania.22919>.

— (2014a). «Traducciones y refundiciones de la prosa artúrica en la península ibérica (siglos xii-xvi)». En Juan Miguel Zarandona (ed.). *De Britania a Britonia. La leyenda artúrica en tierras de Iberia: cultura, literatura y traducción*. Berna: Peter Lang, pp. 69-116.

— (2014b). « Literatura artúrica en la península ibérica: cuestiones traductológicas y lingüísticas», *e-Humanista, Journal of Iberian Studies*, 28: 487-510.

— (2017). «Ética caballeresca y cortesía en las traducciones artúricas». *Revista de Literatura Medieval*, 29: 237-259. DOI: <https://doi.org/10.37536/RLM.2017.29.0.69404>.

— (2020). «Escritura, memoria y narrativa en la literatura artúrica hispánica». *Revista de Literatura Medieval*, 32: 249-290. DOI: <https://doi.org/10.37536/RLM.2020.32.0.77849>.

Van Coolput, Colette-Anne (1986). *Aventures quérant et le sens du monde, Aspects de la réception productive des premiers romans cycliques du Graal dans le 'Tristan en prose'*. Lovaina: University Press.

Van Os, Sophie (2016). *An Analysis of Sir Thomas Malory's «Le Morte D'Arthur» and T. H. White's «The Once and Future»* (tesina. Dir. L.S. Chardonnens y M.J. Tángelder). Nimega: Radboud Universiteit. Consulta: 7 febrero 2022. URL: <https://theses.ubn.ru.nl/handle/123456789/3722>.

Vettermann, Ella (1918). *Die Balen-Dichtungen und ihre Quellen*. Halle: Niemeyer.

Vielliard, Françoise (1975). *Manuscrits français du Moyen Âge*. Ginebra/Colonia: Fondation Martin Bodmer

Vinaver, Eugène (1925). *Études sur le Tristan en prose, les sources, les manuscrits, Bibliographie critique*. París: Champion.

Walter, Philippe (dir.) (1999). *Le devin maudit: Merlin, Lailoken, Suibhne. Textes et étude*. Grenoble: Université Stendhal.

Wechssler, Eduard (1895). *Über die verschiedenen Redaktionen des Robert von Borron zugeschriebenen Graal-Lancelot-Cyklus*. Halle: Niemeyer.

West, Gerald D. (1978). *French Arthurian Prose Romances. An Index of Proper Names*. Toronto: University of Toronto Press.

# EL *TRISTAN EN PROSE* EN EL CORAZÓN
# DE LA LITERATURA ARTÚRICA

## 1. Introducción

El *Tristan en prose* fue una obra muy famosa durante la Edad Media. Hemos conservado varias versiones de ella, que aún requieren de mucha investigación. Parece que la primera versión, denominada *V.I.* por E. Baumgartner, pero también la segunda versión, mucho más larga y extensa, la Vulgata, nombrada *V.II.* por la misma estudiosa (Baumgartner, 1975: 53-62), pertenecen ambas a la primera mitad del siglo XIII. Al referirme aquí al *Tristan en prose* en singular, haré referencia a la Vulgata, o *V.II.*, conservada en un gran número de manuscritos[1]. La versión *V.I.*, considerablemente más corta, ha llegado hasta nosotros en un número limitado de manuscritos. Estas redacciones plantean muchos problemas. En la actualidad parece que, aunque *V.I.* ofrece una versión más sencilla, no se trata de la primera redacción cronológica –Baumgartner (1975: 41-62); Roussineau (1998, t. II: 1149-1162); Ferlampin-Acher (2007, t. V: 73-80)–. Parece ser más antigua que la *V.II.*, pero presenta algunas abreviaciones, algunas alusiones curiosas, algunos desarrollos suspendidos, algunas suturas inquietantes entre episodios, que sugieren la existencia de un estado anterior del *roman*. Debe de haberla precedido una versión hoy perdida. No entraré aquí en el examen de este vasto y complejo problema, que requeriría de largas investigaciones.

---

1. Véase la edición del *Tristan en prose* publicada bajo mi dirección (*Tristan*, 1987-1997, 9 vols.). Cuando sea necesario, me referiré a la *V.I.*, editada también bajo mi dirección (*Tristan ms. fr. 757*, 1997-2007, 5 vols.). Las referencias completas pueden consultarse en el apartado Bibliografía.

El *roman* se sitúa en el corazón de la literatura artúrica. Se ha leído durante siglos. Nos lo han transmitido alrededor de noventa manuscritos. Su audiencia fue considerable en Francia y también en el extranjero, sobre todo en Italia[2]. Ningún *roman* artúrico ha sido tan admirado, copiado o rehecho. Veinticinco manuscritos se encuentran decorados con miniaturas, sin contar las compilaciones como los manuscritos de la Biblioteca Nacional de Francia fr. 112 o la serie fr. 113-116. Podrían realizarse una gran cantidad de estudios sobre la iconografía de este gran *roman*[3].

En primer lugar, comenzaremos con unas palabras sobre la relación de *Tristan en prose* con las novelas previas, especialmente con el *Lancelot-Graal*.

## 2. EL *TRISTAN EN PROSE* Y SUS PRECEDENTES

El *roman* del siglo XIII ha conservado varios elementos de la estructura de los *romans* en verso de Béroul y Thomas: el nacimiento real de Tristán e Iseo, el amor recíproco provocado por una poción mágica, el conflicto con el rey Marc, que se casa con Iseo, los engaños de los amantes, el rapto de Iseo por Tristán y la muerte simultánea de ambos héroes.

Aunque el esquema general parezca el mismo, ni la inspiración profunda, ni el detalle de las aventuras ni la escritura son idénticos. Todo el material narrativo es diferente. Las divergencias superan con creces los parecidos.

En algunos puntos parece advertirse una pequeña influencia de la versión cortesana de Thomas. Baumgartner lo ha señalado bien (1975: 106-107). El efecto ilimitado del filtro mágico parece ser una pervivencia. Sin duda, también lo es la ausencia de toda preocupación moral y de toda inquietud religiosa cuando los amantes están enamorados el uno del otro. Pueden invocarse algunas coincidencias de detalle, pero no son muy numerosas. Eugène Vinaver ha exagerado un poco la influencia de Thomas (Vinaver, 1959: 341). La exaltación sentimental y el misticismo de la *fin'amor* que constituye la belleza de la obra de Thomas se encuentra completamente ausente en el *Tristan en prose*. De igual modo se hallan ausentes los tormentos íntimos de los amantes y la constante preocupación del novelista por sus héroes. En otras palabras, el espíritu de Thomas, su sutil inspiración, el fervor amoroso que celebra, por no hablar de su estilo tan particular, han desaparecido del *roman* en prosa. Falta lo esencial.

---

2. Véase el breve resumen que presenté en el catálogo de Delcourt (Ménard, 2009b: 173-174).

3. En diciembre 2004, Sylvie Baudet-Fabre defendió al respecto su tesis doctoral preparada bajo mi dirección: *Les rapports entre le texte et l'illustration dans les manuscrits enluminés du roman de 'Tristan en prose', depuis le retour de Tristan à Tintagel jusqu'à la fin de la folie de Tristan*. Puede consultarse en la Biblioteca interuniversitaria de la Sorbona y también en la Biblioteca de la Universidad Paris-Sorbonne (Serpente).

Por el contrario, resulta innegable y profunda la influencia del corpus del *Lancelot-Graal*. Para el autor del *Tristan*, el *Lancelot en prose* es el modelo que hay que imitar, que rehacer, que superar. El propio personaje de Lanzarote sirve de gran referencia para Tristán, que aspira a superarlo. Lanzarote interviene repetidamente en el relato. Este es el caso del comienzo del primer volumen de nuestra edición (1987: 63-113). Durante cincuenta páginas, Lanzarote ocupa el protagonismo. No le seguiremos en todas sus aventuras. Basta con decir que el héroe del *Lancelot en prose* está personalmente presente en el *Tristan* y que desempeña un papel bastante importante.

La amplia extensión del *Tristan en prose* se hace eco de la del *Lancelot-Graal*. Si sumamos, en las ediciones de Micha, Pauphilet y Frappier, las páginas del *Lancelot en prose* (2 755 páginas)[4], de la *Queste* (280 páginas) y de la *Mort Artu* (266 páginas), se alcanza un impresionante total de 3 301 páginas. Si contamos todas las páginas del *Tristan* de principio a fin, añadiendo los tres volúmenes editados por R. Curtis (en un formato, además, mayor que las publicaciones de la editorial Droz) y los nueve volúmenes que hemos publicado, llegamos, si he contado bien, a las 2 965 páginas. Este número aproximado de páginas es comparable. Es cierto que el autor del *Tristan* se tomó la libertad de insertar en su texto unas 220 páginas tomadas del *Lancelot* y la *Queste*. Dicho esto, la extensión del *Tristan* es similar a la del *Lancelot en prose*. Numerosos personajes del *Lancelot en prose* se encuentran en el *Tristan*. Esto se puede comprobar consultando el directorio de G. D. West (1978). Baumgartner los ha citado en un índice especial de su tesis (1975: 128-129). Si he contado bien, son ochenta y siete. Sería interesante estudiarlos de cerca para ver cómo se encuentran y reviven en el *Tristan en prose*.

La concepción cíclica del *Lancelot-Graal* renace en el *Tristan en prose*: gran número de personajes, reaparición periódica de los principales, organización de la obra desde el nacimiento hasta la muerte del protagonista, numerosas digresiones y desarrollos ajenos a la historia del héroe principal. No puede llamarse novela biográfica porque hay demasiados personajes que interfieren en el relato, de modo que a menudo se abandona a Tristán e Iseo. Sería mejor hablar de la evocación de toda una sociedad caballeresca. El título moderno es engañoso. De hecho, hay docenas y docenas de caballeros. Varios héroes más o menos asociados a Tristán desaparecen en el curso de la historia: por ejemplo Kahédin, que muere de consunción en el primer volumen de nuestra edición (*Tristan*, t. I, 1987: 243, §164). Otros mueren al final de la obra: así, Palamedes, rival de Tristán, Galaz y Perceval, recién llegados de la Búsqueda del santo Grial. Pero Arturo y varios

---

4. De los ocho volúmenes de texto publicados por A. Micha del *Lancelot en prose* (1979-1982), hay que dejar de lado el volumen III, que da la redacción especial del Segundo Viaje a Sorelois hasta la muerte de Galehaut, la versión corta del mismo conjunto y partes de la *Carreta* de la versión corta.

caballeros de la Mesa Redonda sobreviven. Este no es el fin último del mundo artúrico. La inspiración del *Tristan en prose* parece, a primera vista, cercana de la del *Lancelot*. El autor evoca el viaje de una muchedumbre de caballeros errantes y sus perpetuos combates a caballo, primero con la lanza y luego, eventualmente, con la espada, contra una multitud de adversarios que encuentran en el camino y a los que desafían. El empleo en el *Tristan* de motivos ya utilizados en el *Lancelot* no es un signo de debilidad. Es la reelaboración y continuación de una técnica ya probada y bien recibida por el público. El entrelazamiento de aventuras utilizado por el *Lancelot en prose* se sigue empleando en el *Tristan* (Baumgartner, 1975: 124). Se deja en suspenso un episodio para dar paso a otro. Dejamos a un personaje para seguir a un nuevo caballero. Alternancia de héroes, y a menudo de escenarios de acción (por un lado, Cornualles, país del rey Marc; por otro, el reino de Arturo). Debido a la multiplicidad de personajes, el relato nos conduce a menudo por caminos secundarios. Damien de Carné ha dedicado interesantes análisis a esta técnica. Me refiero a su estudio *Sur l'organisation du Tristan en prose* (Carné, 2010: 33-174).

He realizado un estudio bastante exhaustivo del entrelazamiento en el primer volumen de nuestra edición de la Vulgata. Me pareció que en este volumen se podían detectar quince grandes capítulos distinguibles por sus fórmulas de apertura y cierre (Ménard, 1973: 955-962). Pero en un tercio de ellos, a pesar de las fórmulas de corte, los mismos personajes continúan sus aventuras y no hay un verdadero cambio de perspectiva. También encontramos cuatro verdaderos entrelazamientos que no se señalan formalmente, a menudo relatos retrospectivos, pero que igualmente parecen digresiones. Por ejemplo, en el primer capítulo, el relato de Neronneus (§18-23) trata el pasado de un personaje secundario. Abandonamos el hilo directo de la acción. No obstante, no hay que creer necesariamente que la historia se desmorona y se sobrecarga de episodios parasitarios. Los cambios realizados parecen razonables. Es bueno fragmentar la narración para mantener el interés del lector. El entrelazamiento sigue siendo moderado; no conduce a una verdadera dispersión. Generalmente, los desarrollos adyacentes se encuentran hábilmente vinculados a la acción principal. Los cortes en el relato permiten airear el material y proporcionan pausas en la evolución de la acción.

Por otro lado, hay que recordar una práctica bastante singular de la versión larga del *roman*. Pasajes enteros del ciclo *Lancelot-Graal* se insertan en el texto. Partes del *Lancelot* están presentes en el volumen VI de nuestra edición[5]. Una parte enorme de la *Queste du Saint Graal* se incluye en el volumen VIII de nuestra edición y otra treintena de páginas en el volumen IX[6]. Baumgartner (1975: 127)

5. *Tristan* (1993, t. VI: 427), nota al §30, 1 (reelaboración textual de una docena de páginas) y nota al 37, 1 (repetición textual de veinticinco páginas).

6. *Tristan* (1995, t. VIII: 354), nota al §11, 1 (unas 120 páginas continuas). Para el último

ha elaborado una lista de los pasajes de la *Queste* interpolados en el *Tristan*. Estos préstamos textuales, atestiguados en los manuscritos de todas las familias, se remontan ciertamente al estrato más antiguo de *V.II.*, pero están ausentes de *V.I.*[7] No se trata de adiciones realizadas por copistas y refundidores aislados. El autor de *V.II.* es él mismo un compilador, como bien afirma Baumgartner (1990: 28). Resulta algo extraño en esta forma en la literatura medieval. Incluso los novelistas que se inspiraron en el gran modelo de Chrétien de Troyes no habían osado reproducir exactamente los versos del poeta de Champaña. El novelista en prosa no tuvo esta reserva y, de hecho, no creía que se le pudiera responsabilizar de ello. Hoy lo llamaríamos plagio; se consideraría una debilidad sorprendente. Pero en la Edad Media, cuando el derecho de propiedad literaria era desconocido, no estaba prohibido incorporar a un texto elementos ajenos, escritos por otros. Esto demuestra que la técnica de apropiación y asimilación de material novelístico previo desempeña un papel bastante importante en la construcción del relato. Los desarrollos tomados de la *Queste* clásica introducen un espíritu religioso en el *Tristan en prose*, que antes estaba ausente hasta ese momento en el *roman*.

En los pasajes copiados, a veces se detectan pequeños añadidos o cambios estilísticos menores, pero el fondo sigue siendo el mismo. Tomando prestado de sus predecesores, el autor del *Tristan en prose* dio una nueva orientación a su vasto conjunto. Su *roman* dio un nuevo giro: se coloreó de una nueva inspiración. Hoy se le acusaría de robo y de saqueo; se le procesaría por difamación. En la Edad Media se pensaba ciertamente que estos préstamos aportaban una nueva gloria al primer autor.

## 3. Las innovaciones del *Tristan en prose*

Pasemos ahora a las innovaciones más llamativas de la obra, aquellas en las que brilla claramente el talento del creador. Son numerosas.

Un ejemplo demostrativo: la muerte de los amantes. En la versión común en verso, Tristán ha sido malherido con una estaca envenenada por un personaje de segunda fila[8]. Muere en soledad porque Iseo, advertida por un mensajero, llega

volumen de nuestra edición, véanse las notas de L. Harf-Lancner, en *Tristan* (1997, t. ix: 308), nota al §46 y al §135 (1997, t. ix: 314).

7. Para la versión *V.I.*, véase *Tristan ms. fr. 757* (2003, t. iv: *passim* y xxxviii-xlvii). Lo mismo ocurre con el final de la novela: véase *Tristan ms. fr. 757* (2007, t. v: *passim*). En cambio, en el vi aparecen nuevas escenas, como el Pentecostés del Grial (t. iv, §79-109) y nuevas aventuras de Galaz.

8. El pasaje está ausente en el manuscrito de Béroul, pero puede encontrarse en el texto de Eilhart. En el caso de Eilhart de Oberg, se trata de estacas o jabalinas envenenadas («*mit zwain vergifften spiessen*»; v. 9219) lanzadas por Naupatenis (Bédier supuso que en el relato

demasiado tarde. Al ver a Tristán muerto, se derrumba sobre su cuerpo y pierde la vida. Como todos los grandes amantes, no soporta vivir después de la muerte de quien tanto amó. El *roman* en prosa inventa una escena totalmente diferente sobre el patrón de la muerte simultánea. Tristán ha vuelto a Cornualles para ver a Iseo: el rey Marc lo golpea en el muslo con una lanza envenenada (*un glaive envenimé*) (*Tristan*, 1997, t. ix: 188, §76, 5). El novelista insiste en la alegría que experimenta (t. ix, §77, 10). En el momento de la muerte, Tristán se dirige largamente a su espada (que había desenvainado). Para él es el emblema de sus hazañas. Le dice a Sagremor que por primera vez en su vida ha sido derrotado, pero por la Muerte. Le pide que avise a Palamedes, Dinadán y Lanzarote, y que entregue su espada a sus compañeros de la Mesa Redonda. Besa la espada y el escudo. Luego perdona a Marc (t. ix, §81, 20). Se vuelve hacia Iseo (t. ix, §82, 9). Le ruega que muera al mismo tiempo que él. Le pide que lo bese (t. ix, §82, 34). Cuando ella se inclina sobre el pecho del héroe, este la sujeta tan fuerte en sus brazos que la ahoga (t. ix, 14-17).

Este final puede resultar muy inquietante. El gesto de Tristán evita que Iseo se suicide, acto que la Iglesia condena enérgicamente. La acción de Tristán está en consonancia con los pensamientos más íntimos de la heroína, pero recuerda a un asesinato. Por otro lado, el novelista puede haberse inspirado en la *Mort Artu*. En efecto, en el momento de su desaparición, el rey Arturo estrecha a Lucán el Copero en un abrazo mortal y le quita la vida (*Mort Artu*, 1954, §192: 8-11 ). Aquí Tristán no acaba ni como héroe ni como creyente. No muere como cristiano. Ignora la ayuda de la religión. No vuelve su alma hacia Dios. Parece que termina sus días como un agnóstico. Este es un rasgo sorprendente.

Las novedades aparecen a lo largo de todo el texto.

Desde el principio del *roman*, durante cientos de páginas, la historia que se nos presenta de los antepasados de Tristán no tiene nada que ver con las historias anteriores. La historia de Sador y de Chélinde, que abre la novela, es una trama novelesca de secuestros, desapariciones y reconocimientos, violaciones, asesinatos, fugas, cambios de lugar y una sucesión de esposos para Chélinde. De manera general, en el *roman* en prosa quedan algunos vestigios de la antigua historia (la conquista de Iseo, el filtro de amor), pero ha desaparecido casi todo lo que le daba a la antigua historia de los dos apasionados amantes su tono y estructura especiales. El clima no es el mismo en absoluto, ni tampoco la inspiración profunda. Nos encontramos en un relato completamente diferente. El amor

---

francés se llamaría Bedenis). Kahédin, llamado aquí Kéhénis, está enamorado de su mujer): véase el texto en la edición de Buschinger (Eilhart von Oberg, 1976: 730). Ella traduce «estacas» (1976: 731). R. Pérennec tradujo «jabalinas», en *Tristan et Yseut, Les premières versions européennes* (1995: 384). En la Saga de Frère Robert, Tristán es herido con una espada envenenada: véase R. Boyer (1995: 914).

apasionado y recíproco de Tristán e Iseo se ha olvidado. El *roman* se encuentra repleto de un sinfín de aventuras y, en particular, de combates caballerescos que interesan al público por su número y diversidad.

Ciertamente, en esta novela hay una tendencia a la dispersión, e incluso a la fragmentación del relato. El narrador acepta sin avergonzarse la ampliación de perspectivas. Multiplica constantemente el número de personajes y aventuras. En la estética del *Tristan en prose* hay, pues, una tendencia a la dispersión, como sucede en el *Lancelot en prose*. Con frecuencia aparecen fuerzas centrífugas. Es el precio de la amplitud de las perspectivas, de la excesiva longitud de la obra, sobrecargada de desarrollos parasitarios, digresiones y episodios que se duplican. ¿Debemos hablar de un «revoltijo» como hizo en su día Joseph Bédier? La palabra es quizás un poco fuerte. Podemos juzgar de denso a este inmenso bosque de aventuras. Resulta verosímil que este sea el caso tanto del *Lancelot en prose* como del *Tristan en prose*.

Sería posible eliminar o desplazar las aventuras sin comprometer seriamente el resto del relato. La intención del narrador no consiste en limitarse a Tristán e Iseo. Desea evocar a una multitud de personajes. Desde las primeras líneas del Prólogo, el escritor nos hace saber que la *Historia del Santo Grial* ha puesto de manifiesto la supremacía de tres caballeros: Galaz, Lanzarote y Tristán[9]. Con este espíritu, el autor quiere escribir la *Estoire monseigneur Tristan*. En otras palabras, Tristán no es el único implicado. Los otros dos prestigiosos caballeros también son parte integrante del relato y aparecen en multitud de aventuras en este enorme conjunto.

Se emplea el entrelazamiento de las aventuras con algunas innovaciones respecto al *Lancelot en prose*. Lo he estudiado en parte en mi contribución publicada en el volumen «*Et c'est la fin pour quoy sommes ensemble*». *Mélanges offerts à Jean Dufournet* (2000), y que se incluye en mi libro *De Chrétien de Troyes au Tristan en prose*. *Études sur les romans de la Table Ronde* (1999: 163-169). Mi estudio se basó únicamente en el volumen I del *roman*, publicado en 1987. Un juicio más completo requeriría el examen de toda la obra. Este trabajo constituye solo una primera visión general. Damien de Carné (2010: 41-92) ha publicado importantes análisis sobre esta cuestión en su notable estudio *Sur l'organisation du Tristan en prose*. Me contentaré con mencionar brevemente este problema aquí.

Hay que señalar que en este punto el *Tristan en prose* no se parece exactamente a su gran predecesor[10]. La técnica del entrelazamiento parece algo más limitada. Los grandes capítulos que se abren con una fórmula tradicional (*Or dit li*

---

9. Edición de R. Curtis de *Le Roman de Tristan* (1961, t. I: 39). No es el caso de Tristán, que está ausente de las historias del Grial.

10. Sobre el entrelazamiento en el *Lancelot en prose*, véase Elspeth Kennedy (1986: 156-201, «The Tale and the Interlace»).

*contes...*) no anuncian todos un verdadero entrelazamiento. A pesar de una pausa en la narración, en ocasiones seguimos el itinerario con el mismo personaje. No todas las rupturas son un entrelazamiento; no toda división del texto implica una alternancia temática. Para que haya un verdadero entrelazamiento, es necesario que un episodio termine y pasemos a otro personaje, otro lugar y otra aventura. Esto no es constante en el *Tristan en prose*. El *roman* también avanza en una progresión lineal, sin pausas permanentes ni enredos de aventuras. En este punto Tristán se diferencia del *Lancelot en prose*.

Una innovación mucho más importante caracteriza el *Tristan en prose*: la existencia de rivales en el amor. El autor inventa dos rivales de Tristán: Kahédin y Palamedes, ambos enamorados de la reina Iseo. Además, Lanzarote emerge como un peligroso competidor en el campo del combate caballeresco. ¿Cuál resulta ser el mejor caballero del mundo? ¿Lanzarote o Tristán? La cuestión está planteada.

De hecho, estos dos caballeros son muy similares en términos de excelencia. Tristán secuestra a Iseo y se convierte en caballero andante. Instala a Iseo en el castillo de la Alegre Guardia, que le ha regalado Lanzarote. Sin mayor riesgo para ella, Tristán puede partir a la aventura y competir con los héroes de la Mesa Redonda. Esto hace que los combates en el *Tristan en prose* sean mucho más cautivadores, pero el carácter del héroe se ha transformado por completo. El amor pasa a un segundo plano. Tristán acaba uniéndose a la famosa hermandad de la Mesa Redonda. Su admisión en la famosa asamblea de los mejores caballeros del mundo es un reconocimiento a su inmensa valía.

El autor del *roman* pretende hacer de su héroe el mejor caballero del mundo. Por el contrario, en el *Tristan*, el rey Marc se convierte en un personaje malvado, enemigo jurado de Tristán. Esta transformación tiene importantes consecuencias: Marc acaudilla un ejército de sajones para luchar contra el rey Arturo y recuperar a Iseo. El contenido del *Tristan en prose* es, pues, muy diferente al de los *romans* en verso sobre Tristán e Iseo.

Añadamos otra particularidad. El autor del *Tristan* reduce considerablemente la presencia de lo sobrenatural y la magia. No más hadas con poderes prodigiosos, como la Dama del Lago, y pocas aventuras extraordinarias. Todavía había rastros de ellas en el *Lancelot en prose*. Aquí Iseo es una princesa y no una hechicera. Las aventuras no llevan al héroe a Otro Mundo. Al novelista no le atrae el misterio. No hay autómatas, ni diablos encarcelados, ni un castillo espantoso como el castillo de la Dolorosa Guardia, como sucede en el *Lancelot en prose*. No podemos decir que las expectativas del público sean diferentes. Las mentalidades no han cambiado. Las dos novelas son casi contemporáneas. El gusto por lo maravilloso sobrevivirá durante toda la Edad Media. El rechazo de lo maravilloso es una característica de nuestro autor. El novelista parece ser una mente razonable, incluso escéptica. No le interesa lo irracional, el portador de trastornos y desorden. Ya es moderno de espíritu. Otra novedad del *roman* es la representación de los amores imposibles. Previamente, no hay nada parecido a esto. La aparición del amor apasionado, la imposibilidad de resistirse a él, la obsesión enfermiza, las tendencias maníaco-depresivas, la alternancia de la exaltación y la conciencia del fracaso, el paso de la esperanza al desencanto, los sentimientos de frustración y angustia, la aceptación y la idealización de la muerte[11], son los grandes momentos de la vida emocional de Kahédin (1991, t. I: 150-171, 223-243). Este personaje renuncia a vivir y muere de consunción: esta unión del amor y la muerte es una de las características del amor experimentado por Kahédin y también en menor medida por Palamedes. Sólo conocen los sufrimientos de un amor desgraciado. Representan el lado desesperado y doloroso del amor. Poco proclive a las grandes aventuras caballerescas, Kahédin nunca consigue olvidar el amor insatisfecho que porta dentro. Escéptico sobre la gloria de las armas, no puede salir de sí mismo. Representa, pues, el extravío del amor en grado extremo. Sin haber bebido la poción, es en nuestro texto una de las grandes víctimas del amor.

Palamedes es también una figura atractiva. Menos neurótico que Kahédin, más cercano a la humanidad, él también es un amante apasionado, fascinado por la belleza de Iseo. La presencia fulgurante y vívida del amor en él, la oposición constante a Tristán, sostenida por el deseo de triunfar sobre un rival, la conciencia de los peligros del amor, conforman un conjunto sentimental matizado y profundo. A diferencia de Kahédin, Palamedes no se deja abatir. No lleva en su interior impulsos enfermizos que lo empujen al suicidio. Sigue apegado a la vida. Se complace en los enfrentamientos caballerescos. Es cierto que en varias ocasiones se lamenta en voz alta, en el bosque, en la soledad de la noche, y se lamenta de los sufrimientos de un amor incomprendido. Pero es más razonable que Kahédin. En el fondo, nunca pierde la confianza. Esta complejidad otorga belleza al personaje.

Otra innovación estética considerable: la presencia en el texto de piezas líricas (verso y música reunidos). En cuanto a las inserciones líricas, a veces se evocan las realizadas por Jean Renart en su *Guillaume de Dole*, cuyo último editor data de hacia 1228, y las empleadas por Gerbert de Montreuil en su *Roman de la Violette*, datado hacia 1227-1229. Es cierto que la presunta fecha de composición del *Tristan en prose* se encuentra próxima de las dos fechas mencionadas. Pero nuestro autor innova dando cabida de vez en cuando a poemas cantados. El autor desconocido del *Tristan en prose* no inserta en su texto ninguna pieza proveniente de otros lugares, compuestas por otros y cantadas con éxito, como

---

11. Sobre el tema de la muerte y el suicidio, véanse los libros de Marie-Noëlle Toury, *La tentation du suicide dans le roman français, XIIᵉ-XIIIᵉ siècles* (1979) y *Mort et fin' amor, dans la poésie d'oc et d'oïl aux XIIᵉ et XIIIᵉ siècles* (2001).

hacen los novelistas mencionados. Inventa sus propias canciones y música, lo cual es un testimonio de su talento. Tatiana Fotich publicó diecisiete lais líricos de la *V.II.*, del manuscrito 2542 de Viena[12]. El número de estas piezas varía de un manuscrito a otro. En total parece que hay una treintena de poemas en verso[13].

Los personajes, víctimas del amor, se dejan llevar por estas expansiones y componen versos y música para expresar sus estados de ánimo. Cuando aparecen estas canciones, la acción se detiene. Antes del *Tristan en prose* nunca se habían incluido en un *roman* piezas originales en verso, la mayoría de ellas acompañadas de música original. Nuestro novelista es el primero en inaugurar esta práctica: introducir en el *roman* creaciones poéticas y musicales de su propia cosecha, sean coplas octosílabas con rima plana, sean cuartetas monorrimas, el gran esquema métrico del siglo XIII[14]. No encontramos nada parecido en el *Lancelot-Graal*.

Cuando examinamos estas piezas líricas, descubrimos que no son ornamentos artificiales. Están totalmente integradas en el movimiento de la acción. Expresan una tensión interior extrema y aparecen en los momentos principales del relato. Solo una de estas piezas tiene una tonalidad particular: se trata del *lai* satírico del *Voir disant*, compuesto por Dinadán para burlarse y escarnecer al rey Marc (*Tristan*, 1991, t. IV: 344-345, §244). Una letanía de adjetivos malsonantes e injuriosos se extiende por toda la canción. Todos los demás *lais* son lamentos de amor, intensos y vibrantes. Ciertamente, en estas obras el autor multiplica los efectos retóricos. Utiliza agudezas y antítesis. Pero sería injusto juzgar estos poemas como convencionales. El autor quería escribir divagaciones y meditaciones líricas en un estilo elevado y, por tanto, sublime. Estos textos pertenecen a una estética de la dignidad, la grandeza y el patetismo. Aunque se inspiran en la gran canción cortesana, ofrecen nuevas imágenes y motivos. Están cargados de un gran poder emotivo. Son testigos de una auténtica renovación de la poesía lírica. Todos ellos merecen a la vez ser editados de forma científica y también ser

12. Tatiana Fotich y Ruth Steiner (1974). El texto tendría que ser corregido en varios lugares.
13. Véase J. Lods (1955: 73-78). Baumgartner menciona 26 piezas líricas en total: 6 adivinanzas en verso, 7 cartas versificadas, una estrofa y, en fin, 13 *lais* (Baumgartner, 1975: 298-307). Hay algunos más en el manuscrito fr. 23400 de la BNF, donde varios personajes lamentan la muerte de los amantes. Tengamos en cuenta que dos lais ya aparecen en la *V.I.*: un elogio del amor (un motivo rarísimo) en el t. IV, §120 de nuestra edición (*Amors de vostre acointement / Me lo je mult*) cantado por el caballero del escudo medio plateado y medio dorado, es decir, Helys, y otro en el cantado por el caballero del escudo medio partido de oro y argén, es decir, el mismo Helys; y otro en el t. V, §20 (*Vos qi n'amez traiez vos sus*) cantado por el caballero del escudo bermejo, es decir, Brunor el Negro, enamorado de Iseo. Sobre los lais, véase el interesante libro de Jean Maillard, *Évolution et esthétique du lai lyrique. Des origines à la fin du XIV* siècle* (1963); del mismo autor «Lais avec notation dans le *Tristan en prose*» (1969, t. 2: 1347-1364), y Philippe Ménard, «Les pièces lyriques du *Tristan en prose*» (1994: 35-46).
14. Véase Naetebus (1891: 52-91): 111 piezas en decasílabos, ocho en octosílabos.

Tristán sorprendido en la habitación de Iseo. *Tristan de Léonois*, 1465-1480. París, BNF fr. 102, f. 69v.

estudiados en una síntesis que examine los principales problemas psicológicos, literarios y musicales que plantean. Otra novedad destacable: las largas descripciones de los torneos. El torneo de Louveserp en el volumen v de nuestra edición se extiende a lo largo de casi cien páginas (*Tristan en prose*, 1992, t. v: 259-378). Nunca se había visto antes, ni siquiera en el *Lancelot en prose*. Resulta innegable el gusto del autor por las grandes manifestaciones colectivas en las que decenas de caballeros se enfrentan en confusas melés. Antes del *Tristan en prose*, nadie había dedicado tanto espacio a las descripciones de los torneos. Es cierto que, en los *romans* corteses anteriores, había varias referencias, más bien breves, a los torneos, por ejemplo en *Ipomedon*, en el *Chevalier au lion*, en el *Conte du Graal* y en algunos otros textos. El *Lancelot en prose* también hace alguna mención a los torneos, pero sin consagrarles decenas y decenas de páginas[15]. Pronto queda claro que el torneo es tanto un deporte individual como un juego de equipo. El autor del *Tristan en prose* nos conduce entre bastidores, ya que dedica interesantes páginas a los preparativos y a los diálogos, es decir, a los sentimientos de los personajes. Nos permite escuchar los comentarios de los participantes. Muestra sus reacciones, sus preguntas, sus animadas respuestas. En treinta páginas (*Tristan en prose*, 1992, t. v: 269-299) el narrador revive con brío y naturalidad un día del torneo. Al espectáculo se suman los juegos de malentendidos y el disimulo. Tristán intenta no ser reconocido. Se escabulle y cambia deliberadamente su armadura, y luego vuelve a entrar en el torneo. Nadie se da cuenta, pero los lectores lo saben. El narrador juega con el motivo del reconocimiento. El rey Arturo presiente que Tristán participa en el combate. Intenta identificarlo. Interroga a Lanzarote. Sin embargo, se sospecha que este excepcional caballero no es el primero en aparecer, pero se ignora su nombre (t. v: 302, §219, 28-31).

La importancia del lenguaje hablado (monólogos y diálogos) es también una de las grandes novedades de *Tristan en prose*. El autor cede la palabra constantemente a sus personajes. Así, escuchamos las voces contrastadas en el relato (Ferlampin-Acher, 1990: 79-121). El primer motivo de intercambio de puntos de vista son las preguntas que se formulan sobre la identidad en el encuentro con otro personaje y las respuestas evasivas del interesado. Los caballeros errantes buscan el incógnito, lo que permite realizar justas y combates. El autor permite al lector conocer de antemano la identidad de los caballeros andantes, pero la oculta a muchos de los personajes. Hay, pues, un juego literario que se prolonga en el tiempo: unos quieren saber, otros quieren ocultar; algunos adivinan, otros se equivocan. Incógnito significa malentendido. Entonces, llega un momento en el que cesan los equívocos y se producen los reconocimientos. Como sabemos más que algunos de los personajes, nos divierten estas situaciones. Se podría

---

15. Véase la lista confeccionada por Micha del *Lancelot en prose* (1983, t. ix, Index: 192-193).

decir que forman parte de la ironía inmanente del relato. Son numerosos los desafíos y amenazas en un *roman* donde predomina la acción bélica. La invitación a combatir se hace en un tono firme, a veces agresivo. A menudo adopta la forma de una provocación. Pueden desarrollarse verdaderos debates: diversas contestaciones y refutaciones. Se mezcla la argumentación, la convicción de tener razón, las rivalidades y escarnios. Los monólogos aislados y apasionados de Kahédin y Palamedes dan a la novela un carácter muy especial. Son soliloquios pronunciados en voz alta en la soledad, en el corazón de los bosques, en forma de plantos (la palabra *plainte* aparece en el texto, en el t. I: 165, §100, 5), a veces acompañados de suspiros y lágrimas. Son revelaciones de sentimientos secretos, reprimidos durante mucho tiempo, que finalmente salen a la luz. Estos lamentos expresan la profunda turbulencia en los corazones de estos personajes. Su monólogo es el resultado de una introspección involuntaria, en el silencio y la soledad de la noche, que provoca la extroversión. Estos momentos sacan a la luz el sufrimiento sepultado en las profundidades del ser. Los diálogos a varias voces muestran el talento del escritor para diferenciar a los personajes, para transmitirnos los distintos acentos, en definitiva, para plasmar con naturalidad las distintas inflexiones de la vida. El autor del *Lancelot en prose* no tenía este talento. La veracidad del acento de los personajes es evidente: el tono emotivo y doloroso de los lamentos, el tono cortés y educado de Lanzarote, el tono juguetón y bromista de Dinadán, el tono irónico, a veces sarcástico y agresivo de varios personajes secundarios, como la Doncella Maldiciente. En algunos de los grandes debates a dos o tres voces, entre ingenios de igual fuerza, por ejemplo, Kahédin, Palamedes y Lanzarote, se observará la extensión del diálogo: en el volumen I de nuestra edición se extiende a lo largo de diez páginas (*Tristan*, 1987, t. I: 166-177). El ritmo ágil de la conversación, las amenazas y evasivas, la irrupción de la ironía y el humor, el apaciguamiento final son dignos de mención. Todo ello revela un arte perfectamente dominado.

 ¿Por qué todos estos monólogos y diálogos en la novela? ¿Por qué este cambio de técnica respecto del *Lancelot en prose*? Es evidente que los monólogos suscitan el patetismo. Al revelar la interioridad oculta, sacan a plena luz las heridas íntimas del yo. Los diálogos tienen múltiples propósitos: en primer lugar, llenar el tiempo vacío entre las escenas de acción, proporcionar preliminares y continuaciones a los combates, producir fenómenos de eco, de recepción, de contestación y quizás también hacer oír voces que corresponden a las reacciones del público. Aportan alivio y vida en el relato. Las condiciones de recitado en la literatura narrativa medieval favorecieron la aparición del diálogo. Al narrador le interesa hacer oír la voz de sus personajes, mezclar sus voces con la suya. Una de las funciones del diálogo es también eliminar una serie de enigmas de los personajes del relato. No es necesario que sigan cruzándose con individuos desconocidos. Los diálogos hacen circular información indispensable entre los caballeros andantes que pueblan la novela. Los diálogos permiten al autor, y por tanto al público, entretenerse con los malentendidos de unos caballeros que desconocen la identidad de otros. Nosotros sabemos más que ellos. En estos casos, el humor está presente. La burla y la ironía presentes en muchos de los diálogos son uno de los placeres del texto. Los intercambios de palabras, a la vez espontáneos y vivaces, demuestran el talento del autor como narrador. Su ingenio, su sentido de la réplica, su arte de argumentar y su habilidad para lanzar pullas añaden un encanto suplementario a su texto.

Ciertamente, los valores de la caballería se encuentran presentes a lo largo de todo el *Tristan en prose*, pero de vez en cuando se transparenta cierta crítica: el cuestionamiento de la existencia caballeresca. Por primera vez en un *roman* de caballería, hay una contestación a los duelos entre caballeros errantes. Kahédin y Dinadán denuncian en ocasiones su absurdo. Les parece poco razonable atacar sin una razón legítima al primero que llega. Les parece poco sensato provocar a todos los que cabalgan por los caminos. Estos dos personajes rehúsan los combates ilegítimos. El argumento de Kahédin no carece de fuerza (*Tristan en prose*, 1987, t. 1 de nuestra edición de la Vulgata: 189-194, §121-124). Keu lo desafía. El otro lo rehúye, diciendo: «Qué os he hecho? ¿Habéis encontrado traición en mí?» Kahédin se niega a arriesgar su vida sin razón. Contrariamente a otros caballeros, no encuentra ninguna razón honorable para precipitarse contra el primero que llega. Ciertamente, el autor mantiene equilibrada la balanza entre el desprecio y la defensa de los combates. Pero este diálogo abre una brecha en las representaciones tradicionales de los *romans* caballerescos.

Por primera vez un personaje de cierta importancia, que no es un mero figurante, critica los combates. Espíritu lúcido y penetrante (mucho antes que Cervantes y su don Quijote), discierne la vanidad de las cabalgadas pretendidamente heroicas. Este cuestionamiento sigue siendo limitado. El autor no renuncia a lanzar a sus grandes héroes por los vastos caminos de la aventura. Pone estas críticas en boca de personajes que no son necesariamente héroes, que también muestran trastornos psicológicos, problemas íntimos, cierta angustia sentimental. Pero a pesar de todo, de vez en cuando, se escucha desde lejos una voz disonante. Nada igual sucedía en el *Lancelot-Graal*. Más adelante, algunos *romans* en verso o en prosa retomarán este motivo: *Guiron le Courtois*, *Claris et Laris*, *Escanor*. El autor del *Tristan en prose* es el primero en hacer sonar, de vez en cuando, una queja. Hay pues una cierta complejidad en la inspiración de este *roman*.

Último rasgo particular, que dota de originalidad a nuestro texto: un cierto pesimismo del autor sobre el amor. Es cierto que se muestra sensible a la belleza del amor recíproco entre Tristán e Iseo, que escapa a las vicisitudes y parece trascender la muerte. Es cierto que traduce la poderosa exaltación del amor en el alma de Kahédin o en la de Palamedes, pero no se le escapa que el amor genera a veces un sufrimiento infinito e incluso conduce a la muerte. Esta unión del amor y la muerte se retoma varias veces en el texto. Marie-Noëlle Toury (1990: 147-190) lo ha recordado bien. En el desenlace de la historia de Tristán e Iseo, la muerte de la heroína, que se produce durante un abrazo fatal, hace que el final de su amor sea sombrío. Una y otra vez aparecen los sufrimientos de la rivalidad amorosa, el dolor del fracaso, la infelicidad de un amor rechazado, la angustia y el abandono del amante. Se representa al dios Amor como un ser dañino e implacable. Las imágenes que se le asocian (espinas en la rosa, una tormenta que se desata tras el buen tiempo, la luna que resulta inalcanzable, la luz irrisoria de la vela en pleno día) revelan sentimientos de decepción, de desilusión, en definitiva, de amarga frustración. Parece que es posible escuchar la voz del autor en estas palabras. El novelista no se deja engañar por las apariencias. Desafía las ilusiones y los espejismos de los hombres. Al tiempo que siente simpatía e incluso cierta fascinación por las grandes pasiones que inflaman los corazones, es sensible al sufrimiento y a los efectos destructivos del amor. El autor de *Lancelot en prose* no había llegado tan lejos.

## 4. Conclusiones

Es hora de concluir. El *roman* del *Tristan en prose* no es una pálida copia del *Lancelot-Graal*. A pesar de la curiosa debilidad que se apoderó del escritor (o más bien del autor de la versión *V.II.*) y que lo llevó a reproducir sin vergüenza en la última parte de su obra (que es ciertamente gigantesca) desarrollos considerables de la *Queste du Saint Graal* que no le pertenecían, no le falta el talento creativo, el don de la invención, en resumen, la imaginación y la sensibilidad. Del viejo esquema de la historia de Tristán, conserva el marco. Le da carne nueva. Inventa cientos de aventuras y peripecias. En este conjunto, apenas se reconocen ya los modelos. Hemos visto que se modificaron los préstamos, que un nuevo espíritu estaba presente. Lo nuevo prevalece sobre lo viejo. El autor distorsiona, transforma, añade, inventa. Estamos ante uno de los artistas más dotados de su generación. Lo mismo podría decirse de los numerosos pintores que iluminaron los manuscritos.

Todavía quedan algunos enigmas por resolver: en primer lugar, sobre los propios manuscritos y sus familias, sobre la producción y sobre las relaciones de las distintas versiones. También sería útil examinar el gran problema de la compilación. ¿Cómo pudo el novelista transcribir con tanto talento decenas de páginas del *Lancelot-Graal* sin temer que se cuestionara su habilidad y se condenara este largo pillaje? ¿Estaba cansado por su larga tarea? ¿Quería aumentar con poco coste el escaso espacio que se le daba a Galaz en la versión *V.I.*? Probablemente la cuestión de la *Queste* de la Post-Vulgata requiera de nuevas investigaciones. He tratado de reflexionar sobre esto en el largo estudio crítico que publiqué en 2020 (Ménard, 2020: 11-85). Igualmente las requieren las versiones perdidas. El inmenso *Tristan en prose* con sus numerosos manuscritos y sus diversas redacciones, con la extensa inserción de la *Queste* clásica, en la *V.II.* y también la presencia de una nueva *Queste*, bosquejada en la *V.I.* y luego desarrollada con cierta amplitud en la *V.II.*, aún no ha revelado todos sus secretos. Esperemos que las nuevas generaciones de especialistas aborden algunos de estos problemas. Es bueno intentar reducir la sombra que rodea a las grandes obras del pasado.

## Bibliografía citada

### Ediciones del *Tristan en prose*

*Tristan* = versión *V.II.* = Ménard, Philippe (dir.) (1987-1997). *Le roman de Tristan en prose.* Ginebra: Droz, 9 vols.

- Tomo i (1987). Philippe Ménard (ed.). *Des aventures de Lancelot à la fin de la 'Folie Tristan'* (Textes littéraires français, 353), 310 p.
- Tomo ii (1990). Marie-Luce Chênerie y Thierry Delcourt (ed.). *Du bannissement de Tristan du royaume de Cornouailles à la fin du tournoi du Château des Pucelles* (Textes littéraires français, 387), 427 p.
- Tomo iii (1990). Gilles Roussineau (ed.). *Du tournoi du Chateau à l'admission de Tristan à la Table Ronde* (Textes littéraires français, 398), 427 p.
- Tomo iv (1991). Jean-Claude Faucon (ed.). *Du départ de Marc vers le royaume de Logres jusqu'à l'épisode du lai 'Voir disant'* (Textes littéraires français, 408), 406 p.
- Tomo v (1992). Dénis Lalande y Thierry Delcourt (ed.). *De l'arrivée des amants à la Joyeuse Garde jusqu'à la fin du tournoi de Louveserp* (Textes littéraires français, 416), 439 p.
- Tomo vi (1993). Emmanuèle Baumgartner y Michèle Szkilnik (ed.). *Du séjour des amants à la Joyeuse Garde jusqu'aux premières aventures de la Queste du Graal* (Textes littéraires français, 437), 475 p.
- Tome vii (1994). Danielle Quéruel y Monique Santucci (ed.). *De l'appel d'Yseut jusqu'au départ de Tristan de la Joyeuse Garde* (Textes littéraires français, 450), 528 p.
- Tome viii (1995). Bernard Guidot y Jean Subrenat (ed.). *De la quête de Galaz à la destruction du château de la lépreuse* (Textes littéraires français, 462), 405 p.
- Tomo ix (1997): Laurence Harf-Lancner (ed.). *La fin des aventures de Tristan et de Galaz* (Textes littéraires français, 474), 340 p.

*Tristan ms. fr. 757* = versión *V.I.*= Philippe Ménard (dir.) (1987-1997). *Le roman de Tristan en prose, version du ms. fr. 757 de la Bibliothèque nationale de Paris.* París: Champion, 5 vols.

- Tomo i (1997). Joël Blanchard y Michel Quéreuil (ed.). (cfma, 123), 542 p.
- Tomo ii (1999). Noëlle Laborderie y Thierry Delcourt (ed.). *De la folie de Lancelot au départ de Tristan pour la Pentecôte du Graal* (cfma, 133), 537 p.
- Tomo iii (2000). Jean-Paul Ponceau (ed.). *De l'arrivée des amants à la Joyeuse Garde jusqu'à la fin du tournoi de Louveserp* (cfma, 135), 517 p.

- Tomo IV (2003). Monique Léonard y France Mora (ed.). *Du départ en aventures de Palamède à l'issue du tournoi de Louveserp jusqu'au combat de Tristan et de Galaz* (CFMA, 144), 720 p.
- Tomo V (2007). Christine Ferlampin-Acher (ed.). *De la rencontre entre Tristan, Palamède et le Chevalier à l'Écu Vermeil à la fin du roman* (CFMA, 153), 594 p.

*Le Roman de Tristan en prose* = Curtis, Renée L. (ed.) (1961-1976), 2 vols.
- Tomo 1 (1961). *Le Roman de Tristan en prose*. Munich: Max Hüber Verlag.
- Tomo 2 (1976). *Le Roman de Tristan en prose*. Leiden: Brill.

## Otras obras

FRÈRE ROBERT, *La Saga de Tristram et d'Ísönd,* Régis Boyer (trad.). En Christiane Marchello- Nizia *et al.* (dir.). *Tristan et Yseut, Les premières versions européennes.* París: Gallimard (Bibliothèque de la Pléiade, 422), pp. 781-920, y 1515-1540.

*Lancelot en prose* = (1979-1982). *Lancelot en prose*, A. Micha (ed.). Ginebra: Droz, 8 vols.

*Mort Artu* = (1954). *La Mort le roi Artu*, Jean Frappier (ed.) *Roman du XIIIe siècle.* Ginebra: Droz [1936].

OBERG, Eilhart de (1995). *Tristant*, René Pérennec (trad.). En Christiane Marchello-Nizia *et al.* (dir.). *Tristan et Yseut, Les premières versions européennes.* París: Gallimard (Bibliothèque de la Pléiade, 422), pp. 265-388 y 1359-1399.

OBERG, Eilhart de (1976). *Tristrant*, Danielle Buschinger (ed. y trad.). Göppingen: Kümmerle.

*Queste* = (1949). *La Queste del saint Graal, roman du XIIIe siècle*, Albert Pauphilet (ed.) París: Champion (CFMA, 33) [1.ª ed. 1923].

## Bibliografía secundaria

BAUDET-FABRE, Sylvie (dic. 2004). *Les rapports entre le texte et l'illustration dans les manuscrits enluminés du roman de 'Tristan en prose', depuis le retour de Tristan à Tintagel jusqu'à la fin de la folie de Tristan* [Tesis doctoral, dir. P. Ménard.] Bibl. de l'Université de Paris-Sorbonne (Bibliothèque de Serpente).

BAUMGARTNER, Emmanuèle (1975). *Le 'Tristan en prose', Essai d'interprétation d'un roman médiéval.* Ginebra: Droz (Publications romanes et françaises, 133). [Tesis doctoral. Dir. J. Frappier. Bibl. de l'Université de Paris-Sorbonne, 1973].

— (1990). «Collages et réécritures». En *La Harpe et l'Épée. Tradition et renouvellement dans le 'Tristan en prose'.* París: SEDES.

CARNÉ, Damien de (2010). *Sur l'organisation du 'Tristan en prose'.* París: Champion.

CHASE, Carol J. (2009). «La fabrication du cycle du *Lancelot-Graal*». *Bulletin bibliographique de la Société internationale arthurienne*, 61: 261-280.

CHÊNERIE, Marie-Luce (1986). *Le chevalier errant dans les romans arthuriens en vers des XIIe et XIIIe siècles.* Ginebra: Droz.

FERLAMPIN-ACHER, Christine (1990). «Les dialogues dans le *'Tristan en prose'*». En Jean Dufournet (ed.). *Nouvelles Recherches sur le 'Tristan en prose'.* París: Champion, pp. 79-121.

FOTICH, Tatiana y Ruth STEINER (1974). *Les lais du roman de 'Tristan en prose'.* Munich: Fink Verlag (Münchener Romanistische Arbeiten, 38).

Kennedy, Elspeth (1986). *Lancelot and the Grail, A Study of the 'Prose Lancelot'*. Oxford: Clarendon Press.

Lods, Jeanne (1955). «Les parties lyriques du *'Tristan en prose'*». *Bulletin bibliographique de la Société internationale arthurienne*, 7: 73-78.

Maillard, Jean (1963). *Évolution et esthétique du lai lyrique. Des origines à la fin du XIVᵉ siècle.* París: SEDES.

— (1969). «Lais avec notation dans le *Tristan en prose*». En *Mélanges offerts à Rita Lejeune professeur à l'université de Liège*. Gembloux: Duculot, t. 2, pp. 1347-1364.

Ménard, Philippe (1993). «Chapitres et entrelacement dans le *Tristan en prose*». En *«Et c'est la fin pour quoy sommes ensemble»*. En Jean-Claude Aubailly *et al.* (ed.). *Hommage à Jean Dufournet, professeur à la Sorbonne: littérature, histoire et langue du Moyen Âge*. París: Champion (Nouvelle bibliothèque du Moyen Âge, 25), t. 2, pp. 955-962.

— (1994). «Les pièces lyriques du *Tristan en prose*». En Claude Lachet (ed.). *Les genres insérés dans le roman*. Lyon: CEDIC, Université de Lyon III, pp. 35-46.

— (1999). *De Chrétien de Troyes au 'Tristan en prose'. Études sur les romans de la Table Ronde.* Ginebra: Droz (Publications romanes et françaises, 224).

— (2009a). «Monseigneur Robert de Boron dans le *'Tristan en prose'*». En L. Harf-Lancner, L. Mathey-Maille, B. Milland-Bove y M. Szkilnik (ed.). *Des 'Tristan' en vers au 'Tristan en prose'. Hommage à Emmanuèle Baumgartner*. París: Champion, pp. 359-370.

— (2009b). «La fortune de *Tristan*». En Thierry Delcourt (ed.). *La Légende du roi Arthur*. París: BNF/Le Seuil, pp. 173-174.

— (2011). «Un très ancien fragment inconnu du 'Tristan en prose'». *Bulletin bibliographique de la Société internationale arthurienne*, 63: 223-257.

— (2020). «Observations critiques sur la reconstitution de la *Queste* dite *Post-Vulgate*». En Paloma Gracia y Alejandro Casais (ed.). *Le roman arthurien du Pseudo-Robert de Boron en France et dans la Péninsule Ibérique*. Berlín: Peter Lang, pp. 11-85.

Naetebus, G. (1891). *Die nicht-lyrischen Strophenformen des Altfranzösischen*. Leipzig: Hirtzel.

Pickford, Cedric Edward (1960). *L'évolution du roman arthurien en prose vers la fin du Moyen Âge d'après le manuscrit 112 du fond français de la Bibliothèque nationale*. París: A. G. Nizet.

Roussineau, Gilles (1998). «Remarques sur les relations entre la Suite du *Roman de Merlin* et sa continuation et le *Tristan en Prose*». En C. Faucon, A. Labbé y D. Quéruel (ed.). *Miscellanea Mediaevalia: Mélanges offerts à Philippe Ménard*. París: Champion, t. II, pp. 1149-1162.

Stones, Alison (1977). «The Earliest Illustrated *'Prose Lancelot'* Manuscript». *Reading Medieval Studies*, 3: 3-44. URL: <https://centaur.reading.ac.uk/84348/>.

Toury, Marie-Noëlle (1990). «*Morant d'amours*, Amour et Mort dans le tome I du 'Tristan en prose'». En Jean Dufournet (ed.). *Nouvelles Recherches sur le 'Tristan en prose'*. París: Champion, pp. 173-190.

— (1979). *La tentation du suicide dans le roman français, XIIᵉ-XIIIᵉ siècles*. París: Champion.

— (2001). *Mort et fin'amor, dans la poésie d'oc et d'oïl aux XIIᵉ et XIIIᵉ siècles*. París: Champion.

Vinaver, Eugène (1959). «The *Prose Tristan*». En Roger Sherman Loomis (ed.). *Arthurian Literature in the Middle Ages*. Oxford: Clarendon Press.

West, Gerald D. (1978). *French Arthurian Prose Romances. An Index of Proper Names*. Toronto: University of Toronto Press.

# NOTA SOBRE LA TRADUCCIÓN

A lo largo del volumen, presentamos en su lengua de partida los textos y citas originales, así como las voces especializadas, y ofrecemos a continuación una traducción directa propia o la acepción propuesta entre comillas sencillas. Como regla general, los títulos de las obras, así como los géneros literarios franceses (*roman, fabliau, lai, plainte*), se mantienen en el texto en cursiva en su idioma original, en tanto que se emplean en español las denominaciones de los ciclos y los antropónimos usuales en el ámbito hispánico para los autores medievales: Estacio, Virgilio, Ovidio, María de Francia, Benito de Sainte-Maure. Para los personajes, motivos y lugares, empleamos las correspondencias entre nombres, siguiendo nuestro *El rey Arturo y su mundo* (1991): Arthur > Arturo; Bohort > Boors; Chélinde > Celinde; Claudas > Claudás; Cornouailles > Cornualles; Damoiselle Mesdisante > Doncella Maldiciente; Douloureuse Garde > Dolorosa Guardia; Galaad > Galaz; Guillaume > Guillermo; Yseut > Iseo; Joyeuse Garde > Alegre Guardia; Lancelot > Lanzarote; Lucan, le bouteiller > Lucán el Copero; Lycurgue > Licurgo; Palamède, le païen > Palomades el Pagano/Palamedes; Pharien > Farién; Sagremor > Sagramor; Table Ronde > Mesa Redonda; Tristan > Tristán; etc. Para facilitar su consulta, regularizamos la amplia bibliografía citada al final de cada capítulo, dando entre paréntesis el año de la edición mencionada cuando encontramos varias ediciones de una misma obra.

\* Las traducciones han sido realizadas en el marco del proyecto de investigación *DHuMAR II: From Middle To Golden Age: Translation & Tradition* (Ref.: PY20_00469, Proyecto financiado por la Consejería de Transformación Económica, Industria, Conocimiento y Universidades de la Junta de Andalucía y por FEDER Una manera de hacer Europa).

# ÍNDICE ANALÍTICO

## Obras y manuscritos citados